KB091600

KB국민은행 · 우리은행 · 신한은행 · KEB하나은행 · NH농협은행 · IBK기업은행

영상으로 ▶ 일대일 트레이닝 받는

6대 은행
실전 면접

 **PREFACE**

언어는 당시 사회의 흐름을 반영한다. 여러분이 흔히 공부하는 경제 용어 역시, 사회의 흐름을 반영하고 있다. '은준생'이라는 표현 역시 최근의 취업난과 문과생의 어려움을 가장 잘 반영한 용어라고 생각한다. 문과생이 설 자리가 사라진데다가 최악의 취업난까지 더해지며, 소위 말하는 '은준생'은 끊임없이 증가하고 있다.

이렇게 '은준생'이 증가하는 만큼, 은행의 채용 과정은 굉장히 다양하고 복잡해지고 있다. '은행고시'라는 말이 나올 정도로 필기시험의 난이도는 크게 올라갔으며, 합숙 면접, 원데이 면접, 전략 면접 등 면접의 유형 역시 다양해지고 있다.

많은 지원자가 경쟁률 몇백대 일인 서류전형을 뚫고 필기시험까지 통과한 후, 5~10 : 1의 경쟁률인 면접을 뚫지 못해 탈락의 고배를 마시고 만다. 실제로 은행 면접을 다녀온 지원자 중 일부는 '굉장히 많은 면접을 봤는데, 대체 뭘 평가하는지 모르겠어요.'라는 말을 하기도 한다.

하지만, 은행별 면접 유형과 면접 히스토리를 살펴보면 은행별로 선호하는 이미지와 역량, 인재상이 뚜렷하게 구분된다. 그렇기에 여러분이 뛰어난 역량을 갖고 있어도 각 은행마다 추구하는 이미지와 인재상에 따라 은행별 합격 여부가 달라질 수 있다는 점을 기억했으면 한다.

이러한 점을 파악하지 못하고 은행 면접 시즌만 되면 어려움을 겪는 지원자를 위해 미리 은행별 인재상을 알고 필요한 자세를 연습해갈 수 있도록 '실습형 면접 교재'가 필요하다고 생각하였다. 이러한 의도에 따라 해당 책에는 은행별 면접 유형과 준비 방법, 사전 테스트를 통한 내 위치 확인, 직접 실습해보기 등의 단계가 포함되어 있으니 이 책을 통해 은행 지원자로서 필요한 역량과 자세를 체험하고, 습득할 수 있기를 바란다.

이 책에는 대부분 정답이 없다. 하지만, 여러분이 답변에서 가져가야 할 '틀, 프레임'은 모두 제공이 된다. 여러분의 경험과 지식을 틀과 프레임에 맞춰 넣어가며, 면접을 자신만의 것으로 만든다면 어느 면접 유형에서도 좋은 성과를 거둘 수 있을 것이다.

『영상으로 일대일 트레이닝 받는 6대 은행 실전 면접』을 제작하기까지 도움을 준 스피치 강사님들과 면쌤 채널 구독자 분들, 기꺼이 자신의 면접 경험과 기출문제를 알려준 현 행원이자 전 수강생 분들에게 이 책을 바치고 싶다. 그리고 물심양면으로 지원해 준 아빠, 엄마, 두 동생 동민이와 정연이에게도 감사의 뜻을 표한다.

모쪼록 많은 지원자가 이 책을 통해, 원하는 은행에 건실한 인재로 활동하게 되길 바란다.

2020. 01. 면쌤

이 책 100% 활용하기

각 은행별 질문마다 답변을 말해 보며 **말하기+준비하기 실력 UP!**

실제 기출로 구성된 각각의 질문에 '나의 답변'을 작성하고 말해보게 됩니다.

면접 답변 문제 TEST

테스트 시작 전, 타이머와 녹음기를 준비해주세요.
본인이 가장 가고 싶은 은행면접에 갔다고 가정하고

"가장 열정적으로 했던 일이 있다면 무엇입니까?"

라는 질문에 답해보세요.
답변 시작 전, 타이머와 녹음기를 켜고 답변 시간과 답변 내용을 녹음해보세요.

답변 시간 　　　　　　m 　　s

답변 내용 기재 해보기

_____

_____

_____

STEP 01 질문 보기 & 답변 준비해 보기

각 주제별로 다양한 질문이 있습니다. 각각의 질문에
자신만의 답변을 어떻게 말할 지 준비해 봅니다.

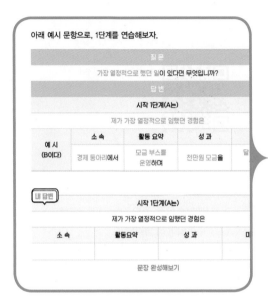

아래 예시 문항으로, 1단계를 연습해보자.

질문
가장 열정적으로 했던 일이 있다면 무엇입니까?

답변
시작 1단계(A는)
제가 가장 열정적으로 임했던 경험은

예시 (B이다)	소 속	활동 요약	성 과	
	경제 동아리에서	모금 부스를 운영하며	천만원 모금을	달

내 답변				
	시작 1단계(A는)			
	제가 가장 열정적으로 임했던 경험은			
소 속	활동요약	성 과		미

문장 완성해보기

STEP 02 답변 스스로 작성해 보기

질문을 파악하고 예상된 답변을 본 후,
예시 답변과 나의 답변을 비교해 보면서
나만의 답변을 완성해 봅니다.

연습문제 2번

Q. 금융 상품 선택 시, 무엇을 가장 고려하는가?

STEP 03 유튜브 훈련 영상을 보며 말해보기

각각의 질문과 답변들... 과연 내가 잘 하고 있을까?
이를 위해 면쌤의 유튜브 훈련 영상을 제공해 드립니다.

영상으로 트레이닝하는 실전 면접!

영상트레이닝

⋯→ 교재에 수록된 주요 내용들에 QR코드
가 수록되어 있습니다.
QR코드를 스캔하면 훈련 영상이 재생
됩니다.

▶▶ 영상의 길이는 10분 내외이며, 훈련은 다음과 같은 순서로 진행됩니다.

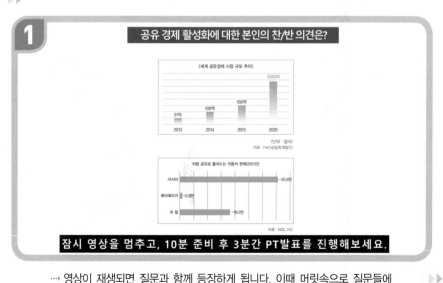

1 공유 경제 활성화에 대한 본인의 찬/반 의견은?

잠시 영상을 멈추고, 10분 준비 후 3분간 **PT발표**를 진행해보세요.

⋯→ 영상이 재생되면 질문과 함께 등장하게 됩니다. 이때 머릿속으로 질문들에
대한 답변을 어떻게 할지 스스로 생각해 봅니다.

2 **KEB하나은행-세일즈면접**

F
- 소개
- 아이스 브레이킹
- 니즈 요약
- 설명

E
- 두괄식
- 어려움/공감
- 혜택/기능 설명

N
- 요약
- 촉진제
- 마무리

⋯ 면접 답변에 대해 준비하고 난 후, 면접 유형별 답변 방법과 주의 사항, 예시 등이 제공됩니다.

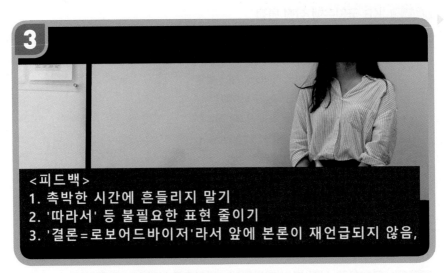

3

<피드백>
1. 촉박한 시간에 흔들리지 말기
2. '따라서' 등 불필요한 표현 줄이기
3. '결론=로보어드바이저'라서 앞에 본론이 재언급되지 않음,

⋯ 교재에 수록된 질문을 연습한 후에, 다른 지원자가 실전처럼 진행한 영상을 보며, 나에게 해당되는 피드백을 확인합니다.

이 책의 목차

KB국민은행 · 우리은행 · 신한은행 · KEB하나은행 · NH농협은행 · IBK기업은행

서미연 지음

영상으로 ▶ 일대일 트레이닝 받는

6대 은행 실전 면접

은준생이라면 꼭 봐야 할 실습형 면접 책!

PART 1

인성 면접과
BEI 면접

인성 면접은 모든 은행 면접의 기본이다. 최근 국민은행이 1차 면접에서 인성 면접을 제외하고 PT 면접과 토론 면접만을 시행한다고 밝혔다. 하지만 실제 면접장에서는 PT 면접 내 PT 발표가 끝난 후 이미 자기소개서를 읽고 온 면접관이 개인 인성에 대한 질문을 던졌다고 한다.

이렇듯 인성 면접은 은행은 물론, 모든 기업 면접에서 뗄 수 없는 면접이다. 'BEI 면접'이라는 이름으로 자기소개서의 사실 여부까지 모두 파헤치는 지금, 합/불을 결정짓는 가장 중요한 인성 면접은 어떻게 준비해야 하는지 같이 살펴보도록 한다.

CHAPTER 1

면접 답변은 H·E·S로

영상트레이닝

"면접은 내 이야기 들려주는 곳 아닌가요?"

많은 취업 준비생이 이런 질문을 던지곤 한다. 면접에서 묻는 질문에 맞춰 내 이야기를 들려주었는데, 면접관이 답변을 중간에 잘랐다며 울상이 된 친구들이 어렵지 않게 보인다.

면접은 내 이야기를 들려주는 곳? 반은 맞고 반은 틀렸다. 내 이야기를 들려주는 곳이지만, 정확히 말하자면 내 이야기를 면접관이 원하는 답변대로 형식에 맞춰 떠먹여줘야 하는 곳이 바로 '면접'이다.

또한, 지나친 내 이야기는 추가로 질문할 사항을 없게 만들어, 면접 분위기를 유도할 수 없는 면접의 위기가 되기도 한다. 면접 답변 형식을 기반으로 정확히 연습하고 면접장에 들어갈 때, 꼬리 질문과 면접 분위기 유도라는 두 마리 토끼를 동시에 잡을 수 있다는 점을 기억해야 한다.

다음 면접 질문에 답변하면서 문제가 있는지를 확인하기 위한 TEST를 차례대로 진행해보며, 내 인성 면접 답변에 어떤 문제가 있는지 확인해보도록 한다.

면접 답변 문제 TEST

테스트 시작 전, 타이머와 녹음기를 준비해주세요.

본인이 가장 가고 싶은 은행 면접에 갔다고 가정하고

"가장 열정적으로 했던 일이 있다면 무엇입니까?"

라는 질문에 답해보세요.

답변 시작 전, 타이머와 녹음기를 켜고 답변 시간과 답변 내용을 녹음해보세요.

답변 시간		m	s

답변 내용 기재 해보기

아마 대다수의 지원자가 2~4개 정도의 문제점을 발견했을 것이라고 생각한다. 실제로 면접 컨설팅을 진행해보면, 대다수 지원자의 답변은 40초를 지나가거나 소위 말하는 TMT(Too Much Talker)가 되어 필요하지 않은 정보까지 면접관에게 전달한다. 그렇다면, 면접관이 원하면서도 추가 질문을 유도할 수 있는 면접 답변 형식은 무엇일까?

> ◉ *Head - 두괄식, 결과부터 빠르게*
> ◉ *Experience - 경험은 간략하게*
> ◉ *Study(So, What?) - 그래서 어떻게 활용할건지*

면접관은 질문에 대한 답을 빠르게 듣고 싶어 한다. '경험'을 묻지만 경험에 대한 설명은 간략해야 하며 그 경험을 입사 후 어떻게 산업과 직무에 활용할지를 듣고 싶어 한다. 면접관이 원하는 답변을 할 수 있는 'H·E·S 템플릿'에 맞춰 여러분의 답변을 구성해보았으면 한다.

1 HEAD - 두괄식 구성방법

두괄식 구성은 '앵무새'라고 생각하면 쉽다. 대다수 지원자가 면접 컨설팅을 진행할 때 마다 '두괄식을 어떻게 만들어야 할 지 모르겠어요.'라고 답하지만, 사실 두괄식 구성은 면접관이 한 말을 다시 한번 짚어주면 되는 '가장 간단하지만 깔끔해 보이는 면접 답변 방식'이다.

이미 앞에서 '가장 열정적으로 했던 일이 있다면 무엇입니까?'라는 질문을 통해 '가장~한 경험이 있는가?'에 대한 질문을 연습해보았다. 앞 답변 내용을 다시 확인하고, 본인이 가장 처음 말했던 문장이 무엇인지 작성해보자.

Q. 가장 열정적으로 했던 일이 있다면 무엇입니까?

A. 첫 문장에

- 가장 열정적으로 했던 일은 ~
- ~을 가장 열정적으로 임하였습니다.
- ~을 가장 열정적으로 임하여 ~

위 세 가지 중 한 가지라도 답변에 포함되었다면, 두괄식의 반은 완성했다고 볼 수 있다. 위에 적힌 세 문구가 두괄식의 세 단계 구성 방법이다.

두괄식 1단계 : A는 B다.

1단계는 가장 기본적인 구성 방법이다. '가장 열정적으로 했던 일이 있다면 무엇입니까?'라는 질문에 대해 '가장 열정적으로 임했던 경험은 ~'이라며 답변을 시작한 후 경험을 설명하는 가장 기본적인 방식이다. 즉, 면접관이 묻는 바를 'A'라고 가정했을 때, '네, A 했던 경험은 B입니다.'라고 답변해주는 'A는 B다'의 답변 방식이다.

아래 예시 문항으로, 1단계를 연습해보자.

질문			
가장 열정적으로 했던 일이 있다면 무엇입니까?			

답변			
시작 1단계(A는)			
제가 가장 열정적으로 임했던 경험은			

예시 (B이다)	소속	활동 요약	성과	마무리
	경제 동아리에서	모금 부스를 운영하며	천만원 모금을	달성했을 때 입니다.

내 답변

시작 1단계(A는)			
제가 가장 열정적으로 임했던 경험은			

소속	활동요약	성과	마무리

문장 완성해보기

면접관이 묻는 질문의 요지를 한 번 더 언급한 후 나의 경험과 성과에 대해서 답변하는 형식이다. 이러한 'A는 B다.'의 두괄식 1번 방법은 두괄식이 어색한 지원자이거나, 면접이 처음인 지원자의 경우 유용하게 사용될 수 있지만, 성과가 없는 경험을 묻는 문항(예 '판매를 해 본 경험이 있는가?' 등)이나 육하원칙이 들어간 질문(예 '왜 행원이 되어야 싶은가?' 등)에서는 적용하기가 쉽지 않다. 그렇다면, 이렇듯 다른 유형의 질문에는 두괄식을 어떻게 구성해야 할까?

두괄식 2단계 : B 했을 때, A 했습니다.

2단계는 가장 무난하게 활용할 수 있는 두괄식 방법이다. '가장 열정적으로 했던 일이 있다면 무엇입니까?'라는 질문에 '저는 OO 동아리에서 모금 부스 운영에 가장 열정적으로 활동하였습니다.'라고 답변하는 형식이다. 면접관이 묻는 바를 문장 앞으로 배치했던 1단계와 달리 맨 뒤로 배치하여 내 경험을 먼저 이야기하는 난이도 높은 방법 중 하나이다.

2번 문항도 예시 문항과 함께 살펴보자.

질 문		
가장 열정적으로 했던 일이 있다면 무엇입니까?		
답 변		
예 시 (B 했을 때)	**(소속)에서**	**(활동 요약) 당시**
	경제 동아리에서	모금 부스 운영 당시
2단계 마무리(A 했습니다)		
가장 열정적으로 활동하였습니다.		

내 답변 (B 했을 때)	**(소속)에서**	**(활동 요약) 당시**
2단계 마무리(A 했습니다)		
가장 열정적으로 활동하였습니다.		

문장 완성해보기

위 예시 문항에는 '성과'가 드러나있지 않다. 즉, 2번 유형을 활용한다면 성과가 없는 경험 문항에서도 두괄식을 구성할 수 있다는 뜻이다. 그 외에도 정의를 묻는 문항, 아이디어를 묻는 문항 등에서도 2번을 효과적으로 사용할 수 있다.

예를 들어,

질문(생각을 묻는 유형)		
영업이란 무엇이라고 생각하는가?		
답 변		
예 시 (B)	정 의	
	고객의 미래를 설계하는 일	
2단계 마무리(A 했습니다)		
이 영업이라고 생각합니다.		

내 답변(B)

정 의
2단계 마무리(A 했습니다)
이 영업이라고 생각합니다.

문장 완성해보기

이렇듯 '정의'나 '아이디어'를 묻는 문항에서는 'A란 B입니다.'의 1번 방식을 활용할 수도 있지만 2번 방식을 활용하여 더욱 깔끔한 두괄식 문장을 구성할 수도 있다. 또한, 육하원칙이 들어간 질문(예 '왜 행원이 되어야 싶은가?' 등)에서도 다음 육하원칙 별 '2단계 마무리'에 맞춰 답변할 수 있다.

▼ 면접에 주로 나오는 육하 원칙 중 3W 1H에 대한 2단계 마무리 방법

3W 1H	2단계 마무리
WHEN	~때 입니다.
WHAT	~을 했습니다. / ~이 있습니다.
HOW	~을 했습니다.
WHY	~때문입니다.

그 외에도, '지점에 방문해보았는지?', '해당 전공을 업무에 어떻게 활용할 수 있는지' 등, 질문에서 A가 무엇인지 정확히 파악할 수 있는 모든 문항에서 2번의 방식을 활용할 수 있다.

막간 두괄식 테스트	
Q1	지점에 방문 해보았는가?
A1	네, 저는 ~지점에(A :)
Q2	해당 전공을 업무에 어떻게 활용하겠는가?
A2	네, 전공의 ~측면을(A :)
A1의 답 예시	지점에 방문해 본 경험이 있습니다.
A2의 답 예시	업무에 활용할 수 있다고 생각합니다.

지금까지 두괄식을 쉽게 활용할 수 있는 방법에 대해 알아보았다. 두괄식 1, 2단계의 방법으로 '두괄식 워밍업'을 완료했다면 이제는 최고 난이도 3단계 방법으로 연습해보자.

두괄식 3단계 : 두괄식의 완성

3단계는 두괄식의 최고 난이도이다. 'A가 무엇이냐'라고 묻는 면접관의 질문에 면접관이 묻는 바+나 자랑하기가 모두 담겨있는 두괄식이라고 볼 수 있다. 아래 예시 문항을 살펴보자.

질문			
가장 열정적으로 했던 일이 있다면 무엇입니까?			
답변			
	A(소속)	B(활동 요약)	묻는 바	C(성과)
예시	경제 동아리에서	모금 부스 운영 당시	열정적으로 임하여	천만원의 성과를
마무리			
달성한 경험이 있습니다.			

> **내 답변**

A(소속)	B(활동 요약)	묻는 바	C(성과)
마무리			
달성한 경험이 있습니다.			

문장 완성해보기

이런 식으로 답변을 구성한다면,

◎ 면접관이 묻는 바를 바로 답할 수 있고,
◎ 내 성과를 자랑할 수 있으며,
◎ 문장을 자연스럽게 구성할 수 있다는 장점이 있다.

경험 문항의 경우, '경험에 대한 상황 요약+면접관이 묻는 바+성과'의 순으로 답변할 수 있으며, 육하원칙의 문항에서도 답변할 수 있다.

아래는 문항별로 두괄식 사용법을 정리한 내용이다.

▼ 두괄식 단계별 활용 질문 유형

단계	방법	질문 유형
1단계	A는 B다.	정의를 묻는 질문
		생각을 묻는 질문
2단계	B 했을 때, A 했습니다.	성과가 없는 경험 질문
		정의/아이디어 묻는 질문
		3W 1H 질문
3단계	경험+묻는 바+성과	성과가 있는 경험 질문

▼ 문항별 두괄식 트레이닝

질문 유형 ▶	
질 문	**사용할 두괄식 단계**
살면서 가장 힘들었던 경험은 언제입니까?	
두괄식	
내 답변	

질문 유형 ▶	
질 문	**사용할 두괄식 단계**
우리 은행 어플의 개선점은 무엇이라고 생각합니까?	

두괄식	
내 답변	

질문 유형 ▶	
질 문	**사용할 두괄식 단계**
소비와 저축 중 무엇이 중요하다고 생각합니까?	

두괄식	
내 답변	

질문 유형 ▶	
질 문	**사용할 두괄식 단계**
무언가 목표를 세우고 달성한 경험이 있습니까?	

두괄식	
내 답변	

2 Experience - 경험 구성방법

두괄식으로 답변하여 면접관의 관심을 유도했다면 이제는 경험담을 들려주며 면접관의 관심을 지속해서 끌어내야 한다. 하지만 대다수 지원자가 너무 상세하게 본인의 이야기를 들려주며, 면접관을 지루하게 만들기도 한다.

그렇다면 적정한 답변 길이로 면접관의 관심과 추가 질문을 유도하려면 어떻게 답변을 구성해야 할까? '경험을 묻는 질문'과 '그 외 질문'으로 나눠 답변 구성법을 알아보도록 하자.

경험을 묻는 질문

지원자의 이해를 돕기 위해 '경험을 묻는 질문'과 '그 외 질문'으로 경험 구성 방법의 유형을 구분하였지만 사실상 모든 답변에는 '경험'이 필요하다. 업무 후 발생할 수 있는 상황형 질문에도 경험을 넣어서 답변해야 답변에 대한 신뢰도가 올라가며 아이디어나 의견을 묻는 질문에도 '경험'으로 근거를 마련해야 한다.

일단은 자기소개서와 그 외 기본적인 문항들 중 '자신의 경험을 직접적으로 묻는' 문항에 대한 답변 구성 방식을 알아보자.

먼저 여러분은 어떻게 답변을 구성하는지에 대해 살펴보고자 한다. 앞에서 배운 두괄식을 활용하여 다음 문항에 대해 답변해보자.

면접 답변 문제 TEST

테스트 시작 전, 타이머와 녹음기를 준비해주세요.

본인이 가장 가고 싶은 은행 면접에 갔다고 가정하고,

"자신이 가장 창의적으로 문제를 해결한 경험은?"

이라는 질문에 답해보세요.

답변 시작 전, 타이머와 녹음기를 켜고 답변 시간과 답변 내용을 녹음해보세요.

답변 시간	m	s

답변 내용 기재 해보기

확인 체크 LIST ☑

1. 당시의 목표나 상황을 설명했다. ☐
2. 두괄식 이외의 답변의 길이가 30초를 넘어간다. ☐
3. 내가 창의적으로 했던 일을 설명했다. ☐
4. 이에 따른 성과를 설명했다. ☐
5. 당시 있었던 일을 빈틈없이 설명하지 않았다. ☐

4개 이상 경험을 깔끔하게 요약하여 설명하는 편입니다.

2~3개 어느 정도 구조는 완성되어 있으나, 알맹이가 없는 답변을 하는 편입니다.

1~2개 답변에 대한 구조가 완성되어 있지 않습니다.

위에서 연습한 두괄식은 제대로 구성하여 답변하였는가? 경험을 말할 때 지나치게 길게 답하거나, 핵심 없이 답변하지는 않았는가? 대체 어떻게 답변해야 깔끔하면서 면접관이 수긍하는 답변을 할 수 있을까?

경험을 묻는 위와 같은 질문은 아래의 순서로 답해야 한다.

당시, 목표 or 상황 → 이를 위해, 내가 한 일('면접관이 묻는 바'의 관점에서 한 일, 창의적/열정적 등)의 요약 → 이에 따른 결론(성과)

이 답변 구성 중 하나라도 빠지게 된다면 자신의 경험을 강조할 수 없고, 하나 이상 더해지면 답변이 어수선해진다. 방금 상기의 테스트 확인 체크 리스트 중 마지막에 '당시 있었던 일을 빈틈없이 설명하지 않았다.'라는 항목이 긍정적인 이유도 이와 같다.

자신이 면접관이라고 생각해보자. 지원자가 묻는 질문에 대해 빈틈없이 길게 모든 답변을 한다면 답변이 지루해지는 건 물론 추가적으로 질문 할 내용이 없어져 다른 지원자에게 질문하게 될 것이다.

창의적 경험을 물었던 위의 문항에 대해, 순서대로 답변을 구성해보자.

	질 문
	자신이 가장 창의적으로 문제를 해결한 경험은?

	답 변
두괄식	네, 저는 경제 동아리 모금 부스 운영 당시, 창의적 아이디어로 낮은 모금율의 문제를 해결한 경험이 있습니다.
당시 목표 or 상황	당시, 천만원의 목표 모금액을 달성해야 했지만, 상권 유동성이 낮아 모금이 원활히 진행되지 않았습니다.
내가 한 일	이를 위해, 상권이 오피스 타운이라는 점을 감안하여, 점심시간 모금제를 시행하였습니다. 근처 식당가에 모금 부스를 설치하고, 점심 메뉴 선정 게임을 구성하여 회사원의 관심과 기부액을 모은 결과
결론(성과)	1,200만원의 모금을 달성하며, 우수 팀으로 선정될 수 있었습니다.

이 답변을 따라 읽어보자. 아마 30초에서 40초 정도의 답변이 나올 것이다. 일부 지원자는 해당 답변을 보고 답변에 허점이 많다고 생각할 수 있다. 점심시간 모금제가 무엇인지도 자세히 설명되어 있지도 않고, 어떻게 상권을 분석했는지도 빠져있다고 생각할 수 있다.

면접관은 바로 그런 허점을 찾아 추가 질문을 던질 것이다. '점심시간 모금제가 뭔가요?' 등의 꼬리 질문이 나올 수 있다. 빈틈없이 길게 답변하여 어떤 추가 질문을 받게 될지 혹은 추가 질문이 나에게 올지, 오지 않을지 걱정하기보다는 이렇듯 허점을 일부러 남겨두고 답변의 길이를 요약하는 편이 훨씬 낫다고 볼 수 있다.

그렇다면 이제 여러분이 경험을 묻는 문항에 대해 답변해 볼 시간이다. 아래 틀에 맞춰 문항별 답변을 구성해보자. 또한, 이 외에도 자신의 경험별로 자주 나오는 기출 문항에 맞춰 아래 순서대로 내용을 정리해보자.

내 답변

질 문	
자신이 가장 창의적으로 문제를 해결한 경험은?	
답 변	
두괄식	
당시 목표 or 상황	
내가 한 일	
결론(성과)	

내 답변

질 문	
자신이 가장 적극적으로 문제를 해결한 경험은?	
답 변	
두괄식	
당시 목표 or 상황	
내가 한 일	
결론(성과)	

질 문
도전적인 목표를 세우고 이를 달성한 경험은?

	답 변
두괄식	
당시 목표 or 상황	
내가 한 일	
결론(성과)	

질 문
자신이 최근에 한 가장 큰 실패는?

	답 변
두괄식	
당시 목표 or 상황	
내가 한 일	
결론(성과)	

질문
타인을 설득하는데 어려움을 겪었던 경험은?

답 변	
두괄식	
당시 목표 or 상황	
내가 한 일	
결론(성과)	

경험 외 질문

앞서 언급했듯이 모든 문항에는 경험이 포함되어야 한다. 직접적으로 경험을 묻는 질문이 아닌 그 외 질문에서는 경험을 근거로 활용하여 답변해야 한다. 최근 시사 이슈에 대한(혹은 금융 이슈에 대한) 질문과 행원이 되고 싶었던 이유, 진상 고객 대처 방안 등, 경험 외 문항에 대해 질문하는 경우가 많다. 이러한 질문에는 어떤 순서로 답변해야 할지, 함께 살펴보도록 하자.

두괄식 → 이유(자신만의 정의) → 직간접적 경험(내가 혹은 타인이 한 직접적 경험, 혹은 신문이나 주변 환경을 통해 파악한 간접적 경험 및 지식) → 결론

보통은 지원자의 생각이나 아이디어 등을 중점적으로 묻기 때문에 두괄식으로 생각에 대해 답변한 후 그렇게 생각한 이유, 즉 자신만의 정의를 내려주도록 한다. 이후 직간접적인 본인의 경험을 통해 답변의 신뢰도를 올린 후 '수미상관'의 방식으로 답변에 대한 결론을 정리해준다.

그렇다면, 작년 모 은행 인성 기출 문항을 통해 답변 구성 방법에 대해 알아보자.

질 문
금융 상품 선택할 때, 무엇을 가장 고려하는가?

	답 변
두괄식	네, 저는 금융 상품 선택 시 상품 금리를 가장 우선으로 고려합니다.
이 유	그 이유는 상품 금리가 고객이 가장 직접적으로 금융의 혜택을 느낄 수 있는 요소이기 때문입니다.
직간접적 경험	실제로 저를 포함한 주변 사람들이 금융 상품에 대해 알아볼 때, 금리 순으로 상품을 조회하여 자신이 해당 되는 조건 안에 혜택이 가장 많고 금리가 높은 상품을 선택하는 모습을 볼 수 있었습니다.
결 론	이러한 경험을 바탕으로 고객의 입장에서는 금리가 가장 우선 고려 대상이라고 생각합니다.

이 답변 역시 30초에서 40초 내로 답변이 정리될 것이다. 이렇듯 생각을 묻는 문항에 대해서는 내가 왜 이렇게 생각했는지 정당성을 부여하며 답변을 탄탄히 하는 것이 중요하다. 두괄식처럼 생각한 이유를 우선 설명하고 직간접적 경험을 통해 그 이유의 근거를 더해주는 것이 좋다. 또한 결론으로 다시 한번 답변을 정리하며 답변을 깔끔하게 정리해주는 것이 좋다.

이제 다른 기출 질문들을 바탕으로, 답변을 정리해보자.

내 답변

질 문
부동산 시장 전망에 대해 어떻게 생각하는가?

답 변	
두괄식	
이 유	
경 험	
결론(성과)	

내 답변

질 문
행원에게 디지털 역량이 왜 중요하다고 생각하는가?

답 변	
두괄식	
이 유	
경 험	
결론(성과)	

내 답변

질 문
핀테크 활성화에 따른 은행의 대비 방안은?

	답 변
두괄식	
이 유	
경 험	
결론(성과)	

 내 답변

질 문
우리 은행의 어플을 사용해본 경험이 있는가? 개선점이 있다면?

	답 변
두괄식	
이 유	
경 험	
결론(성과)	

3 So, what? - 답변 마무리 방법

 사실 마지막 S는 면접장의 분위기와 답변의 길이 등에 따라 사용될 수도 있고, 그렇지 않을 수도 있다. 대부분 면접장의 분위기는 답변을 짧게 하길 원하기 때문에 마무리 문장까지 답변에 포함해버리면 면접관이 지루하다고 느낄 수도 있다. 이와 마찬가지로 답변의 길이가 짧다면 성의 없어 보이는 답변이 되지 않기 위해 답변 마무리를 포함하는 것이 좋고 반대라면 넣지 않는 것이 좋다. 마지막 S는 자기소개서 작성 시 마지막 문단과 같다고 생각하면 좋다. 내가 이러한 경험과 지식을 활용하여 입행 후 어떤 행원이 될 예정인지 '면접관에게 떠먹여 주는 STEP'이라고 생각하면 편하다.

그렇다면, 위에서 작성한 답변을 다시 살펴보자.

예시 답변	질 문
	자신이 가장 창의적으로 문제를 해결한 경험은?

	답 변
두괄식	네, 저는 경제 동아리 모금 부스 운영 당시, 창의적 아이디어로 낮은 모금률의 문제를 해결한 경험이 있습니다.
이 유	당시, 천만원의 목표금액을 달성해야 했지만, 상권 유동성이 낮아 모금이 원활히 진행되지 않았습니다.
경 험	이를 위해, 상권이 오피스 타운이라는 점을 감안하여, 점심시간 모금제를 시행하였습니다. 근처 식당가에 모금 부스를 설치하고, 점심 메뉴 선정 게임을 구성하여 회사원의 관심과 기부액을 모은 결과
결론(성과)	1,200만원의 모금을 달성하여, 우수 팀으로 선정될 수 있었습니다.

위의 답변은 이미 길이가 충족하여 굳이 S를 넣을 필요가 없지만 답변을 마무리하기 위해 S를 넣는다면 어떻게 넣을 수 있을까?

> 입행 후에도 이러한 상황 파악 능력과 창의적 아이디어로 다양한 고객을 확보하는 행원이 되겠습니다.

정도로 넣을 수 있을 것이다.

즉, 내가 경험을 통해 강조하고 싶은 역량과 경험과 비슷한 성과를 내겠다라고 한 문장으로 정리해서 말해주는 단계라고 볼 수 있다. 위의 문항에서는 상권이 오피스 타운이라는 점을 확인한 상황 파악 능력과 점심시간 모금제를 실시한 창의적 아이디어를 통해 관심과 기부액을 모금할 수 있었으니 고객을 확보할 것이라는 포부와 연결된다고 볼 수 있다.

이 단계를 면접에서 굳이 활용할 필요는 없지만 H → E까지 구성한 후, S를 구성한다면 어떤 내용으로 구성할 지를 한번쯤 생각해보자. 이 과정을 통해 내가 이 답변을 통해 강조하고 싶은 역량은 무엇인지, 이 경험의 결과가 행원의 업무와 비슷한지를 다시 한번 점검해 볼 수 있을 것이다.

H · E · S 정리

▌H(ead) – 두괄식

단계	방법	질문 유형
1단계	A는 B다.	정의를 묻는 질문
		생각을 묻는 질문
2단계	B 했을 때, A 했습니다.	성과가 없는 경험 질문
		정의/아이디어 묻는 질문
		3W 1H 질문
3단계	경험+묻는 바+성과	성과가 있는 경험 질문

▌E(xperience) – 경험

〈경험을 묻는 질문〉

당시, 목표 or 상황 → 이를 위해 내가 한 일('면접관이 묻는 바'의 관점에서 한 일, 창의적/열정적 등)의 요약 → 이에 따른 결론(성과)

〈그 외 질문〉

두괄식 → 이유(자신만의 정의) → 직간접적 경험(내가 혹은 타인이 한 직접적 경험, 혹은 신문이나 주변 환경을 통해 파악한 간접적 경험 및 지식) → 결론

▌S(o, what?) – 답변 마무리

〈필수는 아니지만, 각 답변 별로 해당 내용 확인해보기〉

◉ *경험에서 강조하고 싶은 역량 :*

◉ *그 경험의 결과 :*

◉ *그 결과가 행원의 어떤 업무와 일치하는지 :*

자기소개서에서 예상 문제 추출하기
(BEI 면접, 심층 면접)

영상트레이닝

"대체 면접관이 자기소개서에서 어떤 질문을 할지 감이 잡히지 않아요."

사실 본인은 수차례 읽어온 본인의 자기소개서이기 때문에 대체 면접관이 이 문항에서 어떤 부분을 궁금해할지 가늠을 하지 못한다. 또한, 일부 지원자의 경우 자기소개서의 소재를 각색했기 때문에 자신이 미처 대비하지 못한 부분에서 질문이 나올까 우려하는 경우도 많다.

모든 경우의 수에 대비하기 위해서는 어떻게 자기소개서를 분석하고 준비해야 할까? 자기소개서 예상 문제 추출 방법에 대해 알아보도록 하자.

자소서 예상 문제 CHECK LIST

테스트 시작 전, 자신이 가장 가고 싶은 은행의 자기소개서를 준비해주세요.

경험과 관련된 자기소개서 문항을 하나 준비해주시고

아래 질문들 중 원활히 답변이 가능한 문항은 몇 문항인지 확인해주세요.

사실을 기반으로 각색했던 영업 관련 문항이면 더욱 좋습니다.

질문 LIST

1 당시 본인의 역할은 무엇이었고, 주로 어떤 업무를 담당했었나요?

답변 :

2 업무를 그 방향으로 진행했던 이유는 무엇인가요?

답변 :

3 그 경험 중 가장 힘들었던 일은 무엇이고, 어떻게 극복하셨나요?

답변 :

4 그 정도의 성과를 달성할 수 있었던 가장 큰 비결은 뭐라고 생각하시나요?

답변 :

5 더 좋은 조건 확보를 위해 왜 협상을 진행하지 않으셨나요?

답변 :

6 그 과정에서 아쉬웠던 일이 있다면 무엇이고, 어떻게 대처했었나요?

답변 :

7 더 나은 성과를 유도하기 위해서는 어떤 점을 개선해야 했을까요?

답변 :

확인 체크 LIST ☑

1. 급작스러운 질문에도 바로 답변할 수 있었다. ☐
2. 횡설수설 하지 않고 H · E · S 구성에 맞춰 답변했다. ☐
3. 답변하면서 상황을 눈앞에 그릴 수 있었다. ☐
4. 이 외에도 수치와 같이 구체적인 질문이 나와도 답변할 수 있다. ☐
5. 문항이 묻는 알맹이만 포함된 답변을 했다. ☐

4개 이상 임기응변이 뛰어난 지원자로, 예상 문제만 미리 준비해주시면 됩니다.

2~3개 대처는 할 수 있으나, 집요하게 꼬리 질문이 잡히면 답변이 어려운 상황입니다.

1~2개 자소서를 세세히 분해하여 예상 문항을 최대한 많이 준비해주시는 편을 권해 드립니다.

1 자기소개서 예상 문제 추출은 CHIWID 방식으로!

대다수 면접은 자기소개서의 경험 자체에 꼬리를 물고 들어가는 형식으로, 인성 면접을 준비했다면 어렵지 않게 받아칠 수 있다. 하지만 최근 경험을 각색하는 지원자가 증가하며 이러한 꼬리 질문에서 막혀, 면접에서 한 모든 답변에 대한 신뢰도가 떨어지는 경우가 빈번히 발생하고 있다.

그렇다면 면접에 들어가기 전에 우리는 우리의 자기소개서에서 어떤 예상 문제를 추출할 수 있을까? 여러분이 각색한 소재라도 눈앞에 그려지도록 세세하게 자기소개서를 분석할 수 있는 CHIWID 방식을 소개하고자 한다.

▼ CHIWID 방식

CHECK	경험 상세 (사실 확인)	WHY	왜 그랬어?
WHAT	~ 할 때, 너는 무엇을?	IDEA	아이디어 자세히 얘기해봐
IF	입사해서 이런 경우, 어떤 선택?	DIFFERENTI- ATION	다른 사람과 어떤 차별화?

자기소개서에서 나올 수 있는 문항은 대체적으로 CHIWID 안에서 해결된다. 혹시 성과에 대해 부풀린 부분이 있다면 이에 대해 확인할 수 있는 '경험 상세 확인 질문(CHECK)', 업무에서 지원자는 주로 어떤 역할을 하는지 알아보기 위한 '역할을 묻는 문항(WHAT)'을 기본으로 시작한다. 이렇게 지원자의 경험이 진짜 경험인지 알아본 후, 그 경험을 입사해서 어떻게 활용할지 알아볼 '입사 후 활용 질문(IF)', 왜 그런 선택을 했는지 묻는 '왜 질문(WHY)'으로 지원자의 업무 성향과 강점을 파악한다. 더 나아가 경험에서 비롯한 '아이디어를 묻는 질문(IDEA)', 다른 사람과 '어떻게 차별화 되었는지 묻는 질문(DIFFERENTIATION)'으로 지원자에 대해 더욱 깊이 파악한다.

그렇다면, 각 파트마다 어떤 질문이 나올 수 있을까? 다음은 여러분이 처음 보는 다른 사람의 경험이 나올 예정이다.

아래 경험을 보고 본인이 면접관인 것처럼, 각 문항에 맞춰 궁금한 점을 정리해보자.

▼ 실제 추출해보기 1

지역 내 축제에서 공정 무역 원두로 만든 커피를 판매하며 공정 무역 카페에 대한 홍보, 지역 내 공정 무역 카페 지도 배부 등을 기획하였으나 부족한 초기 자본금으로 저렴한 가격에 원두를 구매하기란 쉽지 않았습니다. 주최 측인 대학생에 대한 낮은 신뢰도 때문에 각 카페에서는 원두 판매 가격을 낮추기란 쉽지 않아 보였습니다.

목표 달성을 위해 팀장이라는 책임감을 안고 수차례 매장에 방문하여 계획서를 설명하며 공정 무역에 관한 관심을 표했습니다. 또한, 원두 가격 절감으로 얻은 차익만큼 무료 쿠폰을 제작해 참여 고객에게 이벤트로 배부하겠다는 약속까지 건넨 후 10% 저렴하게 원두를 구입할 수 있었습니다.

20만원의 초기 자본으로 시작한 이 행사는 순이익 90만원을 달성하며 450%의 투자 대비 수익율을 달성하였고 공정 무역 카페 홍보와 봉사 기금 마련을 모두 성공적으로 마무리하며 '상생'을 실현할 수 있었습니다.

이를 통해, 목표를 위한 책임감은 목표 달성을 향한 강한 도전 정신을 일으킨다는 사실을 알게 되었습니다. 이와 더불어 유통은 목표를 이루기 위한 주변 거래처와의 원활한 소통이 기반이 되어야 하며, 이는 곧 모두가 생존할 수 있는 '상생'의 시작점이 된다는 사실 역시 알게 되었습니다.

1	CHECK, 경험이 진짜인지 확인해보자!
a	
b	
c	
d	
e	

2	WHAT(HOW), 그럴 때 너는 뭘 하고 배웠어?
a	
b	
c	
d	
e	

3	IF, 만약에 입사해서 이런 경우, 어떻게 할래?
a	
b	
c	
d	
e	

각각 궁금한 질문을 정리해보았는가? 그렇다면, 여러분이 작성한 답과 모범 답안을 비교해보자.

1	CHECK, 경험이 진짜인지 확인해보자!
a	보통 공정무역 원두의 가격이 몇 그램 당 얼마정도였나요?
b	10% 저렴하게 원두를 구입하면 얼마였죠?
c	다른 데랑 비교해서 원두가 얼마나 저렴했나요?
d	얼마에 판매해서 몇 봉지 정도 판매했나요?
e	얼마나 판매해야 저 정도의 순이익을 얻을 수 있었나요?

2	WHAT(HOW), 그럴 때 너는 뭘 하고 배웠어?
a	당시 어떤 역할을 맡아서 진행했나요? 어떻게 행사를 진행했나요?
b ↳ b-1	어떻게 계획서를 작성해서 관심을 표하고 매장을 설득했나요? ↳ 자신만의 설득 노하우가 있다면 무엇인가요?
c	어떤 식으로 판매해서 높은 매출을 달성할 수 있었나요?
d ↳ d-1	팀에서 주로 어떤 역할을 맡아서 진행했었나요? ↳ 팀 활동에서 가장 중요한건 뭐라고 생각하나요?
e ↳ e-1 ↳ e-2	팀장으로서 어떻게 팀을 이끌어나갈 수 있었나요? ↳ 본인은 리더인 편인가요, 팔로워인 편인가요? ↳ 리더십이란 무엇이라고 생각하시나요?
f	이 활동을 통해서 무엇을 배웠나요?

3	IF, 만약에 입행해서 이런 경우, 어떻게 할래?
a	입행 후에 은행에 대한 신뢰가 낮은 고객을 어떻게 설득하겠습니까?
b	입행 후, 이렇게 초기부터 위기가 생기는 문제는 계속 시도하는 게 나을까요? 아니면 빠르게 다른 대안을 찾는 게 맞을까요?
c	프로모션을 진행해서라도 고객을 많이 끄는 편이 나을까요? 아니면 은행의 상품을 그대로 판매하며 은행의 수익을 유지하는 편이 나을까요?

여러분이 작성한 질문 리스트와 모범 답안 사이에는 어떤 차이가 있는가?
타인의 자기소개서에서 예상 문항을 충분히 추출할 수 있었는가?
그 질문에서 꼬리 질문까지 유도할 수 있었는가?

여러분이 모범 답안에서 가장 주목할 사항은 바로 2번 모범 답안의 b-1, d-1 등의 꼬리 질문이다.

자기소개서를 기반으로 그대로 질문할 수도 있지만 이렇듯 자기소개서의 전체적 내용을 읽고 통상적으로 질문할 수 있는 기본 문항이 나오기도 하기 때문이다. 즉, 자기소개서 예상 문항을 추출할 때에는 CHIWID에 맞는 답변을 일차적으로 추출하고, 거기에서 함께 나올 수 있는 기본 문항도 함께 정리해야 한다. 그렇다면, 나머지 'WID'의 추출 방법을 살펴보자.

▼ 실제 추출해보기 2

당시 인턴에게는 상담할 기회가 주어지지 않았지만 전부 상담 중인 상담사를 대신해 50대 남성의 핸드폰 상담을 대신 진행하였습니다. 한 번도 스마트폰을 이용해본 적이 없는 고객으로 보급형 핸드폰보다는 지문 인식까지 가능한 저렴한 최신제품을 원하고 있었습니다. 마침 지원금의 상승으로 낮은 가격에 판매되던 ○○ 모델이 고객에게 가장 적합하다고 판단되어 권하였고, 고객 동의로 미리 필요한 서류를 받은 후 월요일 내방 시 제품을 드리겠다고 약속드렸습니다.

하지만 전산으로 알아본 결과 모든 제품이 배송 불가 상태였고 현재 남아있는 제품은 진열 상품뿐이었습니다. 심지어 서울 매장에만 진열 제품이 남아있었고 배송을 받기엔 주말이 껴있어 약속한 시간 내에 물품이 도착하기는 어려운 상황이었습니다.

고객과의 약속을 지키기 위해 퇴근 후 충북에서 서울로 바로 향해 진열 제품을 받아왔고 액정 필름 교체 및 초기화, 소독 등의 과정을 거쳐 고객댁으로 직접 방문하여 개통을 도와드렸습니다. 진열 제품임을 설명하며 양해를 구했고 동시에 스마트폰을 처음 이용하는 고객을 위해 이용법도 안내해드렸습니다.

4	WHY? 왜 그랬어?
a	
b	
c	

5	IDEA, 자세히 얘기해봐
a	
b	
c	

6	DIFFERENTIATION, 다른 사람과 차별화는?
a	
b	
c	

깊게 생각해야 하는 파트라서 답변을 적기가 쉽지 않았을 것이다. 아래 답변을 보고 제대로 추출했는지 한 번 더 확인해보자.

4	WHY? 왜 그랬어?
a	재고가 있는 다른 모델로 판매 유도가 가능했을 텐데, 굳이 OO 모델을 판매한 이유는?
b	인턴이 판매를 하지 못하는 이유가 있었을 텐데, 고객에게 대기 안내를 드리지 않고 판매를 시도한 이유는?
c	왜 월요일까지 제품을 드리겠다고 약속했는지, 약속을 미루고 더 나은 서비스를 제공할 생각은 해보지 않았는지?
↳ 꼬리 1	↳ 입사 후, 판매 실적과 고객 만족 중 뭐가 더 중요하다고 생각합니까?
↳ 꼬리 2	↳ 올바른 영업이란 무엇이라고 생각하십니까?

5	IDEA, 자세히 얘기해봐
a	연령대별로 맞춤형 판매를 할 수 있는 전략은?
b	고객이 찾는 상품이 없을 시, 다른 상품으로 관심을 유도할 방안은?
c	처음 이용하는 고객을 유치할 수 있는 방안은?

6	DIFFERENTIATION, 다른 사람과 차별화는?
a	자신만의 차별화 된 판매 전략은?
b	진열 제품이었지만 판매할 수 있었던 본인만의 판매 경쟁력은?

이제는 여러분의 자기소개서로 CHIWID 분석을 해보고자 한다. 인성 면접을 앞두기 전 특히 KEB 하나은행의 BEI 면접을 앞두기 전, 모든 문항을 세세히 분석하여 모든 문항에 대비하도록 하자.

활용방법

1. 자기소개서에서 궁금한 사항에 밑줄을 긋는다.

2. 밑줄 그어진 부분에서 추출할 수 있는 문항을 CHIWID 파트 별로 기재한다.

3. CHAPTER 1 마지막 은행별 인성 기출 문항에서 나올 수 있는 꼬리 질문을 정리한다.

〈자기소개서 내용 기재〉

1	CHECK, 경험이 진짜인지 확인해보자!
a	
b	
c	
d	
e	

2	WHAT(HOW), 그럴 때 너는 뭘 하고 배웠어?
a	
b	
c	
d	
e	

3	IF, 만약에 입사해서 이런 경우, 어떻게 할래?
a	
b	
c	
d	
e	

4	WHY? 왜 그랬어?
a	
b	
c	

5	IDEA, 자세히 얘기해봐
a	
b	
c	

6	DIFFERENTIATION, 다른 사람과 차별화는?
a	
b	
c	

CHAPTER 3

행원 역량과 내 에피소드 연결하기

영상트레이닝

"제 경험이 행원의 역량과 일치하는지 모르겠어요."

자기소개서 작성 시 대다수 지원자는 소재 하나를 한 문항에만 사용한다(예를 들어, 한 소재를 전 은행 창의적 경험을 묻는 질문에만 사용). 하지만 이럴 경우 면접에서 받는 질문마다 소재가 겹치게 된다거나 자기소개서와 동일한 경험을 말하게 되어 경쟁력 없는 답변이 된다. 그렇다면, 면접에서 어떤 문항에도 다양한 경험을 말하려면 어떻게 준비해야 할까?

먼저 내 경험과 행원 역량이 얼마나 연결되어 있는지 확인해보자.

에피소드 연결 TEST

테스트 시작 전, 녹음기를 준비해주세요.
본인이 가장 가고 싶은 은행 면접에 갔다고 가정하고
다음의 질문에 순서대로 답변해보세요. 답변 시간은 문항별 40초 정도입니다.

답변 시작 전 녹음기를 켜고 답변 내용을 녹음하고
전 문항에 답변한 이후, 어떤 소재를 사용했는지 기재해보세요.

Q1 본인이 살면서 가장 열정적이었던 경험은?

▶ 답변 소재 :

Q2 본인이 살면서 가장 창의적이었던 경험은?

▶ 답변 소재 :

Q3 본인이 살면서 가장 책임감을 발휘했던 경험은?

▶ 답변 소재 :

Q4 자신이 최근에 고객 행복을 실천했던 경험은?

▶ 답변 소재 :

Q5 본인이 조직 내에서 가장 협업을 발휘했던 경험은?

▶ 답변 소재 :

확인 체크 LIST ☑

1. 답변 소재가 모두 겹치지 않는다. ☐
2. 문항에서 묻는 내용이 모두 포함되어 있다. ☐
3. 답변이 행원의 역량과 연결되어 있다. ☐
4. 이 경험이 추후 행원이 되어서도 도움이 될 것 같다. ☐
5. 내가 한 행동에 대한 근거가 마련되어 있다. ☐

4개 이상   행원의 역량과 에피소드 연결이 잘 되어 있습니다.

2~3개   에피소드는 있으나, 적절히 연결이 되어 있지 않습니다.

1~2개   에피소드가 경험에 맞게 정리되어 있지 않습니다.

내 에피소드와 행원의 역량을 연결하기 위해, 가장 먼저 행원에게 필요한 역량에 대해 알아보자.

1 행원에게 필요한 역량

역량 구분	내 용
고 객	고객 응대 / 고객 및 상품 분석 / 공감 능력 / 설득력 / 관찰력
판 매	판매 기획력 / 상권 및 고객 이해력
전 문	지식 습득과 응용력 / 수익성을 보는 통찰력 / 꼼꼼함
그 외 (내가 적기)	

1-1 행원 역량에 형용사 붙이기

이러한 행원 역량이 왜 중요할까? 중요한 이유에 대해서 나름의 형용사를 붙여주자. 나름의 형용사를 붙이며 이러한 역량을 발휘했던 내 경험이 있는지 천천히 정리해보자.

형용사	역량
예 최소의 고객 자산 투자로 최대의 성과를 유도할 수 있는	수익성을 보는 통찰력
	고객 응대 역량
	고객 및 상품 분석력
	수익성을 보는 통찰력
	판매 기획력
	상권 및 고객 이해력
	지식 습득 및 응용력
	관찰력
	공감 능력
	설득력
	꼼꼼함

행원에게 필요한 역량을 모두 정리해보았다면, 이 역량이 어떤 질문에서 활용될 수 있을지 함께 정리해보자.

2 자기소개서와 면접에서 주로 묻는 대표 역량

자기소개서나 면접에서는 주로 '가장 ~했던 경험이 있는가?'라는 질문을 던지며 지원자의 역량별로 경험을 파악하고자 한다. 그 중 가장 빈번히 출제되는 경험은 열정적, 창의적, 책임감 발휘, 고객 행복 실천, 협업경험 등 다섯 가지로 나뉜다.

하지만 이 열정적, 창의적, 책임감의 범위가 어디까지인지 파악하기가 어려워 '행원의 역량'과 관계없는 답변을 하는 경우도 흔하게 볼 수 있다. 그렇다면 대표적인 다섯 가지 역량 질문에 대하여 어떤 경험을 말해야 면접관이 원하는 답변을 말할 수 있을까?

앞에서 자신이 기재한 행원의 역량을 각 대표 역량과 이어 기재해보자.

대표 역량	열정적	창의적	책임감	고객 행복	협 업
행원 역량					

내가 기재한 행원의 역량을 대표 역량과 연결해보았는가? 위 행원의 역량을 대표 역량에 배치한 예시를 참고해보자.

대표 역량	열정적	창의적	책임감	고객 행복	협 업
행원 역량	고객/상품분석	고객/상품분석	고객/상품분석	고객 응대	협업의 목표는 고객행복과 수익달성
	판매 기획력	통찰력	꼼꼼함	고객/상품분석	
	상권/고객이해	판매 기획력	판매 기획력	관찰력	
	설득력	상권/고객이해	상권/고객이해	공감능력	
	꼼꼼함	지식습득, 응용	지식습득, 응용	설득력	

행원의 역량과 대표 역량을 연결하며 왜 둘을 연결했는지 생각하며 기재하였는가? 역량을 배치할 때는, 이 행원 역량을 어떤 소재로 각색할지 역시 생각해야 한다. 예를 들어, 고객/상품분석이 책임감에 들어가게 되면 고객이 원하는 서비스를 제공하기 위해 책임감을 갖고, 고객과 상품을 체계적으로 분석한 경험을 작성하면 된다. 혹은 창의적에 들어가게 되면 고객 만족을 위해 창의적인 기획을 했던 경험을 작성하면 되는 것이다.

또한 별색으로 표현된 역량은 대체적으로 분석력을 기반으로 한다. 열정적인 경험도, 창의적인 경험도, 책임감을 발휘하고 고객행복을 실천하기 위한 경험도, 모두 분석한 결과가 행동의 근거가 되어야 한다.

더 나아가 최근 대다수 은행에서 묻는 협업 경험은 지점에서 어떻게 협업하여 지점과 은행의 목표를 달성하는 행원이 될 건지를 보고자 묻는다고 보면 된다. 그렇기 때문에 여러분이 조직에서 고객 행복과 수익 달성을 위해 어떤 역할을 도맡아 했고, 어떤 협업 자세를 보유하고 있는지를 중점적으로 보여주면 된다.

그렇다면, 아래 역량 구분 예시를 보고 여러분의 경험을 행원 역량 및 대표 역량에 맞춰 이어보자.

▼ 예 시

저는 경제 동아리 모금 부스 운영 당시 창의적 아이디어로 낮은 모금률의 문제를 해결한 경험이 있습니다. 당시 천만원의 목표 모금액을 달성해야 했지만, 상권 유동성이 낮아 모금이 원활히 진행되지 않았습니다. 이를 위해 상권이 오피스 타운이라는 점을 감안하여, '점심시간 모금제'를 시행하였습니다. 근처 식당가에 모금 부스를 설치하고, 점심 메뉴 선정 게임을 구성하여 회사원의 관심과 기부액을 모은 결과 1,200만원의 모금을 달성하며 우수 팀으로 선정될 수 있었습니다.

대표 역량	행원 역량	내 용
열정적	상권/ 고객 이해	직장인 고객이 주로 어떤 서비스를 원하는지 파악하기 위해 '발로 뛰어' 인터뷰 진행, 200명 인터뷰
	판매 기획력	200명의 인터뷰를 통해, 많은 직장인이 점심 메뉴 정하기 어려워한다는 점 파악 → 점심 메뉴 정하고 기부하기 게임으로 발전
창의적	통찰력	점심시간 = 직장인의 활력소 파악, 간단하게 즐길 수 있는 게임으로 모금 이벤트 진행하자고 기획 → 모금액 목표 달성

이처럼 여러분이 자기소개서에서 주로 사용하는 소재를 역량에 맞춰 나눠보자. 상권/고객 이해를 열정적으로 했던 경험, 판매 기획을 열정적으로 했던 경험 등으로 소재를 나눠 작성해야 어떤 소재를 어떤 질문에 사용해야 할지 알 수 있다. 무엇보다 이 구체화 작업을 통해 오래 되어서 기억이 나지 않거나, 단순히 참여만 했던 경험을 구체화할 수 있다.

이제 여러분의 자기소개서 파일을 꺼내고, 대표 역량과 행원 역량에 맞게 소재를 구체화해보자. 이후, 다음 기본 질문에 대해 예시처럼 소재별로 40초 내로 답변해보자.

▼ 예 시

	1. 자신이 살면서 가장 열정적으로 임했던 일은?
소재 1	마케팅 공모전 당시 1,000명 오프라인 인터뷰(고객 분석)
소재 2	카페 아르바이트 당시 신메뉴 홍보 위해 맞춤형 부스 운영(판매 기획력)
소재 3	인턴 당시 서류 오차 줄이기 위해 3천건 서류 비교 및 분석(오차 줄이기)

▼ 기본 질문에 답하기

	1. 자신이 살면서 가장 열정적으로 임했던 일은?
소재 1	
소재 2	
소재 3	

	2. 자신이 가장 창의적인 아이디어를 발휘했던 경험은?
소재 1	
소재 2	
소재 3	

3. 자신이 가장 책임감을 발휘한 경험은?	
소재 1	
소재 2	
소재 3	

4. 협업을 발휘하여 무언가 달성한 경험은?	
소재 1	
소재 2	
소재 3	

5. 자신이 가장 실패한 경험은?	
소재 1	
소재 2	
소재 3	

CHAPTER

1분 자기소개와 지원동기

영상트레이닝

아마 면접을 준비하는 학생들이 가장 먼저 걱정하는 부분은 1분 자기소개와 지원동기일 것이다. 실제로, 컨설팅을 진행하다 보면 '1분 자기소개 어떻게 해요?'라는 질문과 1분 자기소개와 지원동기의 차이에 관한 질문을 가장 많이 받게 된다. 거의 모든 면접에서 꼭 물어보는 자기소개와 지원동기, 어떻게 구성해야 면접관의 이목을 끌 수 있을까?

자기소개 · 지원동기 사전 TEST

테스트 시작 전, 녹음기를 준비해주세요.

본인이 가장 가고 싶은 은행 면접에 갔다고 가정하고

자신이 주로 사용하는 1분 자기소개와 지원동기를 녹음해보세요.

녹음기를 켜고 전 문항에 답변한 후, 아래 표에 맞춰 작성해보세요.

〈자기소개〉

중심 키워드 :

〈지원동기〉

중심 키워드 :

〈둘의 차이 기재해보기〉

중심 키워드 :

확인 체크 LIST ☑

1. 자기소개와 지원동기가 명확히 구분된다. ☐
2. 자기소개 안에 내가 드러내고 싶은 역량이 포함되어 있다. ☐
3. 지원동기 안에 내 경험과 입행 후 포부가 녹아져 있다. ☐
4. 자기소개에서 두 질문 이상 꼬리 질문을 끌어낼 수 있다. ☐
5. 자기소개 안에 내 경험이나 역량이 드러나 있다. ☐

4개 이상 자기소개와 지원동기에 대한 개념 이해가 되어 있습니다.

2~3개 자기소개와 지원동기에 대해 이해하고 있으나, 구성이 미흡한 상황입니다.

1~2개 자기소개와 지원동기 구성이 어려운 상황입니다.

자기소개나 지원동기는 여러분의 이미지를 처음 결정짓는 중요한 답변이다. 여러분의 자기소개와 지원동기에 따라, 여러분의 성격과 성향, 기업에 대한 간절함을 볼 수 있기 때문이다.

대다수 지원자가 가장 많이 범하는 오류를 살펴보자. 자기소개에서 가장 많이 볼 수 있는 오류는

❤ *내 경험 없이 단순히 역량만을 강조하는 자기소개*
❤ *강조하고 싶은 역량이 뚜렷하게 드러나지 않는 자기소개*
❤ *무난하게 구성되어, 추가 질문을 할 내용이 없는 자기소개*

정도로 볼 수 있다. 앞서 언급했듯, 자기소개는 면접의 첫 문을 여는 질문이기 때문에 이 질문으로 여러분의 성향과 꼬리 질문이 결정된다. 즉, 면접관이 여러분에 대해 궁금해 할 수 있도록 면접에 대한 주도권을 줘야 면접관도 그 꼬리를 잡고 여러분에 대해 질문을 던지는 것이다.

그렇다면, 자기소개는 어떻게 구성해야 할까?

1 경험 꼬리 질문형 자기소개

	경험 꼬리 질문형
인 사	안녕하십니까. (역량, 형용사)한 n번 지원자입니다.
두괄식	실제, 저는 (조직)에서 (경험 요약)을 하며 (성과/역량)을 낸/기른 경험이 있습니다.
경험소개 키워드	본인만의 키워드 기재해 보기
정 리	이러한 경험을 통해 (형용사/전문가)한 행원으로 성장하기 위한, (직무 수행 역량 1)과 (직무 수행 역량 2)를 쌓을 수 있었습니다.
결 론	입행 후, 이러한 역량을 바탕으로 OO 은행의 (목표/방향)에 기여하는 행원으로 성장하겠습니다.

내 답변

	경험 꼬리 질문형
인 사	
두괄식	
경험소개 키워드	
정 리	
결 론	

여러분이 특별히 강조하고 싶은 경험이 있거나, 행원과 부합한 경험이 있을 때 사용해주면 좋은 방법이다. 면접관의 이목을 끌 수 있는 경험을 간략하게 이야기하며, 면접관이 생략 된 이야기에 대해 질문을 할 수 있도록 면접의 주도권을 확보하는 것이다.

꼬리 질문을 물어올 수 있고, 진솔하게 다가갈 수 있다는 점에서, 뒤에 나오는 강점 자랑형보다 권하는 자기소개 유형이지만, 마땅한 경험이 없을 때에는 오히려 독이 될 수 있으니 신중히 결정해야 한다.

2 강점 자랑형 자기소개

	감정 자랑형
인 사	안녕하십니까. (역량, 형용사)한 n번 지원자입니다.
두괄식	저는 (전문가)한 행원으로 성장하기 위해 (직무 수행 역량 1)과 (역량 2)를 쌓고자 노력하였습니다.
역량 1	가장 먼저, (업무 수행)에 필요한 (직무 수행 역량1)을 쌓을 수 있었습니다. → 역량 1 경험 설명하기
역량 2	또한, (업무 수행)에 필요한 (직무 수행 역량 2)도 쌓으며 (전문가)행원이 되고자 노력~. → 역량 2 경험 설명하기
결 론	이를 바탕으로, 입행 후 OO 은행의 (목표/방향)에 기여하는 행원으로 성장하겠습니다.

내 답변

인 사	
두괄식	
역량 1	
역량 2	
결 론	

다음은 강점 자랑형이다.

아마 대부분 지원자가 기본적으로 사용하고 있는 유형일 것이다. 자신이 행원 혹은 목표한 전문 분야의 행원이 되기 위해 갖고 있는 강점을 두 가지 정도 자랑하는 것이다. 이 자기소개는 대체적으로 무난하게 갈 수 있는 유형이지만 무난한 만큼 꼬리 질문을 물기는 어려운 유형이다. 이 자기소개를 통해 면접 분위기를 갖고 오기 위해서는 구체적인 수치가 들어간 경험을 간략히 소개하거나, 귀에 들어오는 경험을 같이 넣어줘야 한다. 이 유형은 구체적이고 눈에 띄는 경험은 없지만 다양한 경험을 한 경우, 혹은 은행원이 되기 위해 준비한 내용이 많아 준비된 인재임을 보여주고 싶은 경우에 사용해준다면 여러분의 준비된 자세를 어렵지 않게 보여줄 수 있을 것이다.

그렇다면, 지원동기에서 지원자들이 가장 많이 하는 실수는 무엇일까?

◈ *막연히 '지원한 은행 자랑'만 하는 지원동기*
◈ *'내 경험'과 '입행 후 정확한 목표'가 드러나지 않는 지원동기*
◈ *내 경험과 은행의 강점이 이어지지 않는 지원동기*

물론 우리는 공고가 뜨는 대로 지원을 하지만 면접에 들어오는 현직 실무자 및 임원 입장에서는 '대체 이 지원자, 즉 고객이 우리 은행의 어떤 면을 보고 지원했는지'가 궁금할 수밖에 없다. 또한 무작정 '너희 은행이 좋아서 지원했다.'라는 지원자보다는 어떤 경험을 통해 '행원으로서 뚜렷한 목표를 갖고 있고, 지원한 은행이 그 목표 달성에 도움이 될 것 같아서 지원했다.'고 할 때 퇴사하지 않고 은행의 발전을 위해 일 할 사람이라는 이미지를 줄 수 있다.

그렇다면, 지원동기는 어떤 흐름으로 진행할 수 있을까?

지원동기	
두괄식	네, 저는 (분야의 전문 행원)으로 성장하고자 OO 은행에 지원하게 되었습니다.
분야 관련 경험	~한 (경험)을 하며, ~한 (분야의 전문 행원)으로서 성장을 희망하게 되었습니다.
은행 자랑	특히, OO 은행은 (내가 희망하는 분야)에 (강점)을 갖고 있어, (전문가로 성장하기 위해 더 많은 것을 배울 수, 목표를 달성할 수) 있다고 생각하였습니다.
결 론	입행 후, 이러한 은행에서 (목표/방향)에 이바지하는 (전문 행원)으로 성장하겠습니다.

내 답변

지원동기	
두괄식	
분야 관련 경험	
은행 자랑	
결 론	

아마 대다수 지원자가 'OO 은행이 1위이기 때문에 지원하였습니다.' 정도로 자기 소개를 준비할 것이다. 물론 1위라는 칭찬을 듣는 일은 기쁜 일이지만 은행에서는 '자신의 은행과 조금이라도 더욱 적합한 지원자'를 채용하고자 할 것이다. 그렇기 때문에 '내가 어떤 역량과 경험을 갖고 있는데 이게 너희 은행과 적합해'라는 흐름으로 풀어줘야 면접관 입장에서는 '지원자를 채용할만한 근거'가 수립되는 것이다.

'지원동기'에 '입행 후 포부'가 들어가야 한다고 하는 내용도 같은 맥락이다. 경험을 통해 '정확히 어느 분야에 기여하고 싶은지'가 정해져 있어야 '왜 이 은행을 지원했는지'에 대해 설득할 수 있다. 그렇기 때문에 지원동기를 구성하기 전, 행원 중 어느 분야의 전문 행원이 되고 싶은지부터 생각해보기를 바란다.

▼ 자기소개 & 지원동기 구성해보기

※ 괄호 친 부분만 빈칸에 작성하여, 키워드로 말을 이어나가는 연습해주세요.

※ 시간이 얼마나 소요되는지 꼭 체크해주세요.

※ 30초와 1분 버전을 모두 준비해주세요(지원동기는 40초가량).

경험 꼬리 질문형	
인사	안녕하십니까. (역량, 형용사)한 n번 지원자입니다.
두괄식	실제, 저는 (조직)에서 (경험 요약)을 하며 (성과/역량)을 낸/기른 경향이 있습니다.
경험소개 키워드	
정리	이러한 경험을 통해, (형용사/전문가)한 행원으로 성장하기 위한, (직무 수행 역량 1)과 (직무 수행 역량 2)를 쌓을 수 있었습니다.
결론	입행 후, 이러한 역량을 바탕으로 OO 은행의 (목표/방향)에 기여하는 행원으로 성장하겠습니다.

	감정 자랑형
인사	안녕하십니까. (역량, 형용사)한 n번 지원자입니다.
두괄식	저는 (전문가)한 행원으로 성장하기 위해 (직무 수행 역량 1)과 (역량 2)를 쌓고자 노력하였습니다.
역량 1	가장 먼저, (업무 수행)에 필요한 (직무 수행 역량1)을 쌓을 수 있었습니다.
	역량 1 경험 설명
역량 2	또한, (업무 수행)에 필요한 (직무 수행 역량 2)도 쌓으며 (전문가)행원이 되고자 노력~
	역량 2 경험 설명
결론	이를 바탕으로, 입행 후 OO 은행의 (목표/방향)에 기여하는 행원으로 성장하겠습니다.

지원동기	
두괄식	네, 저는 (분야의 전문 행원)으로 성장하고자 OO 은행에 지원하게 되었습니다. ....
분야 관련 경험	~한 (경험)을 하며, ~한 (분야의 전문 행원)으로서 성장을 희망하게 되었습니다. ....
은행 자랑	특히, OO 은행은 (내가 희망하는 분야)에 (강점)을 갖고 있어, (전문가로 성장하기 위해 더 많은 것을 배울 수/목표를 달성할 수) 있다고 생각하였습니다. ....
결 론	입행 후, 이러한 은행에서 (목표/방향)에 이바지하는 (전문 행원)으로 성장하겠습니다. ....

CHAPTER 5

은행원, 왜 되고 싶고
어떻게 노력 했는지

영상트레이닝

'왜 행원이 되고 싶습니까?'

———

요즘 은행 면접에서 가장 많이 듣는 질문이다. 실제로 입행 후 은행 업무가 맞지 않아 퇴사하는 신입들이 증가하기 때문에 이 지원자가 어떤 가치를 중요시하는 사람인지, 왜 은행원이 되고 싶은지를 파악하기 위해 이와 같은 질문을 던지곤 한다.

하지만 앞에서 지원동기를 철저하게 준비한 학생이라면 왜 행원이 되고 싶은지에 대한 답변은 따로 준비하지 않아도 된다. 즉, 행원이 되고 싶은 이유 역시 경험에 기반하여 답변해야 한다는 의미이다. 아마 대다수 지원자가 답변으로 생각하고 있을 연봉이나 복지 등의 현실적 이유보다는 여러분의 경험과 직업관을 연결 지어 내 성향이 행원에게 필요한 성향과 같다는 점을 보여줘야 하는 것이다.

먼저 여러분이 왜 행원이 되고 싶은지, 행원이 되기 위해 무엇을 노력했는지부터 파악해보자.

행원이 되기 위한 사전 질문 TEST

테스트 시작 전, 녹음기를 준비해주세요.
본인이 가장 가고 싶은 은행 면접에 갔다고 가정하고,
왜 행원이 되고 싶은지, 행원이 되기 위해 무엇을 준비했는지
에 대한 답변을 녹음해보세요.

녹음기를 켜고 전 문항에 답변한 후, 아래 표에 맞춰 작성해보세요.

〈왜 행원이 되고 싶은지〉

중심 키워드 :

〈행원이 되기 위해 무엇을 준비했는지〉

중심 키워드 :

확인 체크 LIST ☑

1. 행원이 되고 싶은 이유에 내 경험이 녹아져 있다. ☐
2. 내가 어떤 성향을 가진 사람인지가 드러나 있다. ☐
3. 행원을 위해 지식과 경험을 모두 준비했다. ☐
4. 내 경험이 왜 행원과 적합한지 설명되어 있다. ☐

4개 이상   행원에 대한 준비 과정과 목표 의식이 잘 드러나 있습니다.

2~3개   행원 준비 목표와 과정이 세워져 있으나, 명확하지 않습니다.

1~2개   '왜 행원인지'가 뚜렷하지 않습니다.

---

1 왜 행원이 되고 싶은지?

앞에서 설명했듯이 왜 행원이 되고 싶은지는 지원동기의 앞부분과도 같다. 다만, '어느 분야의 전문 행원으로 성장하고 싶어 지원했다.'라는 두괄식만 '~한 성향과 일치하여 행원을 꿈꾸게 되었습니다.' 혹은 '(성향)한 직업을 갖고자 행원을 꿈꾸게 되었습니다.'로 바꿔서 이야기하면 된다.

왜 행원이 되고 싶은지	
두괄식	네, 저는 (성향)한 직업을 갖고자 행원을 꿈꾸게 되었습니다.
경험소개 키워드	실제 저는 (경험)에서 (내 역할)을 통해, (대상이 성과)를 달성하는 모습을 보며 (직업의) 가치를 느낄 수 있었습니다. 이렇듯, (비슷한 업무를 수행하는) 행원이 된다면 (업무를 통해 직업의) 가치를 느낄 수 있을 것이라 생각하여 행원을 꿈꾸게 되었습니다.
정 리	입행 후, (성향을 통해 목표를 달성하는) 행원으로 성장하겠습니다.

내 답변	
두괄식	
경험소개 키워드	
정 리	

먼저 답변의 구조부터 살펴보고, 이 구조를 활용하여 어떻게 답변할 수 있을지 살펴보자.

> 네, 저는 전문성을 통해 타인에게 도움이 되는 사람이 되고자 행원을 꿈꾸게 되었습니다. 실제 경제 동아리 활동 당시, 제가 가진 경제 지식으로 소상공인에게 도움을 준 경험이 있습니다. 이를 통해 소상공인이 절세, 자산관리 등 효과를 얻는 모습을 보며 '금융업'의 가치를 느낄 수 있었습니다. 이렇듯 제가 가진 전문성으로 타인의 자산관리에 도움이 된다면 일을 통해 직업의 가치를 느낄 수 있을 것으로 생각하여 행원을 꿈꾸게 되었습니다.

마지막에 '정리'는 시간이 부족할 경우 굳이 사용하지 않아도 되는 부분이다. 앞의 예시처럼 자신의 경험 중 하나를 끌어와 그 안에서 직업의 가치를 찾고, 행원 업무의 연관성을 찾아주는 것이 좋다. 예시에서는 전문성을 통해 타인에게 도움이 되는 사람이 자신의 성향이고, 직업을 선택하는 기준이자 가치가 되는 것이다. 이렇듯 행원이 되고 싶은 이유를 찾기 위해서는 비슷한 경험부터 찾고 그 안에서 가치를 찾기를 권한다.

2 행원이 되기 위해 준비한 것은?

행원이 되기 위해 준비한 것은 간단하다. 지식과 경험 두 가지 측면에서 준비하면 된다. 물론 지식이 준비되지 않은 지원자가 있을 수도 있다. 그럴 경우에는한 가지로 맞춰서 이야기하면 된다. 지금부터 한 가지형과 경험 & 지식형으로나눠 답변을 알아보자.

행원이 되기 위해 노력 - 한 가지 형	
두괄식	네 저는 행원에게 가장 필요한 ~한 (경험)을 쌓으며 (역량)을 향상하였습니다.
경험소개 키워드	(경험)당시 (업무수행)을 통해 (성과)를 달성하며, 행원에게 필요한 (역량)을 습득할 수 있었습니다.
정 리	입행 후, (역량)을 통해 (성과)를 달성하는 행원이 되겠습니다.

행원이 되기 위해 노력 - 두 가지 형	
두괄식	네 저는 행원이 되기 위해, 관련 지식과 경험을 쌓고자 노력하였습니다.
경험소개 키워드	가장 먼저 금융 지식을 습득하였습니다. (관련 활동, 자격증)을 통해 (행원이 전문 분야)에 필요한 지식을 쌓았습니다.
	또한 (경험)을 통해 (역량)도 습득할 수 있었습니다. 다양한 (경험 간략 나열)에서 (업무를 수행)하며 행원에게 필요한 (역량)도 체득하였습니다.

내 답변 (한 가지 형)

두괄식	
경험소개 키워드	
정 리	

내 답변 **(두 가지 형)**	
두괄식	
경험소개 **키워드**	
정 리	

앞에 보이는 것처럼, 만약 자신이 자격증 등 지식 부분에서 준비된 내용이 없다면 가장 필요한 역량을 준비했다고 하며, 은행과 비슷한 업무를 언급해줄 수 있다. 또한, 자격증과 다양한 대외 활동 등의 경험이 있다면, 두 가지 형으로 지식과 경험을 나눠 설명해준다면, 오랫동안 은행을 준비해온 지원자임을 드러낼 수 있을 것이다.

이러한 내용을 바탕으로, 행원이 되고 싶은 이유와 행원을 위해 준비한 것을 차근히 정리해보자.

〈행원이 되고 싶은 이유〉

〈행원이 되기 위해 준비한 것〉

CHAPTER 6

입행 후 포부

영상트레이닝

'입행 후 계획에 대해서 알 수 있을까요?'

━━━

다른 대기업에서 '입사 후 포부'를 묻는 것처럼, 은행에서도 입행 후에 어떤 사람으로 성장할지에 대해 묻는다. 사실 입행하고 나면 지점의 상황에 따라 근무하게 되겠지만 굳이 입행 후 계획에 대해서 묻는 이유는 '이 사람이 어떤 목표를 갖고 있는 사람인지'를 파악하기 위해서다. 정말 단순히 주어진 일만 할 사람인지 아니면 자신만의 뚜렷한 목표를 갖고 업무를 주체적으로 배워나갈 사람인지, 미래에 대한 계획을 세웠는지 등을 보기 위해 입행 후 계획에 대해서 묻는다.

면접관의 이런 우려를 해결해 줄 수 있는 방법은 '하나의 전문 분야를 위한 구체적 계획'을 이야기하는 것이다. 앞선 지원동기와 자기소개, 행원이 되고 싶은 이유 등을 쭉 읽어 온 독자라면 여기서 '은행 면접을 위해 가장 먼저 해야 할 일'을 알아챘을 것이다. 그렇다. 입행 후에 어떤 분야의 전문가로 성장할지 먼저 정하고 은행 면접에 임해야 개인의 컨셉이 잡혀 다른 답변도 수월하게 할 수 있는 것이다.

그렇다면, 여러분이 생각하는 전문가로 성장하기 위해서는 어떤 계획을 갖고 있어야 할까? 먼저 여러분의 답변부터 알아보자.

입행 후 포부 TEST

테스트 시작 전, 녹음기를 준비해주세요.

본인이 가장 가고 싶은 은행 면접에 갔다고 가정하고,

입행 후 계획에 대한 답변을 녹음해보세요.

녹음기를 켜고 문항에 답변한 후, 아래 표에 맞춰 작성해보세요.

〈입행 후 포부〉

중심 키워드 :

확인 체크 LIST ☑

1. 어느 분야의 전문가로 성장할지 언급하였다. ☐
2. 성장하기 위한 단기적, 장기적 계획이 세워져 있다. ☐
3. 그 계획이 구체적으로 명시되어 있다. ☐

여러분의 입행 후 계획은 어떠한가? 확인 체크 리스트가 모두 체크되어 있는가?
이제 어떻게 답변해야 하는지 같이 살펴보자.

▼ ISL 답변법

항목	내용
I am (나는)	두괄식, 어떤 전문가로 성장하겠다.
Short (단기적)	단기적으로는 전반적 업무 파악, 고객을 만나며 데이터 확보, 업무 배우기
Long (장기적)	장기적으로는 배운 업무를 바탕으로 • 은행만의 과정을 통해 전문가로 성장 • 전문가로 성장하여 은행(방향/목표) 달성에 기여

이처럼 내가 성장하고 싶은 최종적 목표가 무엇인지 말하는 'I', 전반적 업무를
배우겠다고 말하는 단기적 관점의 'S', 내가 성장하고 싶은 분야로 배워나가겠다
는 장기적 관점의 'L'로 나눠서 설명할 수 있을 것이다.

입행 후 포부의 예시를 살펴보자.

네, 입행 후 '방카슈랑스 전문 행원'으로 성장하겠습니다.
단기적으로는 전반적인 업무와 상품을 숙지하고 창구에서 다양한 고객을 만나며 고객과
상품에 대한 전반적 데이터를 배우겠습니다.
장기적으로는 이렇게 습득한 데이터를 바탕으로 고객 자산 설계에 적합한 보험 상품을 권
하는 'OO 센터장'이 되어 있을 것 같습니다. 이를 통해 고객의 미래 리스크는 최소화하고,
자산 증대는 최대화하며 고객과 OO 은행의 OO 1위 달성에 이바지하는 행원으로 성장
하겠습니다.

단기와 장기에 들어갈 내용은 충분히 달라질 수 있다. 다만 여기서 중요한 내용은 '내가 미래 목표에 대해 계획적으로 생각해보았다.'는 내용이 충분히 포함되어야 한다. 즉, 다소 루틴하게 돌아갈 수도 있는 입행 후 생활 속에서도 정해둔 목표를 달성하기 위해 주체적으로 나아갈 수 있는 사람임을 보여주면 되는 것이다.

이제는 여러분의 입행 후 계획을 세워볼 때다. 아래 틀에 맞춰 입행 후 포부를 세워보자.

▼ 입행 후 포부 계획하기

항목	내용
I am (나는)	
Short (단기적)	
Long (장기적)	

은행별 인성 기출문제

1 KB 국민은행 기출문제

- 1분 자기소개
- 내 성격의 장·단점
- 10~20년 후 본인의 모습
- 주변에서 나를 뭐라고 부르는지
- 진상 고객을 응대했던 경험은?
- 나 자신에게 점수를 준다면?
- 그 경험을 한 이유는?
- 여행 중 가장 기억에 남는 여행은?
- 무언가 실패했던 경험은?
- 자신이 가장 창의적이었던 경험은?

※ 1차 면접에서는 인성 면접이 사라졌다. 하지만 PT 면접 이후 자기소개서 기반으로 경험 질문을 묻는다고 하니, 경험에 대한 답변을 준비한다.

※ 대체적으로 인성을 묻는 질문이 출제된다. 최종에서 종종 경제 지식이나 금융에 대한 질문을 하지만, 전반적으로는 인성과 경험에 대한 질문이 나오는 편이다.

2 우리은행 기출문제

- 30초 자기소개
- 자신은 리더인지, 팔로워인지
- 자신이 실패했던 경험
- 창의적인 아이디어를 냈던 경험
- 물건을 판매할 때 가장 힘들었던 점
- 왜 우리은행이어야 하는지?
- 우리은행을 지원한 이유
- 갈등 상황이 발생했던 경험? 갈등을 어떻게 해결했는지?
- 다른 사람을 설득했던 사례
- (분야)전문가로 성장하기 위해 특별히 한 경험은?
- 왜 행원을 지원했는지?
- 규칙을 지키기 위해 노력한 경험은?
- 가장 기억에 남는 팀 프로젝트는?
- 무언가 목표를 세우고 달성하기 위해 노력한 경험은?
- 자신의 진짜 꿈은?(인생의 목표는?)
- 그 경험이 행원으로서 어떻게 활용될지?
- 팀 활동에서 가장 중요한 건 뭐라고 생각하는지?
- 나는 어떤 사람인가?
- 인생에서 가장 후회되는 순간은?
- 리더에게 필요한 자질은?
- 경험에서 가장 기억에 남는 고객은?

※ 1차 면접에서 리더십, 팔로워십에 관한 질문과 개인 경험에 대한 질문이 많이 나오는 편이다.

※ 꼬리가 심하게 들어가는 면접은 아니나, 다양한 경험을 물으니 여러 가지의 경험을 준비해가야 한다.

※ 2차 면접에서는 사실 확인의 질문, 간단한 시사 이슈 등의 질문이 출제된다.

3 신한은행 기출문제

- 1분 자기소개
- 경험에서 가장 기억에 남는 일은?
- 진상 고객 응대 방법은?
- 스트레스 관리법, 멘탈 관리법은?
- 자신이 원하는 업무를 맡지 못해도 괜찮은지?
- 현재 희망하는 분야 말고, 다른 어느 분야에서 일하고 싶은지
- 다른 회사 지원했는지?
- 왜 신한은행인지(지원동기)
- 자신이 직장을 선택하는 기준은?
- 입행 후 목표는?
- 자신만의 영업 전략은?
- 자신이 지원한 직무에서 가장 필요한 역량은? 자신의 강점은?

※ 자기소개서를 기반으로 질문하는 인성 면접이다. 사실 여부에 대한 확인과 꼬리를 물고 들어가는 질문이 많으니, 자기소개서에 확대한 부분이 있다면 CHIWID를 통해 내용을 구체화한다.

4 KEB 하나은행 기출문제

- 1분 자기소개
- 입행을 위해 준비한 노력
- 지점 방문 여부 및 느낀 점
- 살면서 가장 힘들었던 경험은?
- 본인은 다른 직무에 더 잘 어울리는데, 어떻게 생각하는지?
- 남을 설득할 때 어려움을 겪은 경험은?
- 가장 실패했던 경험은?
- 현 은행 (특정)상황에 대한 아이디어는?
- 높은 목표를 설정하고 달성해낸 경험은?
- 본인의 은행원으로서 강점은?
- 전공이 업무에 어떻게 활용될 수 있을지?
- 현(시사 및 금융 이슈)에 대한 아이디어, 대책, 상품 등

※ 방마다 묻는 질문의 유형이 다르나 대체적으로 경험에 대한 꼬리 질문, 현 시사 이슈에 대한 아이디어 등에 대해 묻는다.

※ BEI 면접인 만큼 경험 하나에 대한 꼬리 질문이 이어진다. 특히 비상경일 경우 전공 관련 꼬리도 잡히니 같이 준비한다.

5 IBK 기업은행 기출문제

- 진상 고객 대처 방안
- 디지털 역량을 행원 업무에 어떻게 활용할지?
- 현(사회 흐름, 이슈)에 대한 아이디어
- 경제 용어에 관한 질문
- 함께 면접을 본 사람 중에서 같이 일하고 싶은 지원자는?
- 왜 행원인지?
- IBK 기업은행을 지원한 이유는?
- 입행 후 어떤 업무를 수행하고 싶은지?
- 은행원에게 필요한 역량은 무엇인가?
- 지점 방문 해보았는지? 느낀 점은?
- 이틀간 본 면접 중에서 가장 잘 본 면접은? 이유는?
- 이틀간 본 면접 중 가장 잘 못 본 것 같은 면접은? 이유는?

※ 1차 면접에서는 대체적으로 행원이 되고 싶은 이유, 필요한 역량 등에 대한 질문과 간단한 경제 지식 질문, 그리고 전반적 합숙 면접에 대한 질문이 나온다.

※ 최종 면접에서는 간단 자기소개서에 작성한 취미나 특기에 대한 질문, 시사 이슈에 대한 생각과 아이디어, 본인의 역량을 어떻게 활용할지 등의 질문이 나온다.

6 NH 농협은행 기출문제

- 10년 후 모습
- 남을 위해 희생한 경험은?
- 경험 당시 어떤 역할을 맡았고 어떤 노력을 했는지?
- 자신의 성격의 단점은?
- 자신의 나쁜 습관은?
- 같이 일하고 싶지 않은 사람의 유형은?
- 인생에서 가장 성공한 경험은?
- 1분 / 30초 자기소개
- 사회적 약자 배려에 대한 본인의 생각은?
- 소비가 미덕이라고 생각하는지, 저축이 미덕이라고 생각하는지?
- 행원이 되고 싶은 이유는?
- 농협은행 행원이 되어야 하는 이유는?
- 해외 연수 왜 다녀왔는지, 뭘 배웠는지?
- (시사 이슈)에 대한 전망, 아이디어
- 농협의 해외 진출에 대한 질문
- 금융 상품 선택 시 가장 고려하는 요소는?
- 후배 행원이 생각한다면 뭐에 대해 알려주고 싶은지?
- 농협의 강점과 이미지는?
- 팀원이 계속 업무를 전가한다면 어떻게 하겠는가?

※ 5급도 심층 면접으로 인성 중심으로 보고, 5·6급 모두 인성 중점으로 준비하는 편이 좋다.

※ 농협은행의 장점과 방안, 미래, 전망 등에 대한 질문 역시 나온다.

※ 팀워크, 조직에 대한 질문들이 자주 나오는 편이다.

PART 2

KB 국민은행
실전 면접

최근 KB 국민은행의 면접 트렌드가 변화하고 있다. 2016년, 17년까지만 해도 개인의 역량을 인성 면접에서만 파악할 수 있을 정도로 팀 활동 중심의 면접을 진행했다. 은행원의 역량을 '조직에 잘 적응할 수 있는 사람'과 '개인 역량이 행원에 적합한 사람'으로 나눈다고 볼 때, 기존에는 후자보다는 전자를 우선시하는 사람을 채용해왔던 것이다.

하지만 2018년 하반기 면접부터는 기존과는 다른 양상의 면접을 보여주고 있다. 가장 먼저 아이스 브레이킹 개념으로 가볍게 진행되던 팀 PT에서, 개인이 워드 페이퍼까지 준비해야 하는 개인 PT 면접으로 면접 유형이 변경되었다. '사공이 많으면 배가 산으로 가는가?'와 같은 가치관을 묻는 주제로 진행되던 토론 면접 역시, 금융 관련 주제로 진행되는 토론 면접으로 그 유형이 변경되었다.

'조직 적응력'을 우선으로 평가하던 이전과는 달리, 개개인의 '행원 적합성'을 우선으로 보는 채용 양상으로 변화한 것이다. 이 말은 즉, 조직 안에서 융화되는 모습이 평가 기준이기 때문에 '면접 준비'의 의미가 적던 이전과는 달리, '면접 준비'의 의미와 준비를 통한 합격 가능성이 높아졌다고 볼 수 있는 것이다.

그렇다면 달라진 KB 국민은행 면접, 어떻게 준비하면 좋을까?

CHAPTER

KB 국민은행 PT 면접

KB 국민은행 PT 면접, 출제 방향

KB 국민은행 PT 면접은 준비 시간을 길게 주는 만큼 분석해야 하는 자료도 시중 은행 중 가장 많이 준다. 그렇기에 주제에 대해 미처 파악하지 못했어도 제공된 데이터를 기반으로 발표를 이어갈 수 있다는 점이다.

일단, KB 국민은행의 PT 면접이 어느 방식으로 진행되는지부터 차근히 살펴보자.

◆ *진행 시간 : 50분 준비, 5분 발표, 8분 질의응답*
◆ *두 가지 주제 중 택1*
◆ *두 장 정도의 자료 제공 + 자료 이해 후 워드 1장 정도 PT 자료 작성*
◆ *면접관 세 명 : 발표자 한 명 방식으로 면접 진행*
◆ *5분간 발표 이후 8분간 질의응답 진행*

PT 면접은 도합 한 시간이 넘게 진행된다. 금융 관련 아이디어를 요구하는 주제 두 가지 중 한 가지를 선택해서 발표하면 되며, 대체적으로 방안을 묻는 주제가 나오기 때문에 주제와 기본적인 금융 현황에 대한 이해는 필요한 면접인 것이다. 예를 들어 2018년 PT 면접 기출 중 하나는 '금융 소외계층을 위한 사회 공헌 활동 기획'이었다. 면접관이 이 주제에서 여러분을 평가하는 기준은 '금융 소외계층에 대해 제대로 이해하고 있고, 통찰력 있는 시각으로 문제를 이해하여 해결 방안을 도출하는지' 즉 어떤 문제에 대해 제대로 이해하여 통찰력 있는 방안을 도출하는지를 보는 것이다. 그렇기 때문에, 매해 나오는 PT 면접의 기출은 특정 경제 이슈에 대한 해결방안인 경우가 많다.

그렇다면 여러분은 어느 정도의 준비가 되어 있는지, 사전 테스트로 먼저 알아보자.

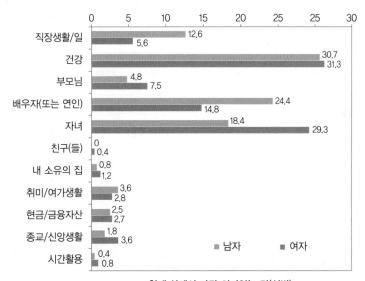

KB 국민은행 PT 면접 사전 테스트

주제 : 금융권과 시니어 고객을 위한 Health Contents 접목 방안

1. 국내 성인 대상 '삶에서 가장 의미 있는 것' 설문조사 결과

현재 삶에서 가장 의미있는 것(성별)

※출처 : 박주호 기자, '삶에서 가장 의미있는 건 '건강'… 은퇴 후 지출 '자녀' 비중 높아', 쿠키뉴스, 2014.12.02

2. 급증하는 노인 건강 보험 진료비

2007년	2012년	약 80% 증가
9조 1190억	16조 4502억	

※ 출처 : 국민건강보험공단

3. 시니어가 건강관리를 위해 '하고 있는 것'과 '하고 싶은 것'

순 위	하고 있는 것	하고 싶은 것
1	운 동	운 동
2	정기 건강 검진	정기 건강 검진
3	식단 관리/식이 요법	식단 관리/식이 요법
4	체중 관리	질병 예방 건강 확인 및 관리
5	질병 예반 건강 확인	심리 상담/스트레스 관리

※ 출처 : 통계를 통해 알아보는 시니어의 건강관리 트렌드, KB 저축은행 블로그

4. 고령층이 겪는 건강관리의 어려움

순 위	어려움
1	정보의 한계
2	나에게 적합한 정보 부족
3	비용 부담
4	전문가 부족

※ 출처 : 통계를 통해 알아보는 시니어의 건강 관리 트렌드, KB 저축은행 블로그

5. 노인 만성 질환 현황

65세 이상 노인 다빈도 질병 1위		만성 질환 진료비 증가 추이	
백내장(입원)	고혈압(외래)	연 도	진료비
노인 만성 질환 종류		2011년	약 17조 4천억
치매, 폐렴, 무릎관절증, 치주 질환, 당뇨병 등		2015년	약 21조 2천억
		2016년	약 24조 9천억

• 준비물 : 녹음기, 타이머, 노트북, 워드 프로그램

• 해당 그래프를 50분간 분석한 후, 5분간 발표를 진행하세요.

• 노트북을 활용해 워드 프로그램에 발표할 내용을 기재한 후, 발표해보세요.

• 발표 내용은 녹음하여 들어보시며, 논리적으로 전개가 되었는지 확인해주세요.

Q. 금융권과 시니어 고객을 위한 Health Contents 접목 방안을 말해보시오.

A. 내 발표 내용

답변 시간		m		s

확인 체크 LIST ☑

1. 발표 시간이 5분 내외로 들어왔다. ☐
2. 워드에 논리적으로 내용을 정리했다. ☐
3. 자료에 제시된 수치를 활용하여 발표했다. ☐
4. 세 가지 이상의 아이디어를 제시했다. ☐
5. 현황, 관심 유도, 기대효과 등의 요소가 포함되었다. ☐

4개 이상 PT 면접 구조에 대한 이해가 되어 있습니다.

2~3개 내용은 준비가 되어 있으나, PT 구조 구성이 어려운 상황입니다.

1~2개 PT 면접에 대한 이해가 부족한 상황입니다.

실전 테스트를 진행하면서 아이디어를 수월하게 추출할 수 있었는가? KB 국민은행의 PT 면접은 '얼마나 통찰력 있는 시각으로 아이디어를 추출하는가'에 따라 점수가 결정된다. 또한, 여기에 KB 국민은행 및 어플에 관한 이해가 곁들여지면, 은행에 대한 관심을 보일 수 있어 추가 점수를 받을 수 있다. 금융권 아이디어에 대해 묻는 PT 면접, 어떻게 접근하면 좋을지 지금부터 차근히 살펴보자.

KB 국민은행 PT 면접, 아이디어 도출 방법은?

금융권에 대한 이해에 대해 아이디어를 도출하고 이를 논리적으로 구성하기란 결코 쉬운 과정은 아닐 것이다. 50분이라는 시간이 타 은행 대비 충분히 긴 시간이지만 통찰력 있는 아이디어를 도출하기에는 한없이 부족한 시간일 것이다. 이러한 KB 국민은행 PT 면접에서 논리적으로 여러분의 아이디어를 펼치기 위한 과정을 하나하나 준비해보도록 하자.

1 특성 파악하기

앞서 언급했듯 KB 국민은행 PT 면접은 금융권 이슈 혹은 특성에 대해 분석하여 그 이슈와 특성에 맞춰 아이디어를 도출할 수 있어야 한다. 특성에 대한 통찰력은 여러분이 이미 알고 있는 '대상에 대한 지식'과 '자료를 통해 얻을 수 있는 데이터'로 나눠서 볼 수 있다. 위 실전 테스트 주제인 '금융권과 시니어 고객을 위한 Health Contents 접목 방안'을 활용하여 특성을 파악해보자.

대상에 대한 지식

이 주제에서 대상은 '시니어 고객'이다. 그렇다고 무작정 시니어 고객의 특성부터 분석하기 보다는, '건강'과 관련된 특성을 먼저 분석하는 것이 좋다. 이 특성에는 '요즘 대상에 대한 이슈', '대상을 바라보는 시각'을 활용해야, 변화하는 사회 흐름에 맞춘 아이디어를 끌어낼 수 있는 것이다.

먼저 여러분이 파악한 시니어 고객의 특징부터 기재해보자.

시니어 고객 – 건강의 특징

어떤 특징을 주로 기재하였는가? 보통 여기에 작성할 수 있는 특징은 다음과 같다.

> • 노노족, 뉴노멀족과 같이 젊게 사려는 고령 인구가 증가하고 있다.
> • 고령화 사회 진입으로 고령 인구 비중이 높아지고 있다.
> • 여가 시간에 스포츠, 여가 등을 즐기려는 고령 인구가 증가하고 있다.
> • 노인 우울증 및 자살 비중이 올라가고 있다.
> • 고혈압, 당뇨병 등의 만성 질환 비중이 높다.

이 외에도 작성할 수 있는 내용이 많지만 크게 보자면 '최근 건강을 챙기는 고령 인구의 비중이 증가하고 있으며 정신 건강에 대한 니즈도 필요한 상황이다.'정도로 볼 수 있다. 여러분이 대략적으로 알고 있는 대상에 대한 특징을 'b, 자료를 통해 얻을 수 있는 데이터'로 구체화할 수 있다.

자료를 통해 얻을 수 있는 데이터

실제 면접장에서는 앞에서 본 자료보다 더 많은 양의 자료가 제공될 것이다. 해당 자료들은 여러분의 PT를 보다 구체화하기 위한 자료이기 때문에 단순 수치로만 자료를 바라볼 것이 아니라 그 안에 내포되어 있는 의미와 아이디어를 찾아야 할 것이다.

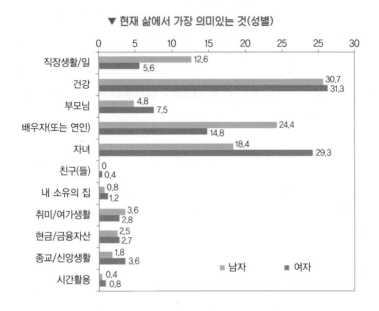

▼ 현재 삶에서 가장 의미있는 것(성별)

위에서 함께 본 이 그래프를 예시로 찾아보자. 이 그래프는 '현재 삶에서 가장 의미있는 것'에 대해 설문조사한 결과로 1위가 '건강'이라는 점을 볼 수 있다. 이 그래프를 보고 '역시 건강이 가장 중요하구나'라고 생각을 끝낼 것이 아니라 그 밑에 '2, 3위'를 함께 찾아본다면 숨겨진 아이디어를 추출할 수 있을 것이다. 게다가 그 아래에서 '시니어가 건강을 위해 하고 있는 것' 중 1위가 '운동'이라는 점을 고려했을 때 가족이 함께 KB 국민은행을 통해 운동에 등록할 시 혜택 제공 등의 아이디어를 끌어낼 수 있다. 계속해서 그래프를 살펴보자.

대체적으로 2, 3위는 배우자 혹은 자녀로 구성되어 있다. 즉, 대다수 성인의 경우 건강과 가족을 가장 중요하게 여긴다는 점을 알 수 있다. 그렇다면 여기서 어떤 아이디어를 추출할 수 있을까? 하나의 예로, '가족과 함께 건강을 관리할 수 있는 상품 및 어플 기능'을 추출할 수 있을 것이다.

순위	어려움
1	정보의 한계
2	나에게 적합한 정보 부족
3	비용 부담
4	전문가 부족

이 자료에서는 어떤 분석을 끌어낼 수 있을까? 여러분의 분석 결과를 기재해보자.

〈도표 분석 결과〉

어떤 분석 결과를 기재하였는가? 여기에서는 어떤 '내포된 의미'와 '아이디어'를 유도할 수 있을까? 이 표에서 1, 2, 4위가 모두 정보의 부족이다. 체계적으로 자신에게 맞는 정보를 찾기 어렵기 때문에 건강관리의 어려움을 겪고 있다는 결과를 볼 수 있는 것이다.

단순히 '정보를 제공한다.' 전문가를 고용한다.'보다는 아래 '만성 질환'에 대한 표를 참고하여 '만성 질환 해결을 위한 정보 제공 프로그램 개설' 등을 제안할 수 있을 것이다. 당뇨나 고혈압 등의 만성 질환에서는 식단 관리 및 운동 등이 중요하다는 점을 고려하여 고령 고객이 개인 정보를 입력할 시 전문 트레이너가 식단 및 운동 방안을 제시하고 이대로 이행하여 혈압이나 당뇨의 수치가 개선될 때마다 혜택을 제공하는 상품 등의 아이디어를 낼 수 있을 것이다.

이렇듯 하나의 자료만 활용할 것이 아니라 주어진 자료를 연계하여 아이디어를 도출할 때 통찰력 있는 아이디어를 도출할 수 있을 것이다.

이어서 여러분이 생각한 아이디어를 자유롭게 정리해보자.

KB 국민은행 PT 면접, 내용 구성 방법은?

———

이렇게 여러분이 정리한 아이디어를 어떻게 논리적으로 설명할 수 있을까? 뒤에서도 계속 살펴보겠지만 PT 면접은 개인의 논리성을 보기 위한 면접으로 아무리 좋은 아이디어도 중구난방으로 발표하게 된다면 좋은 점수를 받을 수 없게 된다. 글에도 '서-본-결'이 있듯이 말에도 '서-본-결'이 있다. 말의 '서-본-결'을 갖추는 방법과 각 부분마다 구성해야 할 내용을 담아 정리해보자.

1 서론(OPENING)

물론 면접관은 동일한 주제에 대해 계속해서 이야기를 듣고 있지만 일반적으로 PT는 주제와 청자가 친해지는 시간이 필요하다. 바로 그 시간을 서론 즉 OPENING이라고 한다. 그렇다면 서론에는 어떤 이야기를 넣으면 좋을까?

서론 (1분)	• 인 사 • 현황에 대한 이해 및 설명, 대상에 대한 설명(국민은행/금융권 설명 포함 GOOD) • 기준을 잡아 세 가지로 설명하겠다는 리드멘트

서론은 이와 같은 순서와 내용으로 구성될 수 있다. 가장 먼저 어떤 주제에 대해 발표하겠다며 인사를 건넨 후, 여러분이 이해한 문제의 현황과 대상에 대한 설명을 덧붙여주면 된다. 또한 여러분이 본론에서 발표할 주제에 대해 기준을 잡아 앞으로 어떤 내용을 발표하겠다고 소개해주는 시간으로 활용해주면 된다. 특히 현황에 관해 설명하는 과정에서 국민은행 및 금융권에 대한 설명이 덧붙여진다면 더욱 '은행 PT'에 맞는 내용을 구성할 수 있다. KB 국민은행은 발표 시간이 5분가량이기 때문에 서론에서는 약 1분정도 할애할 수 있다.

앞의 사전 테스트 문항을 활용하여, 일단 서론을 구성해보자.

▼ 답변 예시

안녕하십니까. '금융권과 시니어를 위한 health contents 접목 방안'에 대해 발표할 지원자 ○○ 입니다.

현재 우리나라는 세계에서 가장 빠르게 고령화 사회에 진입하며 고령 인구 비중이 점차 높아지고 있는 추세입니다. 이와 더불어 고령 인구의 평균 수명 역시 증가하며 고령 인구의 건강에 대한 관심이 점차 높아지고 있는 추세입니다. 실제로, 젊음을 거부하는 '노노족', 항상 젊게 살기 위해 새롭게 도전하는 '뉴노멀족' 등 고령 인구의 활동 범위가 넓어지며 이를 위한 다양한 산업이 활성화되고 있습니다. 현재 금융권 역시 이러한 시니어 고객을 잡기 위한 다양한 금융적·비금융적 상품을 제안하고 있습니다.

저는 오늘 이러한 시니어 고객의 건강관리를 위한 방안을 '관리 방법'을 기준으로 세 가지로 설명 드리겠습니다.

앞서 여러분이 알고 있는 지식에 기재되었던 내용은 이렇듯 '서론의 현황'에 주로 작성된다. 아무리 어려운 금융 용어가 나오더라도 그에 대한 해석이 자료에 있기 때문에 그 안에서 분석 대상을 발굴하여 대상에 대한 현황을 서론에 언급해주면 된다.

예를 들어, 녹색 금융이라면 '환경'을 대상으로 아동 수당에 관한 내용이라면 '아동 복지'를 대상으로 분석하여 언급하면 되는 것이다.

이제 서론에서 언급한 '관리 방법'을 기준으로 한 세 가지 접목 방안에 대해 알아보자.

2 본론(BODY)

본론이야 말로 여러분이 50분간 준비한 내용을 펼치는 시간이다. 여러분이 도출한 아이디어를 소개하고 그 아이디어를 수립한 근거와 진행 방향 등을 제시하며 문제에 대한 통찰력과 창의력을 자랑하면 되는 것이다. 또한, 발표 시간을 효율적으로 활용하고, 논리성을 갖추기 위해서는 세 가지 정도의 아이디어를 언급하는 것이 좋다. 이렇게 세 가지 아이디어로 구성되는 본론은 어떤 순서로 개진하면 되는지 같이 살펴보자.

본론 (3분, 각 1분)	• 아이디어 두괄식 소개 • 아이디어 수립 근거(자료 분석 활용) • 아이디어 진행방향(국민은행 지식 포함 GOOD)

현재 PT 면접 시간은 5분 정도로 서론에서 1분, 본론에서 3분, 각 아이디어에서 1분 정도 소요하는 것이 좋다. 가장 먼저 여러분이 어떤 아이디어를 소개할지 두괄식으로 먼저 소개한 후, 왜 이런 아이디어를 도출했는지를 분석한 자료에 기반하여 언급해주면 된다. 마지막으로, 이 아이디어를 어떻게 진행하면 좋을지까지 설명한다면, 여러분의 아이디어를 논리적으로 풀어낼 수 있을 것이다. 예시 답변부터 함께 살펴보자.

첫째로, 가족과 함께 '운동'하며 건강을 챙길 수 있는 '가족 스포츠 금융 상품'을 제안하고 싶습니다.

현재 자료를 보시면 대다수 성인이 가장 중요시 여기는 요소는 '건강'과 '가족'임을 알 수 있습니다. 또한 고령층은 건강을 관리하기 위한 방안으로 '운동'을 가장 많이 선택하고 있어 이러한 고령층이 가족과 함께 운동하며 금융 혜택을 받을 수 있도록 한다면 시니어 고객의 건강관리와 고객 유입을 동시에 이뤄낼 수 있다고 생각합니다.

예를 들어, 시니어 고객과 자녀 혹은 배우자 고객이 함께 운동 기관에 등록하고, 어플 및 QR 코드 인식을 통해 주기적으로 운동하고 있음을 인증할 때 금융 상품을 통해 우대 금리 적용 및 할인 혜택을 제공할 수 있을 것입니다. 현재 'KB 골든라이프'에서 운영하는 비금융 서비스인 '프리미엄 헬스케어 서비스'를 금융 상품까지 확대하여 적용한다면, 시니어 고객 확보는 물론, 가족 고객까지 확보할 수 있을 것입니다.

이처럼 여러분이 착안한 아이디어에 대해 가장 먼저 설명하고, 왜 그런 아이디어를 생각해냈는지를 자료를 통해 설명할 수 있다. 이에 덧붙여, 이 아이디어를 어떻게 활용할 수 있는지를 제안하는 과정에서 현재 KB 국민은행에서 시행하고 있는 프로그램 및 판매 상품 등을 함께 언급하며 방안을 제안한다면 은행에 대한 관심과 여러분의 아이디어를 동시에 자랑할 수 있을 것이다.

이렇게 첫 번째에서 세 번째까지 아이디어를 정리한 이후에는 이를 정리하고 기대효과를 나타내는 '결론'의 과정이 필요하다. 결론을 정리하는 방법에 대해서 함께 알아보자.

3 결론(CLOSING)

결론은 여태까지 여러분이 언급했던 내용을 한번 정리해주며 다시 한 번 면접관에게 여러분의 의견을 전달하는 과정이다. 여기에서 단순 요약만 포함할 것이 아니라 이를 통해 얻을 수 있는 기대효과에 대해서도 구체적으로 언급해야 PT 면접의 유종의 미를 거둘 수 있다. 결론 구성법부터 함께 알아보자.

결론 (1분)	• 내용 요약 • 기대효과(구체적으로) • 마지막 인사

5분 PT 발표의 마지막 1분은 결론에 사용하면 된다. 앞에서 언급했던 세 가지 내용을 다시 한 번 짚어준 후, 이러한 아이디어에 따라 기대되는 효과에 대해서도 언급할 수 있다. 기대효과를 단순히 '개선될 것이다.', '좋아질 것이다.'라고 언급하기보다는 수치를 활용하거나 구체적인 분야에서의 발전을 언급하며 여러분의 통찰력 있는 시각을 자랑해야 한다. 예시 답변을 살펴보자.

'100세 인생'이라는 말은 더 이상 옛말이 아니라고 생각합니다. 평균 수명이 증가함에 따라 '고령층'의 범위가 넓어지고 이들의 '건강'에 대한 관심이 높아진 지금, 은행은 적절한 상품 및 콘텐츠 개발로 시니어 고객 확보에 힘써야 한다고 생각합니다. 이를 위해 앞서 언급했듯 가족과 함께 할 수 있는 스포츠 상품 개발 및 전문가의 식이 관리 프로그램, 건강 검진 포인트 적립제 등을 시행한다면, 시니어 고객은 물론 관련 산업 및 가족 고객까지 고객의 규모를 확장할 수 있을 것입니다. 더 나아가 헬스 상품 유치를 시작으로 은퇴 상품 등 부가적인 상품 가입까지 유도한다면 다가오는 고령화 사회에 차별화된 잠재력을 확보할 수 있다고 생각합니다.

이상 금융권과 시니어 고객을 위한 Health Contents 접목 방안에 대한 발표를 마치겠습니다. 감사합니다.

이처럼 문제에 대한 간략한 요약과 아이디어 요약, 기대효과까지 정리하여 언급하면 여러분의 기나긴 PT 면접은 일단 마무리가 되는 것이다.

PT 면접은 여러분의 '행원 같은 모습'과 '논리성'을 보는 면접이다. 분석적 시각만큼이나 논리적으로 고객이 즉, 면접관이 이해하기 쉽게 설명하는 자세도 중요하다. 지금부터는 이렇게 준비한 발표 내용을 워드에 어떻게 옮겨서 '행원처럼' 풀어내야 할지 알아보자.

KB 국민은행 PT 면접, 워드(PT) 정리 방법은?

———

보통 자필로 작성하는 다른 은행과는 다르게 국민은행은 워드에 작성해야 한다. 여러분이 내용이 미리 정리가 되었다면 워드 작성은 어렵지 않다. 워드에 작성하기 때문에 칠판 PT, 자필 PT처럼 도식화를 하거나 도형을 그려내기도 쉽지 않다.

그렇기 때문에 여러분이 생각하는 논리 흐름을 체계적으로 풀어주는 것이 가장 중요하다.

발표 준비 과정에서 나눈 '서론-본론-결론'의 내용을 '현황-해결방안-기대효과'로 나눠서 정리한 후 개조식으로 워드에 작성해주면 되는 것이다. 어차피 대다수 지원자가 워드에 푸는 방식은 비슷하니, 여기서는 지원자의 발표 실력이 더욱 중요한 것이다.

우리가 앞에서 살펴보았던 헬스 콘텐츠 주제를 활용하여, 아래 워드 파일부터 채워보자.

금융권의 시니어 고객을 위한 Health Contents 접목 방안

1. 현 황
   - 우리나라 노인 인구 비율 : 2017년 8월 기준 14.0% → 고령사회 진입
   - 노노족, 뉴노멀족 등 고령층의 젊음 유지 및 건강에 대한 관심 증가
   - 금융권 : 금융적, 비금융적 콘텐츠 지속 개발
   ▶ 시니어 고객 확보를 위한 Health Contents 개발 필요

2. 접목 방안
   〈가족 스포츠 금융 상품〉
   - 근 거
     – 삶에서 가장 중요한 요소 1위 '건강', 2위 '가족'
     – 시니어가 건강을 위해 하고 있는 것 1위 '운동'
   - 진행 방향
     – 가족이 함께 (혹은 n인 이상) 운동 시설 및 기관 결제 진행시 할인 및 적립 시행
     – 이후 어플 및 QR코드 인식을 통해 운동 증명 시 추가 혜택 제공 등
   - 기대효과
     – 시니어 고객 운동 독려 가능
     – 가족 등 시니어 고객 외 다른 고객 가입 유도 가능

3. 기대효과
   - 제휴 업체 확대로 인한 기업 고객 유치 가능
   - 시니어 고객 외 배우자 및 자녀 고객 유치 가능
   - Health Contents에 가입한 시니어 고객을 통해 은퇴 상품 추가 유치 가능
   ▶ 자산 및 고객 규모 확대, 고령화 사회의 잠재적 성장 가능성 확보

여러분이 학교에서 통상적으로 작성하던 보고서의 형식을 A4 1장 내로 풀어내면 되는 것이다. 면접관은 이 A4용지를 통해 여러분이 할 말을 미리 파악한 후, 여러분이 어떻게 말하는지, 얼마나 이해하기 쉽게 설명하는지 등에 초점을 맞춰 설명할 것이다.

그렇기 때문에 50분의 준비 시간을 여러분이 생각한 내용을 워드에 일차적으로 풀어낸 후, 이를 쉽고 이해하기 쉽게 설명하는 방법 연구에 조금 더 사용하길 바란다. 이제 실전 문제를 바탕으로 여러분의 PT 역량을 향상해보자.

KB 국민은행 PT 면접, 실전 PT 면접 트레이닝!

- 준비물 : 녹음기, 타이머, 노트북, 워드 프로그램
- 해당 그래프를 50분간 분석한 후, 5분간 발표를 진행하세요.
- 노트북을 활용해 워드 프로그램에 발표할 내용을 기재한 후, 발표해보세요.
- 발표 내용은 녹음하여 들어보시며 논리적으로 전개가 되었는지 확인해주세요.

주제 : Youtube를 활용한 KB 국민은행 홍보 방안

1. 온라인 검색 이용 채널 TOP 5

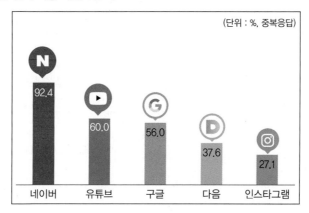

(단위 : %, 중복응답)

네이버	92.4
유튜브	60.0
구글	56.0
다음	37.6
인스타그램	27.1

※ 출처 : 나스미디어, 2019 인터넷 이용자 조사

2. 연령대별 유튜브 검색 서비스 이용 비중

연령대	비 중
10대	69.6%
20대	59.2%
30대	53.3%
40대	57.8%
50대	66.6%

※ 출처 : 나스미디어, 2019 인터넷 이용자 조사

3. 국내 유튜브 크리에이터 순위

국내 유튜브 크리에이터 순위

단위 : 명, 건 / 기준 : 9월 30일 오후 5시

순위	유튜버(분야)	구독자(명)	누적 PV(명)
1위 (9)	제이플라뮤직(음악)	949만	17억 5669만
1위(12)	정성하(연주)	529만	15억 6116만
3위(16)	포니신드롬(뷰티)	445만	2억 2423만
4위(24)	웨이브야(댄스)	316만	10억 6682만
5위(29)	밴쯔(먹방)	287만	9억 5098만
6위(31)	영국남자(일상)	278만	6억 8911만
7위(34)	떵개떵(먹방)	260만	12억 1550만
8위(36)	라온 리(음악)	258만	4억 667만
9위(38)	보경TV(유아)	255만	10억 9893만
10위(39)	도티TV(유아)	239만	21억 6309만
11위(41)	허팝(실험)	230만	17억 1553만
12위(42)	서은이야기(유아)	224만	9억 3874만
13위(43)	어썸하은(아동)	223만	3억 3237만
14위(52)	대도서관TV(일상)	187만	10억 7642만
15위(57)	양띵(게임)	178만	15억 3615만

※ ( ) 안은 연예기획사 · 방송국 채널을 포함한 전체 순위

자료 : 소셜블레이드

※ 출처 : 이상재 기자, '구독자 1000만 유튜버 탄생 눈앞… 상위 1%는 억대 수익', 중앙일보,
2018.10.03

4. 금융권 유튜브 활용 현황

은 행	유튜브
KB 국민은행	방탄소년단 영상, 은행 읽어주는 여자, KB의 달인(예능 콘텐츠)
우리은행	Wootube 운영, 은근남녀썰(은행원 이야기), 돈모아볼랩(정보전달)
신한은행	웹드라마 형식 드라마, 신신당부(보이스 피싱 예방)
KEB 하나은행	손흥민의 환전지갑, 하나TALK(금융제테크, 취업비결 등)

※ 출처 : 이용우 기자, 'B급 감성도 좋다'…유튜브에 빠진 은행업계, 시사저널e, 2019.05.23

주제 : 직장인 급여 계좌 유치 방안

1. 직장인 대상 주거래 은행 관련 설문조사 결과

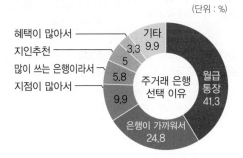

(단위 : %)

혜택이 많아서 —— 기타 9.9
지인추천 —— 3.3
많이 쓰는 은행이라서 —— 5
지점이 많아서 —— 5.8
9.9

주거래 은행 선택 이유

월급 통장 41.3

은행이 가까워서 24.8

※ 출처 : 이정화 기자, '주거래은행 선택, '혜택'보다 '일상의 편리함' 우선', 세계파이낸스,
2016.05.18

2. 주요 은행별 월급 통장 상품

구 분	금 리	수수료 우대	기 타
국민은행 직장인 우대 종합통장	연 0.1%	급여이체 시 타행 ATM 출금 월 5회 무료	연계 예 · 적금 금리 우대
신한은행 주거래 우대 통장	연 0.1~0.2%	급여이체 시 타행 ATM 출금 월 5회 무료	외환 환전 시 환율 우대
KEB 하나은행 하나 멤버스 주거래 통장	연 0.1%	하나카드(신용 체크) 월 300만원 이상 결제 시 타행 ATM 출금 무료	일정 조건의 하나 멤버스 회원 은 급여이체와 마찬가지 혜택
우리은행 위비 SUPER 주거래 통장	연 0.1%	급여이체, 우리카드 결제, 공과금 자동이체 중 두 가지 충족 시 타행 ATM 출금 월 5회 무료	미사용 수수료 면제 횟수 다음달로 이월
농협은행 채움 샐러리맨 우대통장	연 0.1%	전자금융 수수료 면제, 예금 관련 제 수수료 면제	연계 적금 금리 우대

기업은행 IBK W통장	연 0.1%	급여이체 시 타행 ATM 출금 월 10회 무료	본인 외 추가 1명 수수료 면제
SC제일은행 내지갑 통장	연 0.1~2.8%	급여 70만원 이상 이체 시 타행 출금 수수료 무제한 면제	고액 예금 연 0.8% 금리 제공
수협은행 달려라 2030 통장	연 0.15~2.7%	다른 은행의 ATM 출금 수수료 월 10회 무료	예금주가 만 40세 되는 날 우대금리 종료

※ 출처 : 이현일 기자, '거래 수수료 · 금리 안따지고 월급통장 만들면 당신은 '호갱님'', 한국 경제,
2018.03.27

3. 2030이 가장 원하는 금융

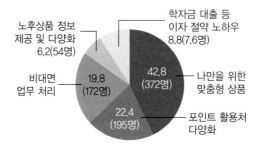

※출처 : 서울신문, 알바천국 온라인 설문

4. 직장인 제테크 수단

제테크 수단	비 중
예 · 적금	63.1%
주식, 채권, 펀드	48.5%
보험, 연금	33.3%
부동산, 경매	24.8%
금, 외화	2%
PSP금융, 가상화폐	2%

※ 데이터 출처 : 휴넷

5. 2016년 기준 직장인 월평균 저축액

연 령	저축액
30대	72만원
40대	64만원
50대	66만원

※ 데이터 출처 : NH 투자증권

KB 국민은행 토론 면접

영상트레이닝

KB 국민은행 토론 면접, 출제 방향

KB 국민은행의 토론 면접은 말만 토론 면접이고 실질적으로는 토의 면접이다. PT 면접을 개인이 아닌 단체를 보는 면접으로 타 은행처럼 싸우는 면접이 아닌 함께 아이디어를 논의하며 하나의 해결 방안을 도출하는 면접이다. 기존에 '팀 PT 면접'처럼 팀 간 의견을 조율하여 해결 방안을 도출하는 면접으로 별다르게 역할이 주어지지 않으므로 개인이 자유롭게 의사를 표현하면 된다.

▼ KB 국민은행 토론 면접 진행 방식

◆ 진행 시간 : 10분 자료 분석 → 35분 토론(토의)
◆ 9명이 한 팀이 되어 토론(토의) 진행
◆ 금융 주제에 대한 해결 방안, 주제 선택은 랜덤으로 진행

따로 찬, 반을 나누거나 '찬반에 대해 이야기하라' 식의 면접이 아니라, '토론'보다는 '토의'에 더 가깝다고 볼 수 있다. 또, 사전에 10분간 주어진 자료를 분석할 수 있는 시간이 있어 주제에 대해 제대로 알지 못하더라도 기본적 데이터를 활용하여 토의에 임할 수 있다.

주제에 대해 깊이 알면 좋지만 그렇지 못하더라도 말을 할 수 있게 환경을 조성해주며, '이 사람이 얼마나 설득에 능한지', 혹은 '이 사람이 그룹에서 조직 발전을 위해 어떤 역할을 하는 사람인지'를 중점적으로 평가한다고 볼 수 있다.

토론 면접을 시작하기 전, 여러분의 토론 및 토의 자세부터 확인해보자.

KB 국민은행 토론 면접 사전 테스트

사전 테스트 진행 방법

아래 주제와 자료에 대해 10분간 분석한 후, 아래 표에 맞춰 내용을 작성해보세요.

주제 : 급여 계좌 유치 활성화 방안

1. 직장인 대상 주거래 은행 관련 설문조사 결과

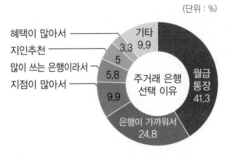

(단위 : %)

혜택이 많아서 — 기타 9.9
지인추천 — 3.3
많이 쓰는 은행이라서 — 5
지점이 많아서 — 5.8
주거래 은행 선택 이유
은행이 가까워서 24.8
월급 통장 41.3
9.9

※ 출처 : 이정화 기자, '주거래은행 선택, '혜택'보다 '일상의 편리함' 우선', 세계파이낸스, 2016.05.18

2. 주요 은행별 월급 통장 상품

구 분	금 리	수수료 우대	기 타
국민은행 직장인 우대 종합통장	연 0.1%	급여이체 시 타행 ATM 출금 월 5회 무료	연계 예·적금 금리 우대
신한은행 주거래 우대 통장	연 0.1~0.2%	급여이체 시 타행 ATM 출금 월 5회 무료	외환 환전 시 환율 우대

KEB 하나은행 하나 멤버스 주거래 통장	연 0.1%	하나카드(신용 체크) 월 300만원 이상 결제 시 타행 ATM 출금 무료	일정 조건의 하나 멤버스 회원은 급여이체와 마찬가지 혜택
우리은행 위비 SUPER 주거래 통장	연 0.1%	급여이체, 우리카드 결제, 공과금 자동이체 중 두 가지 충족 시 타행 ATM 출금 월 5회 무료	미사용 수수료 면제 횟수 다음달로 이월
농협은행 채움 샐러리맨 우대통장	연 0.1%	전자금융 수수료 면제, 예금 관련 제 수수료 면제	연계 적금 금리 우대
기업은행 IBK W통장	연 0.1%	급여이체 시 타행 ATM 출금 월 10회 무료	본인 외 추가 1명 수수료 면제
SC제일은행 내지갑 통장	연 0.1~2.8%	급여 70만원 이상 이체 시 타행 출금 수수료 무제한 면제	고액 예금 연 0.8% 금리 제공
수협은행 달려라 2030 통장	연 0.15~2.7%	다른 은행의 ATM 출금 수수료 월 10회 무료	예금주가 만 40세 되는 날 우대금리 종료

※ 출처 : 이현일 기자, '거래 수수료 · 금리 안따지고 월급통장 만들면 당신은 '호갱님'', 한국 경제, 2018.03.27

3. 2030이 가장 원하는 금융

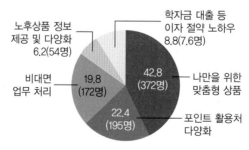

학자금 대출 등 이자 절약 노하우 8.8(7.6명)
노후상품 정보 제공 및 다양화 6.2(54명)
비대면 업무 처리 19.8(172명)
42.8(372명) 나만을 위한 맞춤형 상품
22.4(195명) 포인트 활용처 다양화

※ 출처 : 서울신문, 알바천국 온라인 설문

〈직장인 급여 계좌 현황 분석〉

〈급여 계좌 유치 방안〉

〈내가 작성한 방안에서 나올 수 있는 질문〉

확인 체크 LIST ☑

1. 자료를 활용하여 급여 계좌의 현황을 분석할 수 있었다. ☐
2. 10분의 준비 시간 동안 내 의견을 정리할 수 있었다. ☐
3. 급여 계좌 유치 방안을 세 가지 이상 떠올릴 수 있었다. ☐
4. 방안에 대한 근거를 표에서 찾을 수 있었다. ☐
5. 방안에 대한 문제점을 발견할 수 있었다. ☐

4개 이상　토론 및 토의 면접에 대한 지식과 아이디어가 준비 된 상태입니다.

2~3개　자료에 대한 분석은 가능하나, 이를 방안이나 문제점으로 바꾸기 어려워하는 상황입니다.

1~2개　자료 분석 및 방안 추출이 모든 어려운 상황입니다.

KB 국민은행 토의 면접은 조직에서 여러분의 역할과 설득력을 보기 위한 면접이기 때문에 준비 시간에 자신의 의견과 의견에 대한 근거가 확실히 준비되어야 한다. 무엇보다 이 과정에서 자신의 의견에 대한 문제점을 미리 예상할 수 있어야 문제점을 보완한 개선 방안을 함께 찾아낼 수 있다.

그렇다면, 여러분은 10분의 준비 시간을 어떻게 활용할 수 있을까?

KB 국민은행 토론 면접, 사전 준비 방법은?

자료를 분석하고 아이디어를 미리 추출하기에 10분이란 시간은 결코 길지 않다. 그렇기에 더욱 전략적으로 접근하여 자신의 의견에 대한 뼈대를 마련해야 한다.

토론 면접의 사전 준비 방법은 PT 면접의 사전 준비 방법과 크게 다르지 않다. 하지만 토론 면접 자체에서 개인에게 돌아오는 발언시간은 도합 4분가량밖에 되지 않아 이 4분이란 시간동안 '내가 굉장히 설득에 능한 사람'임을 표현할 수 있어야 한다.

지금부터 여러분이 10분의 준비 시간동안 해야 할 일을 순차적으로 따라가보고자 한다.

1 주제에 대해 이해하기(1분가량)

이미 주제에 대해 이해가 완료되었다면 굳이 이 과정에 시간을 소요할 필요가 없다. 하지만, 혹여 어려운 금융 주제나 용어가 나와 이해하기 어렵다면 해당 용어가 의미하는 바가 무엇인지 꼼꼼히 분석하고 이해해야 한다.

2 자료 별 시사하는 바 파악하기(3분)

각 자료는 '말하고자 하는 바'가 내포되어 있다. 주어진 자료에서 말하고자 하는 바를 분석하고 여기에서 아이디어를 도출할 수 있는 기본지식이나 시사하는 바를 파악하여 미리 기재하도록 한다.

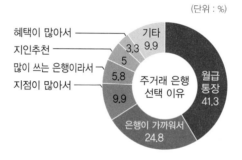

▼ 직장인 대상 주거래 은행 관련 설문조사 결과

(단위 : %)

예를 들어, 해당 그래프에서 내포되어 있는 의미를 찾자면

주거래 은행 선택 이유 대부분은 '선택할 수 없는 물리적인 이유'

- 물리적인 이유를 제외하고, 변경할 수 있는 사항은 '많이 쓰는 은행, 지인 추천, 혜택 많아서'
- 주거래 유치를 위해서는 많은 혜택을 확보하여 지인이 추천할 수 있도록 할 것
- 은행이 가까워서+지점이 많아서 = 직장인 급여 계좌 대상으로, 바쁜 시간에 은행 업무를 수월하게 볼 수 있는 방안 고안 필요 → 심리적으로 은행을 가깝도록 만들기

이 정도의 의견을 정리할 수 있을 것이다. 이처럼 각 자료마다 숨어있는 의미를 찾아 표에 간단하게 정리해둔다면 추후 아이디어를 끌어낼 때 보다 쉬워질 것이다.

3 아이디어 도출하기(4분)

여기서 아이디어는 반드시 자료 및 근거에 기반해야 한다. 다시 말하지만, 여러분의 '행원 같은 차분한 설득력'을 보여줘야 하는 면접이기 때문에, 주장에 대한 근거를 체계적으로 세워야 한다.

위의 자료를 활용하여 정리해보자.

아이디어1 : 주거래 급여 통장 내 여가, 스포츠 등에 대한 포인트 제도 확대

- 근거 1 : 물리적인 이유를 제외하고 급여 계좌 선택의 가장 큰 이유는 '혜택, 추천 등'
- 근거 2 : 2030이 원하는 금융 서비스 – 금융 혜택에 초점 맞춰져 있음
- 근거 3 : (자료 外) 주 52시간 시행, 최저 임금 인상 등으로 직장인 여가시간 확보
  → 연계 혜택 제공

가장 단편적인 아이디어로 봤을 때, 앞선 자료에서 정리한 근거를 바탕으로 '포인트 제도 확대'라는 방안을 도출할 수 있다. 이렇듯, 준비시간에는 도출할 수 있는 아이디어와 그 근거들을 차근히 정리할 수 있다. 시간이 충분하지 않기 때문에 위와 같이 체계를 갖춰 작성하기보다는 생각나는 대로 아이디어와 근거를 빠르게 정리하는 것이 좋다.

4 문제점 발견 및 반박 예상(마지막 2분)

이 과정은 시간이 허용된다면 하는 것이 좋다. 급하게 아이디어를 도출하다 보면 그 안에서 문제점이 발견된다. 또, 이 문제점에 대한 반박 역시 나올 수 있다. 자신이 정리한 주제에 대해 나올 수 있는 예상 반박을 정리하고 이에 대응할 멘트를 정리하거나 예상 되는 문제점을 포함하여 아이디어를 보완하도록 한다.

예를 들어, 앞의 '주거래 급여 통장 내 여가, 스포츠 등에 대한 포인트 제도 확대'라는 아이디어를 제시한다면, 누군가는 '급여라고 써서 돈을 이체하는 급여 꼼수로 인해, 금융 체리피커가 증가할 것이다.'라고 반박할 수 있다. 이러한 주장에 대해 어떻게 반박할 것인지, 혹은 어떻게 첨언할 것인지, 아니면 이러한 반박이 나올 수 없게 내용을 어떻게 보완할 것인지 이 시간에 미리 생각해볼 수 있는 것이다.

KB 국민은행 토론 면접, 실전에서는 어떻게?

이렇게 알차게 10분을 보내고 난 뒤에 35분의 토론은 어떻게 임하는 것이 좋을까? '행원과 같은 차분한 설득력'을 갖기 위해서는 어떻게 접근하는 것이 좋을까? 지금부터 토론 스피치 방식을 플러스, 마이너스 방식에 따라 공부해보고자 한다.

1 플러스 방식(첨언 방식)

자신의 발언 외에도 수많은 발언이 오고 갈 것이다. KB 국민은행의 토론 면접은 다 같이 아이디어를 공유하여 해결 방안을 찾아가는 면접이기 때문에, 일반 찬반 토론과 달리 '첨언'을 하는 방식으로 토론을 진행하는 것이 좋다.

모두가 아는 쿠션 언어를 활용하여, '네, ~님이 말씀하신 ~한 의견에 더해, 이러한 자료에 근거하여 이러한 아이디어를 추가한다면'의 형식으로 접근할 수 있는 것이다. 첨언에도 근거가 성립되어야 하기 때문에, 보통 다른 사람이 '단편적인 아이디어'를 제시했을 때, 자료에 기반해서 구체화시킬 때 사용해주면 좋다.

예를 들어, 앞에서 언급한 '주거래 급여 통장 내 여가, 스포츠 등에 대한 포인트 제도 확대'라는 아이디어에 대해, '네, 근무 환경 변화에 따라 주거래 급여 통장에 관련 포인트 혜택을 추가한다면, 혜택과 추천에 따라 움직이는 직장인 고객을 유치할 수 있을 것 같습니다. 여기에, 현재 직장인들이 주로 주거래 계좌를 선택하는 이유가 '물리적 거리'가 가까워서도 있으니 어플 등으로 심리적 거리를 최소화 하는 방안도 추가한다면 '편의성'을 추구하는 2030 고객 역시 유치할 수 있을 것으로 생각합니다.'라고 덧붙인다면 상대방의 의견을 한번 정리해줄 수 있고, 여기에 자신의 의견까지 더할 수 있다.

2 마이너스 방식(반박 방식)

하지만 항상 첨언할 수 있는 단편적인 아이디어만 나오는 것은 아니다. 종종 지원자에 따라 주제에 벗어난 이야기를 할 수도 있고, 흐름과 맞지 않는 의견을 제시할 수도 있다. 이때, '당신이 틀렸습니다.'라고 직접적으로 반박하기보다는, 자신만의 논리를 더해 흐름에 맞지 않는 이야기를 뺄 수 있다.

예를 들어, 본인은 '무조건적인 포인트 제도 확립이 체리 피커만 불러온다.'라고 생각한다면 앞선 '주거래 급여 통장 내 여가, 스포츠 등에 대한 포인트 제도 확대'라는 아이디어에 대해 뭐라고 이야기할 것인가?

보통 이럴 때 '물론 포인트 제도를 확립하여 젊은 고객을 추가로 유치할 수 있지만 이는 금융의 혜택만 활용하고 실질적으로는 거래를 하지 않는 금융 체리 피커를 양산할 수 있다고 생각합니다. 그렇기 때문에, 매달 급여 및 소득에 대한 재테크 자동 관리 시스템 등을 도입한다면 장기적인 고객을 확보할 수 있을 것으로 생각합니다. 실제로, 2030이 원하는 금융 서비스 중 일부는 세제 절약 노하우 및 은퇴 상품 안내 등 재테크 컨설팅에 대한 부분도 포함되어 있었습니다.'라며 상대 의견은 잠시 제외하고, 내 의견을 덧붙일 수 있는 것이다.

이렇듯 플러스, 마이너스 방식 외에도 예시 방안도 있다. 아마 은준생이라면 기본적으로 금융권에 대한 이해도 모두 갖고 있을 것으로 생각한다. 아이디어를 도출할 때 현재 모 은행에서는, 혹은 현재 외국에서는 이라는 표현을 덧붙여, 여러분이 알고 있는 지식을 한 번 더 정리해주는 것도 좋다.

KB 국민은행의 토론 면접은 이처럼 서로의 의견을 가감하며 진행된다. 여기서 정리하는 역할 등 일정 역할을 맡아서 진행하는 것도 좋지만, 가능하면 자료를 분석하여 아이디어를 제안하고, 설득하는 일반적인 토론자의 입장을 지키기를 권한다.

KB 국민은행 토론 면접, 실전 토론 트레이닝!

영상트레이닝

토론 트레이닝 연습 방법

- 토론 및 토의 트레이닝은 혼자 진행하기에는 한계가 있습니다.
- 스터디 등 그룹을 형성하여, 단체에서 실전처럼 연습해보기를 권합니다.

주제 : 은퇴 크레바스의 원인 및 은퇴 크레바스 대책 방안

1. 은퇴 크레바스란?

빙하 속의 갈라진 틈을 뜻하는 영어 단어 CREVASSE와 은퇴의 합성어로서 은퇴 시점부터 연금이 개시되기 전까지의 소득 단절 구간을 말한다.

2. 은퇴 준비 실태 평가

▼ 경제측면(생활비) 은퇴 준비 실태 평가결과

구 분	미 흡[1]	보 통[2]	충 분[3]	계
인원(명)	1,064	102	100	1,266
구성비	84.0%	8.1%	7.9%	100%

1) 준비금액으로 최소생활비(부부기준) 충당이 불가능한 경우
2) 준비금액으로 최소생활비(부부기준) 충당은 가능하나 적정생활비(부부기준) 충당은 불가능한 경우
3) 준비금액으로 적정생활비(부부기준) 충당이 가능한 경우

※ 출처 : 장기영 기자, '최소 생활비 없는 노후…위기의 '은퇴 크레바스", 대한금융신문, 2016.01.18

3. 은퇴 상품 가입 관련 설문조사

노후 대비를 위한 개인연금도 제구실을 못한다. 가입자 10명 가운데 3명은 중도해지나 환매를 한 경험이 있다. 주로 자녀 결혼비용이나 사교육비 등으로 목돈, 생활비를 마련하기 위해서였다.

(중략)

50대의 경우 53.7%가 "노후 준비를 시작하지 못했다"고 답했다. 40대(51.9%)보다 높은 비율이다. 의식주를 해결하고 여가생활까지 즐길 수 있는 적정 생활비 금액을 70% 이상 마련했느냐는 물음에는 50대의 10명 가운데 4명만이 "그렇다"고 응답했다. 이들은 적정 생활비를 마련하지 못하면 '생활비 감소·절약'(60.4%)이나 '추가 소득활동'(54.5%)으로 대처하겠다고 했다.

20~70대의 적정 생활비 평균은 월 263만원이었다. 60대는 "적정 생활비를 어느 정도 마련했다"는 답변이 60%에 육박했지만, 이들이 생각하는 생활비는 월 239만원으로 50대보다 40만원 낮았다.

은퇴 전에 각 가구가 보유한 금융자산은 평균 8920만원으로 집계됐다. 예·적금이나 개인연금과 같은 '안정형 상품'이 56.4%를 차지했다. 은퇴 전 가구의 55.1%는 세제 적격 개인연금 등에 가입했다. '노후자금 마련'(54.3%) '세액공제 혜택'(32.6%) 등이 이유다.

그러나 개인연금을 중도해지나 환매한 비율이 29.0%나 됐다. 주로 '목돈 마련'(22.0%) '생활비 충당'(20.0%) '낮은 수익률'(19.2%) 때문이었다. 목돈 지출 가운데 가장 규모가 큰 항목은 자녀 결혼 등 '경조사비'였다.

※ 출처 : 양민철 기자, '은퇴 앞둔 50대 절반, "적정 생활비 279만원 마련 못했다"', 국민일보, 2019.01.04

4. 퇴직연금 비교표

▼ 퇴직금 DB형 및 DC형의 비교

구 분		퇴직금	퇴직급여형	확정기여형
비용부담 주체		사용자	사용자	사용자(근로자 추가부담 가능)
퇴직급여 형태와 수준		일시금	연금 또는 일시금 (퇴직금과 같음)	연금 또는 일시금 (퇴직금보다 많거나 적을 수 있음)
비용부담 수준		연간 임금총액의 30일분(1/12)	퇴직금보다 많거나 적을 수 있음	퇴직금과 같음 (매년 중간정산 기준)
적립방식과 수급권 보장		사내적립, 불안정	부분 사외적립, 부분 보장	전액 사외적립, 완전 보장
적립금 운용		–	사용자	근로자
사용자의 관리부담		인사노무관리 경직적	퇴직 시까지 관리	적립 후 부담적음
세제 혜택	근로자	일시금 퇴직소득과세	연금 수급 시까지 과세이연	연금 수급 시까지 과세이연
	사용자	사내적립 15% 손비인정 (14년부터 매년 5% 감소, 16년 0%(폐지))	사내적립 15% 손비인정, 사외적립 전액 손비인정, 임금채권보장 부담금 면제 (퇴직금 부분)	사외적입 전액 손비인정, 임금채권 보장부담금 면제 (퇴직금 부분)
이직 시 퇴직급여 합산		불가능	어려움 (단, IRA를 활용한 동산 가능)	쉬 움
직장이동 시 통산 적합기업 및 근로자		도산위험이 없고, 임금 상승률이 높은 근로자	도산위험이 없고 퇴직염금 수급자 관리능력이 있는 기업	연봉제, 체불위험이 있는 기업, 직장이동이 빈번한 근로자

※ 출처 : 고용노동부 퇴직연금 홈페이지

주제 : 부동산 규제에 따른 문제점과 해결 방안

1. 9 · 13 부동산 대책 주요 내용

종합 부동산세	• 종부세율 애초 정부안(최고세율 2.5%)보다 구간별로 0.2~0.7% 포인트 인상 • 종부세율 인상 적용 과표 6억원 이하로 확대(과표 3억~6억 구간 신설) • 3주택자 이상, 조정대상지역 2주택 이상 보유자에 종부세 최고 3.2% 중과, 세부담 상한 150%에서 300%로 상향 • 공정시가액비율 추가 상향(현 80% ▶ 연 5%p 씩 100%까지 인상)
양도 소득세	조정대상지역 일시적 2주택자에 대한 양도세 면제요건 강화(현행 3년 ▶ 2년 내 처분)
주택담보 대출	2주택 이상 세대의 규제지역 내 주택 구입, 규제지역 내 비거주 목 적 고가주택 구입에 주담대 금지
임대사업자 대출	주택담보 임대 사업자 대출(LTV) 강화(현행 80% ▶ 40%)
전세자금 대출	1주택자 부부합산소득 1억원 이하까지 보증 제공(주택금융공사 기준)
주택공급	• 수도권 공공택지 30곳 개발(30만 가구) • 수도권 분양가상한제 주택 전매제한 기간 최대 8년으로 확대

※ 출처 : 연합뉴스

2. 부동산 대책 이후 분기별 신설 부동산 법인 수

※ 출처 : 조윤경 기자, "'다주택 세금폭탄 피하자'… 부동산 법인설립 '붐'", 동아일보, 2019.05.30

3. 부동산 규제 이후 투자 방향

국내에서 마땅한 투자처를 찾지 못한 시중 자금이 연 금리 2%에도 못 미치는 시중은행 정기예금으로 급속히 몰리고 있다. 국내 경기 침체와 미중 무역 전쟁 격화로 불확실성이 커지면서 그만큼 불안감도 짙어지고 있다.

(중략)

"특히 가계대출 총량 규제로 부동산 투자 기회마저 줄어들자 1%대 금리라도 받으며 기다려보겠다는 투자자들이 늘어나고 있다"고 설명했다.

※ 출처 : 서은영 기자, '1%대 금리에 620조…시중돈, 예금으로 몰린다', 서울경제, 2019.05.27

PART 3

우리은행
실전 면접
(대졸공채+개인금융서비스직군 통합)

기업의 면접 유형을 보면 각 기업이 어떤 인재를 원하는지 알 수 있다고 한다. 은행 면접은 더더욱 그렇다. '조직 내 융화'를 중요하게 여기는 은행이 있는가 하면 '자신의 주장을 제대로 전달할 수 있는 사람', '설득에 능한 사람' 등 각 은행이 원하는 인재 유형은 다양하고도 뚜렷하다.

게다가 우리은행은 최근 '케이스 면접'이라는 고난이도의 면접 유형을 추가하면서, '자료 파악 능력, 업무 처리 능력'이 뛰어나면서도 '팀 내 의견을 잘 조율하고 설득할 수 있는 사람'을 찾고 있다고 볼 수 있다.

우리은행 면접은 인성 면접을 제외하고 크게 '세일즈 / PT / 협상'으로 나눌 수 있으며 추후 면접 유형이 바뀐다고 할지라도 이 세 유형의 면접을 혼합한 형태로 나올 것으로 예상된다. 결국 종합하면 우리은행은 '설득에 능하며 자신의 의견을 전달할 수 있는 사람'을 선호한다는 결론에 이르게 된다. '있는 듯 없는 듯 존재해야 붙는다.'라는 소문이 도는 IBK 기업은행과는 다소 다른 양상을 보이고 있는 것이다.

그렇다면, 우리은행 면접에서 설득력과 전달력은 어떻게 드러낼 수 있을까?

CHAPTER 1

우리은행 케이스 면접

명상트레이닝

우리은행 케이스 면접, 대체 무엇일까?

이름부터 어색했던 전략마케팅 면접이 사라지고, 이름도 어색하고 이해는 더 어려운 '케이스 면접'이 시작되었다. 케이스 면접을 보고 온 대부분 지원자가 '설명을 드리고 싶어도 드리기가 어려워요.'라고 답할 정도로, 복잡한 면접이라고 볼 수 있다.

하지만 한 번쯤 조직에서 활동했다면, 다른 사람과 협업을 했던 경험이 있고, 그 안에서 잡음 없이 사람들과 업무를 잘 수행해냈었다면, 이 면접도 무리 없이 진행할 수 있을 것이다.

입행 후, 실제로 발생할 수 있는 직무별 상황에 맞춰 스무 장 내외의 자료가 제공되고, 여러분은 그 자료와 상황을 활용하여 팀원들과 함께 주어진 문제를 해결해야 한다. 다만, 이 과정에서 주어지는 자료가 방대하고, 필기를 하지 못한다는 점에서 많은 지원자들이 어려움을 겪기도 한다. 하지만, 결국 토의라는 과정을 통해 문제 해결에 도달할 수 있다는 점에서, 또, 주어진 문제를 모두 해결하지 못해도 붙는 지원자가 많다는 점에서, 이 면접은 '조직 융화력'을 1순위로 보는 면접임을 알 수 있다.

일단, 갑자기 다가와 모두에게 생소할 케이스 면접이 어떤 면접인지부터 알아보자.

> ◎ *진행 시간 : 8분 준비(자료 읽기) → 3분 면접관 안내 → 27분 토의 → 3분 발표*
> ◎ *주어지는 자료가 많으나 8분간 필기 금지, 오직 눈으로 자료 확인*
> ◎ *면접관 2 : 지원자 4*
> ◎ *면접관은 따로 개입하지 않음*

타 은행 토의면접에 비해 굉장히 적은 인원으로 면접이 진행되지만, 굉장히 많은 자료가 주어진다. 그렇기에 적은 시간 내에 더욱 많은 정보를 캐치해야 하고, 문제의 요지를 정확히 잡고 주어진 시간 내에 문제를 해결해야 한다.

쉽게 감이 잡히지 않는 케이스 면접, 어떻게 진행하면 좋을지 연습 문제를 통해 파악해보자.

우리은행 케이스 면접, 시작 전 준비 사항

케이스 면접, 내 역량 확인해보기!

- 시간 : 5분 준비(자료 읽기) → 18분 토의 → 3분 발표(자료 양이 적어 시간 축소 진행)
- 준비물 : 타이머, 필기구, (단체 시) 촬영용 카메라
- 주의사항 : 자료 읽기 시간에 필기구 사용을 금합니다.

- 단체 연습 시 : 스터디원과 함께 실전처럼 진행할 것
- 개인 연습 시 : 시간 내에 자료에서 아이디어 추출할 것(5분 자료 읽기 이후 바로 작성해보기)

| 문제 1 | 지점 대기 시간 축소 및 효율화 방안을 모바일 · 지점으로 나눠 기획하시오. |
| 문제 2 | A지점 김행원 계장의 ACTION PLAN을 기획하시오. |

자료 1. W은행 고객 게시판

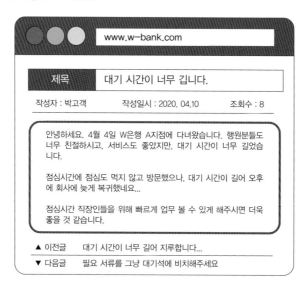

자료 2. 업무 메일

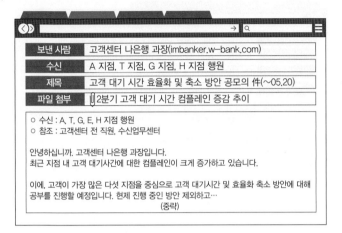

자료 3. 행내 공모 기획안

고객 대기시간 효율화 및 축소 방안 공모의 件

1. 일정
- 공모 일정 : 2020. 04. 30 09:00 ~ 2020. 05. 20 18:00
- 대상 지점 : A 지점, T 지점, G 지점, E 지점, H 지점
- 응모 방식 : 지점별 5월 20일 18시까지 고객센터 나은행 과장에게 메일 첨부
- 파일 형식 : PPTX 형식(분량 최대 10장)

2. 공모 내용
- 모바일, 지점(브랜치, 대기 공간) 분야로 나눠 기획
- 해당 부서와 회의 및 실제 실행 가능 여부 확인 후 제출 必
- 아이디어 현실화 ACTION PLAN을 포함하여 제출할 것
- 아이디어 제안자 기재 必

3. 기 타
- 아이디어 선정 발표 일정 : 2020. 06. 10(수) 14:00
- 아이디어 제안자는 2020. 06. 20~21 워크샵 필참

자료 4. 업무 메일

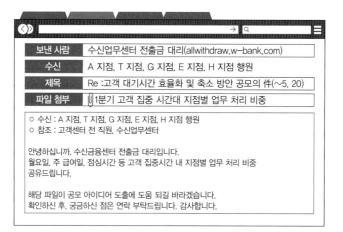

보낸 사람	수신업무센터 전출금 대리(allwithdraw.w-bank.com)
수신	A 지점, T 지점, G 지점, E 지점, H 지점 행원
제목	Re :고객 대기시간 효율화 및 축소 방안 공모의 件(~5. 20)
파일 첨부	📎1분기 고객 집중 시간대 지점별 업무 처리 비중

○ 수신 : A 지점, T 지점, G 지점, E 지점, H 지점 행원
○ 참조 : 고객센터 전 직원, 수신업무센터

안녕하십니까. 수신금융센터 전출금 대리입니다.
월요일, 주 급여일, 점심시간 등 고객 집중시간 내 지점별 업무 처리 비중
공유드립니다.

해당 파일이 공모 아이디어 도출에 도움 되길 바라겠습니다.
확인하신 후, 궁금하신 점은 연락 부탁드립니다. 감사합니다.

자료 5. 2020 1분기 지표

'20년 1분기 고객 집중 시간대 지점별 업무 처리 비중

고객 집중 시간대 : 월요일, 금요일, 매달 10일, 25일, 말일, 점심시간대 총계

1. A 지점(평균)

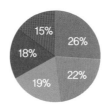

■입출금 ■공과금납부 ■대출상담 ■신규개설 ■그 외

상세데이터(4위까지 기재, 중복 합산)

기 준	월요일	금요일	10일	25일	말일	점심시간
1위	입출금	입출금	공과금 납부	공과금 납부	대출상담	입출금
2위	대출상담	공과금 납부	해외송금	입출금	입출금	대출상담
3위	신규개설	환 전	입출금	기타업무 (분실 등)	해외송금	기타업무 (분실 등)
4위	기타업무 (분실 등)	대출상담	신규개설	대출상담	기타업무 (분실 등)	신규개설

자료 6. IT 기획부 5월 일정표

2020년 5월 일정 – IT 기획부

월	화	수	목	금	토	일
					1	2
3	4	5 어린이날	6	7	8	9
월마감기간						
10	11	12	13	14	15	16
		IT 컨설팅 업체 미팅 및 앱 서비스 기획 회의				
17	18	19	20	21	22	23
	수신업무센터 미팅 & 관련 개발 착수 작업					
24	25	26	27	28	29	30
			사내 전산 시스템 점검일			
31						

자료 7. 수신 업무 센터 5월 일정표

2020년 5월 일정 – 수신 업무 센터

월	화	수	목	금	토	일
					1	2
3	4	5 어린이날	6	7	8	9
월마감기간			불완전판매 관련 타부서 미팅			
10	11	12	13	14	15	16
		신입행원 수신업무 교육 워크샵				
17	18	19	20	21	22	23
	IT 기획팀 미팅 & 관련 개발 착수 작업					
24	25	26	27	28	29	30
	고객센터 미팅 및 서비스 기획					
31						

자료 8. 우리지점(A 지점) 5월 일정표

2020년 5월 일정 – 우리 지점 일정

월	화	수	목	금	토	일
					1	2
3	4	5 어린이날	6	7	8	9
월마감기간						
10	11	12	13	14	15	16
		근처 대학교 카드 마케팅 진행			하계 지점 워크샵	
17	18	19	20	21	22	23
가정의 달 캠페인 진행 기간						
24	25	26	27	28	29	30
	대리급 행원 연수원 교육 참여					
31						

자료 9. 사수와의 메신저

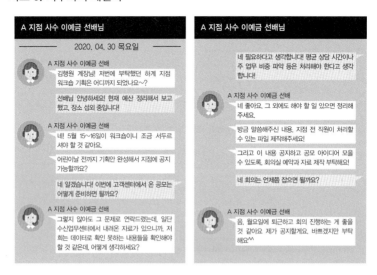

A 지점 사수 이예금 선배님

― 2020. 04. 30 목요일 ―

A 지점 사수 이예금 선배
김행원 계장님! 저번에 부탁했던 하계 지점 워크숍 기획은 어디까지 되었나요~?

선배님 안녕하세요! 현재 예산 정리해서 보고했고, 장소 섭외 중입니다!

A 지점 사수 이예금 선배
네! 5월 15~16일이 워크숍이니 조금 서두르셔야 할 것 같습니다!

어린이날 전까지 기획안 완성해서 지점에 공지 가능할까요?

네 알겠습니다! 이번에 고객센터에서 온 공모는 어떻게 준비하면 될까요?

A 지점 사수 이예금 선배
그렇지 않아도 그 문제로 연락드렸는데, 일단 수신업무센터에서 내려온 자료가 있으니까, 저희는 데이터로 확인 못하는 내용들을 확인해야 할 것 같은데, 어떻게 생각하세요?

A 지점 사수 이예금 선배님

네 필요하다고 생각합니다! 평균 상담 시간이나 주 업무 비중 파악 등은 처리해야 한다고 생각합니다!

A 지점 사수 이예금 선배
네 좋아요. 그 외에도 해야 할 일 있으면 정리해주세요.

방금 말씀해주신 내용, 지점 전 직원이 처리할 수 있는 파일 제작해주세요!

그리고 이 내용 공지하고 공모 아이디어 모을 수 있도록, 회의실 예약과 자료 제작 부탁해요!

네 회의는 언제쯤 잡으면 될까요?

A 지점 사수 이예금 선배
음, 월요일에 퇴근하고 회의 진행하는 게 좋을 것 같아요. 제가 공지할게요. 바쁘겠지만 부탁해요^^

자료 10. 타 시중은행 대기 시간 효율화 및 축소 방안 보고서

타 시중은행 고객 대기시간 효율화 및 축소 방안

1. 특화 점포

C 은행
– 은행 내 카페 입점
– 종합 라운지 운영

P 은행
– 은행 1층 식품 매장 운영

Y 은행
– 교육 센터 운영
– 문화 공간 운영

2. 대기 공간 운영 차별화
 – P 은행 : 혈압 측정기, 인바디 등 비치
 – C 은행 : AI 행원 비치
 – Y 은행 : 공예, 그림 등 전시관 비치

개인 연습용

Q1 문제 처리 순서를 정리해보세요.

(예 : A지점 거래 분석 → 아이디어 정리 → ACTION PLAN 기획 등)

Q2 내가 생각한 아이디어와 근거를 정리해보세요.

아이디어	근 거

Q3 김행원의 ACTION PLAN을 기획해보세요.

일 정	PLAN	이유(비고)

확인 체크 LIST ☑

1. 자료마다 어떤 내용을 중심 내용을 파악할 수 있다. ☐
2. 아이디어와 근거를 찾을 수 있다. ☐
3. 어떤 순서로 토의해야 하는지 정리할 수 있다. ☐
4. 내가 김행원 계장이라면, 어떤 일을 어떻게 처리해야 하는지 알 수 있다. ☐
5. 어떤 자료를 추가로 요청해야 하는지 이야기할 수 있다. ☐

4개 이상	4개 이상 : 팀워크와 창의성, 문제 해결력을 동시에 갖춘 편입니다.
2~3개	2~3개 : 자료를 이해할 수 있으나 활용 방안 구상이 어려운 상황입니다.
1~2개	1~2개 : 자료에 대한 이해부터 어려운 상황입니다.

실제 면접에서는 이보다 더 많은 양의 자료가 제공된다. 그렇기 때문에 짧은 시간 안에 자료의 요점을 파악하고 문제 해결 순서를 정리하는 것이 굉장히 중요하다. 그럼, 8분이라는 짧은 시간동안 어떤 일을 해야 할지 정리해보자.

1 내용 읽기와 아이디어 추출

사실 주어지는 8분 동안 가장 중점을 두고 해야 하는 과정은 바로 이 '내용 읽기'이다. 특히, 인턴 등 사내에서 업무를 해보지 않은 친구들이라면, 내용 이해부터가 쉽지 않을 것이다.

이 8분의 시간을 쪼개서 준비를 체계적으로 한다면 더할 나위 없이 좋지만, 사실 실제 면접 자료는 이보다 더욱 방대하기 때문에, 이 8분의 시간 동안 자료 흐름이라도 파악하고 아이디어를 대강이라도 정리한다면 반은 성공했다고 볼 수 있다.

그렇기에, 이 시간 안에 전체 토의시간에 아이디어나 의견을 제시할 수 있도록, 자료마다 중요 포인트까지 정리한다면 더욱 도움이 될 것이다. 문제에서 아이디어나 근거로 활용될 수 있는 중요 포인트, 혹은 자료가 전달하고자 하는 메시지를 정리한다면, 토의 시간에 여러분의 역량을 보여줄 수 있을 것이다.

예를 들어,

제목   대기 시간이 너무 깁니다.

작성자 : 박고객   작성일시 : 2020. 04.10   조회수 : 8

안녕하세요. 4월 4일 W은행 A지점에 다녀왔습니다. 행원분들도 너무 친절하시고, 서비스도 좋았지만, 대기 시간이 너무 길었습니다.

점심시간에 점심도 먹지 않고 방문했으나, 대기 시간이 길어 오후에 회사에 늦게 복귀했네요...

점심시간 직장인들을 위해 빠르게 업무 볼 수 있게 해주시면 더욱 좋을 것 같습니다.

▲ 이전글   대기 시간이 너무 길어 지루합니다...

▼ 다음글   필요 서류를 그냥 대기석에 비치해주세요

해당 자료에서 어떤 중요 포인트나 메시지를 확인할 수 있을까. 내가 발견한 포인트를 정리해보자.

각자 발견할 수 있는 포인트는 다르지만, 크게 두 가지 정도 내용을 확인할 수 있다.

> ◈ *A 지점의 경우 점심시간에 직장인 고객이 많다는 점*
> ◈ *필요 서류의 대기석 비치를 고객이 원한다는 점*

크게 이 두 내용을 눈에 담고 정리한다면, '점심 시간 내 비중 높은 업무에 대해 사전에 서류를 작성할 수 있도록 하기'와 같은 아이디어를 1차적으로 추출할 수 있을 것이다.

이처럼 자료마다 문제 해결에 활용할 수 있는 중요 포인트나 전달하고자 하는 메시지를 체크하고, 아이디어를 머리에 담아둔다면, 추후 문제 해결의 중요한 seed가 될 것이다.

그렇다면, 순차적으로 자료마다 '중요 포인트'와 '아이디어 추출'을 시도해보자.

연습 방법

- 제한시간 : 4분(자료 양이 적기 때문에 시간을 단축하였습니다)
- 눈으로 자료를 확인하고 자료마다 눈으로 아이디어를 먼저 정리해주세요.
- 4분간 눈으로 아이디어를 정리한 후, 필기구로 책에 내용을 기재해주세요.
- 정답은 없습니다. 자료에서 아이디어를 추출하는 연습 과정이니, 스터디원과 서로 의견을 공유해보세요.

	→	Q	☰

보낸 사람	고객센터 나은행 과장(imbanker.w-bank.com)
수신	A 지점, T 지점, G 지점, H 지점 행원
제목	고객 대기 시간 효율화 및 축소 방안 공모의 件(~05.20)
파일 첨부	📎2분기 고객 대기 시간 컴플레인 증감 추이

○ 수신 : A, T, G, E, H 지점 행원
○ 참조 : 고객센터 전 직원, 수신업무센터

안녕하십니까. 고객센터 나은행 과장입니다.
최근 지점 내 고객 대기사간에 대한 컴플레인이 크게 증가하고 있습니다.

이에, 고객이 가장 많은 다섯 지점을 중심으로 고객 대기시간 및 효율화 축소 방안에 대해
공부를 진행할 예정입니다. 현제 진행 중인 방안 제외하고…
(중략)

중요 포인트 / 전달 메세지	아이디어(의견) 추출
📧 고객 센터와 협업해야 함, 5월 20일까지 공모 마감(일정 조정하기), 수신업무 센터(주로 수신 업무 비중이 높다는 점을 짐작할 수 있음)	📧 수신업무에 필요한 서류 정리하기, 수신업무 센터에 집중 시간대 서류 간소화 가능 여부 확인하기, 공모 대상 지점과 협의하기 등

고객 대기시간 효율화 및 축소 방안 공모의 件

1. 일정
- 공모 일정 : 2020. 04. 30 09:00 ~ 2020. 05. 20 18:00
- 대상 지점 : A 지점, T 지점, G 지점, E 지점, H 지점
- 응모 방식 : 지점별 5월 20일 18시까지 고객센터 나은행 과장에게 메일 첨부
- 파일 형식 : PPTX 형식(분량 최대 10장)

2. 공모 내용
- 모바일, 지점(브랜치, 대기 공간) 분야로 나눠 기획
- 해당 부서와 회의 및 실제 실행 가능 여부 확인 후 제출 必
- 아이디어 현실화 ACTION PLAN을 포함하여 제출할 것
- 아이디어 제안자 기재 必

3. 기타
- 아이디어 선정 발표 일정 : 2020. 06. 10(수) 14:00
- 아이디어 제안자는 2020. 06. 20~21 워크샵 필참

중요 포인트 / 전달 메세지	아이디어(의견) 추출

보낸 사람	수신업무센터 전출금 대리(allwithdraw.w-bank.com)
수신	A 지점, T 지점, G 지점, E 지점, H 지점 행원
제목	Re :고객 대기시간 효율화 및 축소 방안 공모의 件(~5. 20)
파일 첨부	📎1분기 고객 집중 시간대 지점별 업무 처리 비중

○ 수신 : A 지점, T 지점, G 지점, E 지점, H 지점 행원
○ 참조 : 고객센터 전 직원, 수신업무센터

안녕하십니까. 수신금융센터 전출금 대리입니다.
월요일, 주 급여일, 점심시간 등 고객 집중시간 내 지점별 업무 처리 비중
공유드립니다.

해당 파일이 공모 아이디어 도출에 도움 되길 바라겠습니다.
확인하신 후, 궁금하신 점은 연락 부탁드립니다. 감사합니다.

중요 포인트 / 전달 메세지	아이디어(의견) 추출

'20년 1분기 고객 집중 시간대 지점별 업무 처리 비중

고객 집중 시간대 : 월요일, 금요일, 매달 10일, 25일, 말일, 점심시간대 총계

1. A 지점(평균)

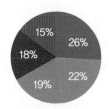

■ 입출금 ■ 공과금납부 ■ 대출상담 ■ 신규개설 ■ 그 외

상세데이터(4위까지 기재, 중복 합산)

기 준	월요일	금요일	10일	25일	말일	점심시간
1위	입출금	입출금	공과금 납부	공과금 납부	대출상담	입출금
2위	대출상담	공과금 납부	해외송금	입출금	입출금	대출상담
3위	신규개설	환 전	입출금	기타업무 (분실 등)	해외송금	기타업무 (분실 등)
4위	기타업무 (분실 등)	대출상담	신규개설	대출상담	기타업무 (분실 등)	신규개설

중요 포인트 / 전달 메세지	아이디어(의견) 추출

2020년 5월 일정 - IT 기획부

월	화	수	목	금	토	일
					1	2
3	4	5	6	7	8	9
월마감기간		어린이날				
10	11	12	13	14	15	16
		IT 컨설팅 업체 미팅 및 앱 서비스 기획 회의				
17	18	19	20	21	22	23
		수신업무센터 미팅 & 관련 개발 착수 작업				
24	25	26	27	28	29	30
			사내 전산 시스템 점검일			
31						

중요 포인트 / 전달 메세지	아이디어(의견) 추출

2020년 5월 일정 – 수신 업무 센터

월	화	수	목	금	토	일
					1	2
3	4	5	6	7	8	9
월마감기간	어린이날		불완전판매 관련 타부서 미팅			
10	11	12	13	14	15	16
		신입행원 수신업무 교육 워크샵				
17	18	19	20	21	22	23
	IT 기획팀 미팅 & 관련 개발 착수 작업					
24	25	26	27	28	29	30
	고객센터 미팅 및 서비스 기획					
31						

중요 포인트 / 전달 메세지	아이디어(의견) 추출

2020년 5월 일정 – 우리 지점 일정

월	화	수	목	금	토	일
					1	2
3	4	5	6	7	8	9
월마감기간		어린이날				
10	11	12	13	14	15	16
		근처 대학교 카드 마케팅 진행			하계 지점 워크샵	
17	18	19	20	21	22	23
가정의 달 캠페인 진행 기간						
24	25	26	27	28	29	30
		대리급 행원 연수원 교육 참여				
31						

중요 포인트 / 전달 메세지	아이디어(의견) 추출

A 지점 사수 이예금 선배님

2020. 04. 30 목요일

A 지점 사수 이예금 선배
김행원 계장님! 저번에 부탁했던 하계 지점 워크숍 기획은 어디까지 되었나요~?

선배님 안녕하세요! 현재 예산 정리해서 보고했고, 장소 섭외 중입니다!

A 지점 사수 이예금 선배
네! 5월 15~16일이 워크숍이니 조금 서두르셔야 할 것 같아요.

어린이날 전까지 기획안 완성해서 지점에 공지 가능할까요?

네 알겠습니다! 이번에 고객센터에서 온 공모는 어떻게 준비하면 될까요?

A 지점 사수 이예금 선배
그렇지 않아도 그 문제로 연락드렸는데, 일단 수신업무센터에서 내려온 자료가 있으니까, 저희는 데이터로 확인 못하는 내용들을 확인해야 할 것 같은데. 어떻게 생각하세요?

A 지점 사수 이예금 선배님

네 필요하다고 생각합니다! 평균 상담 시간이나 주 업무 비중 파악 등은 처리해야 한다고 생각합니다!

A 지점 사수 이예금 선배
네 좋아요, 그 외에도 해야 할 일 있으면 정리해주세요.

방금 말씀해주신 내용, 지점 전 직원이 처리할 수 있는 파일 제작해주세요!

그리고 이 내용 공지하고 공모 아이디어 모을 수 있도록, 회의실 예약과 자료 제작 부탁해요!

네 회의는 언제쯤 잡으면 될까요?

A 지점 사수 이예금 선배
음, 월요일에 퇴근하고 회의 진행하는 게 좋을 것 같아요 제가 공지할게요, 바쁘겠지만 부탁해요^^

중요 포인트 / 전달 메세지	아이디어(의견) 추출

타 시중은행 고객 대기시간 효율화 및 축소 방안

1. 특화 점포

C 은행
– 은행 내 카페 입점
– 종합 라운지 운영

P 은행
– 은행 1층 식품 매장 운영

Y 은행
– 교육 센터 운영
– 문화 공간 운영

2. 대기 공간 운영 차별화

  – P 은행 : 혈압 측정기, 인바디 등 비치
  – C 은행 : AI 행원 비치
  – Y 은행 : 공예, 그림 등 전시관 비치

중요 포인트 / 전달 메세지	아이디어(의견) 추출

2 순서 정리하기(추가 시간 활용)

이처럼 아이디어와 자료 내용을 모두 정리했다면, 27분의 팀 회의 과정에서 '어떤 문제부터 해결해나갈지', '어떤 순서로 자료를 살펴볼지' 등을 머리에서 정리해야 한다. 누군가 정확히 중심을 잡고 토의를 이끌어나가준다면 고마운 일이지만, 그렇지 않다면 이처럼 순서를 준비해야 27분의 시간을 알차게 사용할 수 있기 때문이다.

8분이라는 시간 안에 자료 읽기만으로도 벅차지만, 빠르게 자료를 정리했거나 자료 정리에 어려움을 느끼는 경우라면, 순서라도 정리하여 토의 흐름 잡기에 도움을 주는 것도 좋은 방법이다.

먼저, 문제부터 살펴보자.

문제 1	지점 대기 시간 축소 및 효율화 방안을 모바일 · 지점으로 나눠 기획하시오.
문제 2	A 지점 김행원 계장의 ACTION PLAN을 기획하시오.

이 경우,

1. 지점 대기 시간 축소 및 효율화 방안 - 모바일
2. 지점 대기 시간 축소 및 효율화 방안 - 지점
3. 김행원 계장의 ACTION PLAN

순으로 정리할 수 있다. 만약 자료 파악에 어려움을 겪는 경우라면, 이 8분의 시간동안 각 문제 해결 방안에 활용할 수 있는 자료를 나눠두는 것도 도움이 될 것이다.

또한, 자료의 순서를 정리할 수도 있다.

팀 논의를 시작할 때, 가장 중요하게 참고해야 하는 자료를 순서대로 정리해둔다면, 필요한 자료부터 보기 때문에 팀원 간 빠르게 의견을 단합하여 문제의 답을 도출할 수 있을 것이다.

이 문제의 경우,

자료 5 - 지점별 업무 처리 비중을 통해 효율화가 필요한 업무 확인
→ 자료 10 - 타 시중은행 고객 대기 시간 방안을 통해 아이디어 추출 방향 설정
→ 자료 3 - 공모 기획안 확인을 통한 내용 구성 방안 추출 등

과 같이 순서를 정해둔다면, 팀의 원활한 회의 진행에 도움을 줄 수 있을 것이다.

여러분이라면 어떤 순서대로 자료를 정리할지 아래에 기재해보자.

이처럼 8분의 시간을 알차게 활용했다면, 27분의 토의 시간은 어떻게 임해야 할지 같이 살펴보도록 하자.

우리은행 케이스 면접, 함께하는 팀 토의

앞서 언급했듯, 이 면접은 '정답보다 자세가 중요한 면접'이다. 그렇기 때문에, 전략마케팅 면접에서 시행했듯이, 여러분의 협업 자세를 보여주는 화법을 익히는 것이 중요하다. 이를 알기 때문에, 면접 컨설팅을 진행할 때마다, 토의 면접을 준비하는 친구에게 '실제 입행해서 지점 막내 행원이 되었다고 생각하고 토의에 임하라.'라고 이야기해준다.

막내이니 조용히 있어야지 보다는

> ● *다른 지원자의 의견을 경청하고 공감하는 것은 물론,*
> ● *틈틈이 기재하며 정리하는 모습을 보이고*
> ● *적극적이고 논리적으로 의견을 제시하자.*

가 '막내 행원 같은 토의 면접'이라고 할 수 있다.

수많은 경험으로 실질적인 아이디어를 추출할 상사를 위해 시간을 체크하거나 의견을 정리하는 자세, 그래프와 자료에 기반한 신입행원 같은 창의적 아이디어가 이 면접에서 요구되는 자세일 것이다.

그렇다면 어떻게 우리은행이 원하는 모습으로 팀 토의 면접에 임할 수 있을까?

1 첨언 SPEECH

대부분 토의면접에서 모든 화법은 첨언에 기반해야 한다. 상대의 의견을 부정하고 반박하기보다는, 상대의 의견을 이해하고 핵심을 발굴해서 이를 활용한 새로운 아이디어를 제시해야 한다.

예를 들어, 팀원 A가

> "대부분 직장인은 점심시간에 지점에 방문합니다. 점심 식사를 해결하지 못하고 오는 고객을 위해, 지점 내 샌드위치 가게나 카페 등을 입점시키는건 어떨까요?"

라고 발언을 했다고 가정하자.

이 의견에 동의하지 않는다고 할지라도, "오히려 지점 내 카페와 샌드위치 가게 등은 대기 고객을 혼란하게 만들어 지점을 복잡하게 만들 것 같습니다." 와 같이 정면적인 반박보다는,

> a. "네, 점심 식사를 하고 오지 못하는 고객님이 간단히 식사를 마련할 수 있도록 한다면, 분명 고객 대기 시간을 효율적으로 활용할 수 있을 것입니다. [공감/경청의 표현]
>
> b. 이런 고객님이 편리하게 대기하기 위해서, 모바일에 음료와 번호표·업무 예약을 동시에 할 수 있는 기능을 추가하면 어떨까요? [우려 사항을 대처할 수 있는 방안/해결책]

처럼 상대 아이디어에서 핵심을 발굴한 후, 우려되는 사항을 해결할 수 있는 방안을 추가로 제안하는 등의 '첨언 방식'을 이용하는 것이 좋다.

대처방안이 없는 우려 표시는 자칫 '단순한 반박'으로 비춰질 수 있다. 하지만, 상대 발언에 대한 경청의 표시와 공감의 표현, 발생할 수 있는 우려와 이를 대처

할 수 있는 방안, 해결책이 동반된다면 차근차근 벽돌을 모아 탑을 쌓아가는 것처럼, 팀원들의 아이디어를 모아 '문제 해결'이라는 성과를 쌓아갈 수 있을 것이다.

2 근거 SPEECH

모든 발언은 '자료'에 근거해야 한다. 지원자가 말하는 모든 발언에는 아이디어에 대한 근거가 포함되어 있어야 하고, 이 안에 실현 가능성이 내재되어 있어야 한다.

그렇기에 8분의 준비 시간에 중요 포인트를 확인하고 아이디어를 추출하는 연습을 진행했던 것이다. 위의 자료를 활용하여 '근거 SPEECH'를 연습해보자.

말하고자 하는 바	영업점 내 카페테리아를 운영하자.
근거 SPEECH	**주장 두괄식** 점심시간에 식사를 거르고 은행을 방문하는 직장인 고객을 위해 '지점 내 카페 및 샌드위치 등을 판매하는 카페테리아'를 운영했으면 좋겠습니다. **자료 근거 제시** 현재 첫 번째 자료인 '고객 게시글'에서도, 점심시간에 식사도 하지 않고 은행에 방문했으나, 대기 시간이 길어 불편하다는 글을 확인할 수 있었습니다. 특히 자료 5번 보시면, 저희 지점은 점심시간에 '입출금'고객이 많아, 간단한 업무임에도 대기 시간이 길어 고객 불만이 더욱 커진 상황입니다. **기대 효과** 고객의 불만을 줄이고 대기 시간을 효율적으로 활용하기 위해, 행내 카페테리아를 운영한다면 고객 만족도도 올리고 대기 시간도 효율적으로 활용할 수 있을 것으로 생각하였습니다. 실제 자료 10번의 C 은행에서도 현재 은행 내 카페를 입점 시켜 대기 시간을 효율화 하고 있습니다.

해당 내용을 모두 언급할 수는 없겠지만, 이처럼

주장 두괄식 → 자료 근거 제시 → 기대 효과

순으로 주장을 제시할 때, 가장 논리적으로 의견을 제시할 수 있다.

나아가, 이처럼 근거가 마련된 상태에서 주장을 언급해야, 부가적인 구체적 실천 방안에 대해서도 쉽게 도출할 수 있는 것이다. 이제, 위 표에서 각자 정리한 주장을 '두괄식, 근거, 기대 효과' 순으로 발언해보는 연습을 진행해보자.

연습 방법
• 해당 칸에는 키워드만 작성하고, 말을 이어서 하는 연습을 해보세요. • 본인의 스피치 모습을 녹화하면서, 친절히 설명하는지, 화난 어투는 아닌지, 행원처럼 말하는지 등 자세를 엄격하게 피드백해주세요.

말하고자 하는 바 1	
주장 두괄식	
자료 근거 제시	
기대 효과	

말하고자 하는 바 2	
주장 두괄식	
자료 근거 제시	
기대 효과	

말하고자 하는 바 3	
주장 두괄식	
자료 근거 제시	
기대 효과	

말하고자 하는 바 4	
주장 두괄식	
자료 근거 제시	
기대 효과	

말하고자 하는 바 5	
주장 두괄식	
자료 근거 제시	
기대 효과	

우리은행 케이스 면접, 실전 케이스 면접 트레이닝!

영상트레이닝

트레이닝 방법

1. 최소 네 명의 팀원을 구해 실전처럼 연습한다.
2. 8분 준비, 27분 토의, 3분 발표의 체계를 유지한다.
3. 8분 준비 시간에는 그 어떤 필기구도 이용하지 않는다.
4. 해당 면접 과정을 반드시 녹화하여 서로의 자세를 피드백해준다.

문제 1	W은행의 자산관리 대중화 방안을 기획하시오.
문제 2	자산관리 전략부 신이율 행원으로서 각 부서에 요청할 자료와 자산관리 대중화 방안 시행을 위한 ACTION PLAN을 정리하시오.

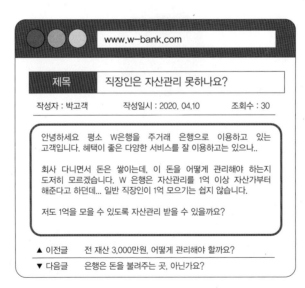

www.w-bank.com

제목	직장인은 자산관리 못하나요?

작성자 : 박고객　　　작성일시 : 2020. 04.10　　　조회수 : 30

안녕하세요 평소 W은행을 주거래 은행으로 이용하고 있는 고객입니다. 혜택이 좋은 다양한 서비스를 잘 이용하고 있으나..

회사 다니면서 돈은 쌓이는데, 이 돈을 어떻게 관리해야 하는지 도저히 모르겠습니다. W 은행은 자산관리를 1억 이상 자산가부터 해준다고 하던데... 일반 직장인이 1억 모으기는 쉽지 않습니다.

저도 1억을 모을 수 있도록 자산관리 받을 수 있을까요?

▲ 이전글　　전 재산 3,000만원, 어떻게 관리해야 할까요?
▼ 다음글　　은행은 돈을 불려주는 곳, 아닌가요?

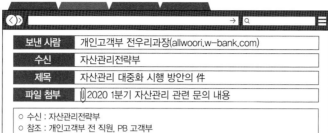

보낸 사람	개인고객부 전우리과장(allwoori.w-bank.com)
수신	자산관리전략부
제목	자산관리 대중화 시행 방안의 件
파일 첨부	📎2020 1분기 자산관리 관련 문의 내용

○ 수신 : 자산관리전략부
○ 참조 : 개인고객부 전 직원, PB 고객부

안녕하십니까. 개인고객부 전우리 과장입니다.
최근 개인 금융 창구에서 자산관리에 대한 문의가 증가하고 있습니다.

1,000만원 가량의 사회 초년생부터 3~5,000만원 가량의 직장인 고객들의 자산관리 문의가 지속되고 있습니다. 자산관리전략부에서는 이 점 확인하시어...(중략)

'20년 1분기 개인 창구 자산관리 문의 고객 비중

조사 대상 : 각 지역본부별 개인 고객 수 가장 많은 TOP 3 지점

1. 문의 고객 비중

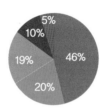

- 5%
- 10%
- 19%
- 20%
- 46%

■ 직장인(3년차 이상)
■ 사회초년생(직장 3년차 이하)
■ 주부
■ 대학생
■ 그 외

'20년 1분기 개인 창구 자산관리 문의 고객 비중

조사 대상 : 각 지역본부별 개인 고객 수 가장 많은 TOP 3 지점

2. 문의 고객별 자산 보유 현황(소수점 생략)

기 준	1,000만원 ↓	1,000만 ~3,000만	3,000만 ~5000만	5,000만 ~7000만	7,000만 ~1억
직장인 (3년차)	17%	43%	22%	13%	5%
직장인 (1~3년)	39%	27%	18%	9%	7%
주 부	23%	18%	45%	10%	4%
대학생	77%	12%	8%	2%	1%

3. 문의 고객 상품 이용 현황(중복 포함, 소수점 생략)

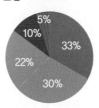

5%
10%
22%
30%
33%

■ 예적금 ■ 카드(체크/신용) ■ 대출 ■ 투자상품(펀드 등) ■ 그 외

4. 문의 고객별 자산 관리 희망 이유

기 준	직장인(3년차)	직장인(1~3년)	주 부	대학생
1위	자산 증대	결혼 준비	비상금 마련	결혼 및 유학 비용 준비
2위	노후 대비	자산 증대	자산 증대	금융 습관 형성
3위	결혼 준비	노후 대비	자녀 교육 비용 마련	자산 증대
4위	기 타	금융 습관 형성	노후 대비	노후 대비

5. 문의 고객 투자 성향황(앱 내 투자 성향 테스트 결과)

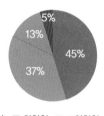

5%
13%
45%
37%

■ 안정형　■ 위험형　■ 고위험형　■ 그 외

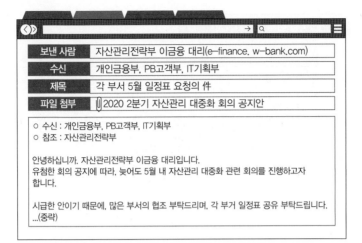

보낸 사람	자산관리전략부 이금융 대리(e-finance. w-bank.com)
수신	개인금융부, PB고객부, IT기획부
제목	각 부서 5월 일정표 요청의 件
파일 첨부	📎2020 2분기 자산관리 대중화 회의 공지안

○ 수신 : 개인금융부, PB고객부, IT기획부
○ 참조 : 자산관리전략부

안녕하십니까. 자산관리전략부 이금융 대리입니다.
유첨한 회의 공지에 따라, 늦어도 5월 내 자산관리 대중화 관련 회의를 진행하고자 합니다.

시급한 안이기 때문에, 많은 부서의 협조 부탁드리며, 각 부거 일정표 공유 부탁드립니다.
...(중략)

2020 2분기 자산관리 대중화 실천 회의 공지

1. 안내
  – 회의 일정 : 5월 내 진행 예정(추후 가능 일정 확인)
  – 주관 부서 : 자산관리전략부
  – 참석 부서 : 개인금융부, PB고객부, IT기획부
  – 장소 : 추후공지

2. 회의 내용
  – 2분기 자산관리 대중화를 위한 ACTION PLAN기획
  – 필요 자료 및 협조 요청
  – 자산관리 대중화 홍보 방안 기획
  – 자산관리 현황 분석 및 대중화 방안 논의

3. 기타
  – 2020 2분기 내 자산관리 대중화 계획 착수 예정
  – 3분기 내 저자산 관리 고객 안정적 확보 목표
  – 고객 신뢰 확보 목표

2020년 5월 일정 – 자산관리전략부

월	화	수	목	금	토	일
					1	2
3	4	5	6	7	8	9
월마감기간		어린이날				
10	11	12	13	14	15	16
PB 고객센터와 업무 워크샵 진행						
17	18	19	20	21	22	23
24일 자산관리센터 신설 오픈 준비						
24	25	26	27	28	29	30
자산관리 만족도 조사 및 불완전판매 점검기간						
31						

2020년 5월 일정 – 개인금융부

월	화	수	목	금	토	일
					1	2
3	4	5	6	7	8	9
월마감기간		어린이날	신입행원 교육			
10	11	12	13	14	15	16
개인 금융 KPI 평가 중간 집계 기간						
17	18	19	20	21	22	23
고객센터 미팅 및 서비스 기획						
24	25	26	27	28	29	30
승진자 개인금융 추가 교육 예정						
31						

2020년 5월 일정 – PB 고객부

월	화	수	목	금	토	일
					1	2
3	4	5	6	7	8	9
	월마감기간	어린이날	D지역, 입시 설명회			
10	11	12	13	14	15	16
	부동산 투자자문 설명회 진행				하계 부서 워크샵	
17	18	19	20	21	22	23
			영업추진센터와 미팅			
24	25	26	27	28	29	30
	PB 고객 대상 6월 행사 기획 및 섭외 기간					
31						

2020년 5월 일정 – IT 기획부

월	화	수	목	금	토	일
					1	2
3	4	5	6	7	8	9
	월마감기간	어린이날	행내 시스템 점검			
10	11	12	13	14	15	16
신입행원 전산 확보 기간		타행 IT 사용 현황 분석 기간				
17	18	19	20	21	22	23
	고객센터 미팅 및 서비스 기획					
24	25	26	27	28	29	30
	전사 피드백 확보 및 내달 기획 방향 설정 기간					
31						

금융권 자산관리 대중화 방안

1. 자산관리 대중화 방안

기 준	주요 은행 자산관리 대중화 및 강화 전략
C은행	• PB 자산관리 대상 기준 3,000만원 이상으로 하향 조정 • 900개 지점에 PB 담당자 2명 이상 배치
B은행	• PB 자산관리 대상 기준 5,000만언 이상으로 하향 조정 • 로보어드바이저를 통한 자산관리 포트폴리오 제공
H은행	• PB 자산관리 대상 기준 2,000만원 이상으로 하향 조정 • 대면/비대면 채널 동시에 활용한 옴니채널 자산관리 돌입
K은행	• PB 자산관리 대상 기준 5,000만원 이상으로 하향 조정 • 준자산관리가 육성으로 1억 미만 고객에게 준자산관리 제공

2. 자산관리 PB 서비스 고객 자산 기준 변화

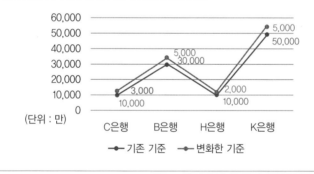

(단위 : 만)

━●━ 기존 기준   ━●━ 변화한 기준

기타 자산관리 관련 자료

1. 시중은행 자산관리 서비스 방안

기 준	주요 은행 자산관리 대중화 및 강화 전략
C은행	금융계열사 통합 자산관리 솔루션 제공
B은행	은행, 증권 통합 서비스 가능, 글로벌 투자상담
H은행	상속·증여·가업승계 상담 및 은퇴설계 특화 창구 운영
K은행	자녀 입시 교육 설명회 및 자녀 맞선 알선

2. 연령대별 주요 자산 현황

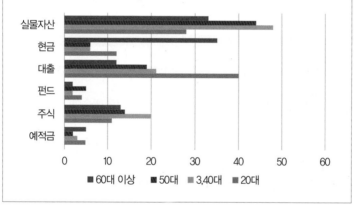

IT 기획부 최보안 대리

— 2020. 04. 28 수요일 —

IT 기획부 최보안 대리
이번에 타행 로보어드바이저 서비스 얘기 들었어?

아 얘기 들었어! 아예 로보러드바이저 모바일 자산관리 앱을 출시한다며?

IT 기획부 최보안 대리
응. 이거 출시하려고 TF도 만들었다고 하더라고. 은행, 금융투자, 생명이랑 같이 고액자산이 대상으로 맞춤형 포트폴리오 추천해 주는 앱이라던데?

실제로 고객 80% 이상이 AI가 제안한 포트폴리오에 맞춰 펀드에 가입했다고 하더라고.

IT 기획부 최보안 대리
이번에 타행들도 아예 모바일 자산관리 서비스를 진행하더라고. 자체 프로그램을 개발해서 퇴직 연금 관리해주는 앱도 있다네.

로보와 전문가 분석이 결합한 서비스 제공하는 곳도 있다던데?

IT 기획부 최보안 대리

정말 모바일 자산관리에 많은 신경을 쓰는구나. 투자 성향 테스트는 이제 거의 모든 은행 어플에서 시행하고 있는 것 같던데?

IT 기획부 최보안 대리
우리도 투자 목적이나 펀드 개구 등은 세분화하잖아.

자산관리 서비스 범위가 퇴직연금에 일반 예금들 점차 넓어지고 있는 모습을 보면, 이제는 자산관리 고객의 촉이 정말 넓어진 것 같아. 나도 어제 우리 은행 어플로 펀드에 가입했어! 내 소득 상황과 성향 등등에 맞춰 포트폴리오를 짜주더라고!

오 그래? 사실 나는 펀드처럼 위험성이 있는 상품은 가입하기 무서웠는데, 나도 성향테스트부터 해봐야겠다!

IT 기획부 최보안 대리
응. 투자 성향에 맞춰 상품을 추천해주니까 걱정 없이 할 수 있겠더라! 우리도 얼른 더 좋은 자산관리 서비스 제공하기 위해 일하러 가야겠다! 오후도 화이팅!

---

www.w-bank.com

제목	소수만을 위한 서비스, 너무 좋습니다.

작성자 : 고자산　　　　작성일시 : 2020. 04. 16　　　　조회수 : 5

안녕하세요. W은행에서 자산관리를 받고 있는 VIP고객입니다.
W은행의 자산관리 서비스에 감동받아 이렇게 칭찬의 글을 남기게 되었습니다.

W은행은 타행과 달리 정말 소수의 VIP만을 위한 서비스를 제공해주고 있어, 은행을 정말 잘 골랐다 생각하게 됩니다.

앞으로도 이런 질 높은 서비스 계속해서 부탁드립니다.
감사합니다.

▲ 이전글　　　VIP대상 입시 설명회, 너무 유익했습니다.

▼ 다음글　　　덕분에 상속 문제 현명하게 해결했습니다.

2020 2분기 자산관리 대중화 방안 기획 일정 공지

1. 안내
- 일정 : 2020. 06. 10까지 기획안 완료
- 2020 3분기부터 대중화 방안 본격 시행 예정

2. 준비 사항
- 자산관리 대중화 세부 기획안
- IT분야, PB 고객 서비스 분야, 자산관리 분야 등 각팀의 역할을 세분화해서 기획할 것
- 자산관리 대중화 홍보 방안 정리
- 기존 VIP 고객 불만 최소화 방안

3. 기타
- 타행과 서비스 차별화 할 것
- 지점이나 자산관리 센터를 추가 설립하자는 않을 예정

W은행 자산관리 서비스 현황

1. W은행 계좌 평잔액이 3억 이상인 고객

2. 자산관리 서비스
- 로보 어드바이저를 활용한 포트폴리고 제공
- 기업 운영 고객의 경우 상속, 가업 승계 전문 인력비치
- VIP 자녀 자산관리 통합 진행
- 주요지역에 자산관리 센터 운영(접근성↑)

3. PB 고객 서비스
- 찾아가는 자산관리 서비스 진행
- 입시 설명회, 부동산 설명회 정기 진행

우리은행 PT 면접
(개인금융서비스직군 해당)

영상트레이닝

우리은행 PT 면접, 대체 무엇일까?

최근 PT 면접을 진행하는 은행이 증가하고 있다. 많은 학생들은 나에게 '대체 금융과 관련 없는 주제를 던지면서, PT 면접은 왜 보는건가요?'라고 묻는다. 그렇다. 최근 금융권 PT 면접은 금융과 무관한 주제의 PT 면접도 진행하고 있다.

금융과 관련 없는 주제를 물으면서도 PT 면접을 진행하는 이유는 두 가지로 축약할 수 있다. '얼마나 논리적으로 의견을 전달할 수 있는 사람인지', '고객에게 상품을 얼마나 효과적으로 전달할 수 있는 사람인지'로 볼 수 있다.

우리은행 면접 역시 그러하다. 3분이라면 짧다면 짧고, 길다면 긴 시간 동안 금융과 비금융 주제에 대한 내 의견을 면접관에게 설명하는 것이다. 즉, 단순한 '지식 전달'이 아닌 고객에게 전하듯 '설명'해야 하는 것이다.

일단, 우리은행의 PT 면접이 어떻게 진행되는지부터 알아보자.

◐ 진행 시간 : 준비시간 10분 + 발표 3분 + 질의응답 5분
◐ 금융과 비금융 주제 중 하나를 택하여(주제는 뒤집어져 있어 주제를 보고 선택할 수
없다) 10분간 발표를 준비한다.
◐ 판서나 워드 파일 등을 이용하지 않고, 종이에 의견을 정리하여 2인 1조로 들어간다.
◐ 상대 의견에 대한 질문도 던지기 때문에, 내 이야기를 정리하기보다는 상대 이야기
에 집중한다.

발표 도구를 사용하지 못하고 오로지 '내 말'로만 3분을 채워야 하기 때문에, 많은 사람들이 어려워하고 있다. 아무 도구 없이 마냥 말로만 3분이라는 시간을 채우기가 쉽지 않을 뿐만 아니라, 그 채운 말들이 면접관의 이목까지 끌어야 해서 더욱 어려운 면접이라고 할 수 있다. 게다가 2인 1조로 면접장에 들어가기 때문에, 상대방이 의견을 설명할 때 '내 발표'를 생각하지 않고 상대 의견에 귀 기울여야 한다. 면접관이 상대 의견에 대한 생각을 묻기 때문이다.

이러한 PT 면접, 내용을 어떻게 준비하고 정리하면 될까?

우리은행 PT 면접, 내용 구성 방법은?

PT 면접에도 서론, 본론, 결론이 있다. 먼저 듣는 이(면접관)로 하여금 주제에 대해 친숙하게 하고, 현황에 대해 설명하는 서론과 여러분의 아이디어를 제시하는 본론, 마무리하고 기대효과에 대해 설명하는 결론으로 나눠 구성할 수 있다. 그렇다면 서론-본론-결론에는 각각 어떤 이야기를 넣어야 할까?

▼ PT 면접 구성 방법 및 예상주제

구 분		포함 내용
서 론 (30~40초)	인 사	안녕하십니까. ~ 주제에 대해 발표할 지원자~
	현황 분석 및 현재 은행의 대처 방안	현재 ~ 주제는 ~한 이슈가 화두가 되고 있어~ * 현황 분석에 문제 원인, 대상의 문제 파악
	기준 잡기	이러한 이슈(주제)에 대한 대응 방안을, ~을 기준으로~ 예 자동차 보험 : 차량 기준(대중교통, 화물차 등)
본 론 (1분 40초~2분)	첫 번째, ~ 방안입니다.	방안 두괄식 + 관련 근거 + 결론
	두 번째, ~ 방안입니다.	방안 두괄식 + 관련 근거 + 결론
	세 번째, ~ 방안입니다.	방안 두괄식 + 관련 근거 + 결론
결 론 (30~40초)	요 약	이렇듯, (주제)에 대해 ~게 (방안)을 진행한다면~
	기대효과	수치 활용 GOOD, 대안에 따른 기대효과 제시
	감사 인사	이상 발표를 마치겠습니다. 감사합니다.

PT 면접 구성은 대략 이와 같다. 위 내용을 참고하여, 현재 나의 PT 면접 준비도
를 알아보자.

PT 면접 트레이닝 TEST

주제 : 공유 경제 활성화에 따른 찬반

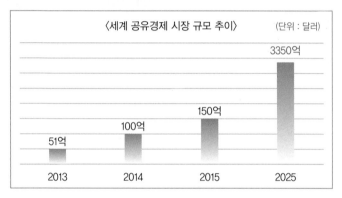

〈세계 공유경제 시장 규모 추이〉 (단위 : 달러)

3350억

150억

100억

51억

2013 　 2014 　 2015 　 2025

※ 자료 : PwC(삼일회계법인)

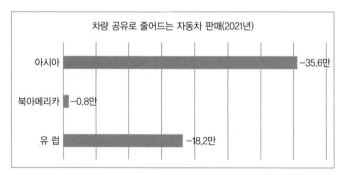

차량 공유로 줄어드는 자동차 판매(2021년)

아시아　 −35.6만

북아메리카　 −0.8만

유 럽　 −18.2만

※ 자료 : BGC, IHS

• 준비물 : 녹음기 , 타이머
• 해당 그래프를 10분간 분석한 후, 3분간 발표를 진행하세요.
• 발표 내용은 녹음하여 들어보시며, 논리적으로 전개가 되었는지 확인해주세요.

Q. 공유 경제 활성화에 따른 본인의 찬성/반대 의견을 논리적으로 설명하라.

A. 내 **발표 내용**　　　　　　　답변 시간　　　m　　　s

확인 체크 LIST ☑

1. 발표 시간이 3분 내외로 들어왔다. ☐
2. 서론과 본론, 결론의 구분이 명확하다. ☐
3. 자료에 제시된 수치를 활용하여 발표했다. ☐
4. 세 가지 이상의 찬/반 의견을 표현했다. ☐
5. 현황, 관심 유도, 기대효과 등의 요소가 포함되었다. ☐

4개 이상 PT 면접 구조에 대한 이해가 되어 있습니다.

2~3개 내용은 준비가 되어 있으나, PT 구조 구성이 어려운 상황입니다.

1~2개 PT 면접에 대한 이해가 부족한 상황입니다.

시사 흐름 관계없이 여러분이 무난하게 접근할 수 있는 '비금융 주제'로 예상 문항을 제시해보았다. 체크리스트에 몇 개나 체크할 수 있었는가? 위의 체크리스트처럼 발표 시간은 제한 시간에서 크게 벗어나지 않고 준수해야 하며, 서론 본론 결론의 구분을 명확히 하여 각 파트마다 필요 컨텐츠(현황, 의견, 요약 등)를 반드시 포함해야 한다. 또한, 기본적으로 본론에서는 세 가지 이상의 의견을 개진해야 하며, 기본적으로 본론에서 세 가지 이상의 의견을 표현하며 '논리적 구조'를 확보해야 한다. 그럼, 금융 주제를 기반으로 '실제 우리은행 선배'가 면접 컨설팅에서 진행했던 PT 발표를 읽어보자.

Q. 미중 무역 전쟁이 우리나라에 미칠 영향에 대해서 설명하시오.

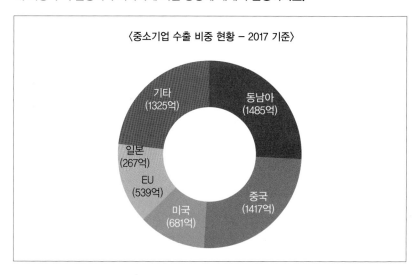

〈중소기업 수출 비중 현황 – 2017 기준〉

〈2017년 상위 10대 수출 품목 현황〉

구 분	품 목	구성비
1	반도체	17.4%
2	일반 기계	6.7%
3	자동차	6.2%
4	광물성연료	6.2%
5	선 박	5.1%
6	석유화학제품	4.8%
7	철 강	4.6%

▶ 선배의 답변을 나눠 듣기 전에, 먼저 내 의견부터 정리해보자.

1 서론

서론은 PT를 여는 문이다. 앞에서도 지속해서 설명했지만, 청자의 관심을 유도하고 앞으로 어떤 이야기를 할 예정인지 알려주는 부분이라고 생각하면 된다. 그렇다면, 서론의 구성 구조부터 살펴보자.

인사 → 현황(현재 이슈가 뜨거운 이유, 이슈에 대한 설명) → 발표 내용에 대한 기준 잡기

선배는 해당 내용을 어떻게 풀어 나갔는지 서론부터 들어보자.

미중 무역 전쟁이 현재 우리나라에 미치는 영향에 대해 발표를 맡은 지원자 ○○○ 입니다. 최근 미중 간 무역 전쟁으로 인해 세계 무역 시장이 뜨거운 상황입니다.

중국 같은 경우에는 현재 외국에서 들어오는 수입품에 대해서는 관세를 낮추는 반면, 개인이 해외에서 직접 구매하는 명품과 같은 제품에 대해서는 고관세 정책을 펼치고 있습니다.

이러한 중국의 움직임은 내수시장을 살리겠다는 입장으로 이는 미국의 입장과는 상반되는 내용입니다. 미국은 그동안 중국에게 많은 편의를 봐줬기 때문에 더 이상 '이런 수입품에 있어서 관세를 매기는 상황에 대해 강력하게 제지하겠다.'라는 입장을 밝히고 있습니다.

이러한 미중 간 무역 전쟁이 우리나라에 미칠 영향을 산업군을 기준으로 생각해보았습니다.

본인의 답변과 비교하면 어떤 점이 가장 다른가?

천천히 선배의 답변을 분석해보자. 먼저 가장 기본적인 인사에 대해 건넨 후, 바로 주제가 뜨거운 이슈임을 설명하고 있다. 여기까지는 아마 대다수 지원자가 비슷하게 답을 했을 것이다.

그 다음은 미중 무역 전쟁에 대한 현황을 설명하고 있다. 선배가 이 부분에서 가장 답변을 잘 한 부분은 '현황 설명'이라고 볼 수 있다. 가장 마지막 문장을 살펴보자. '산업군'을 기준으로 잡고 본론을 설명하겠다고 명시하고 있다.

단순히 '미국과 중국이 관세를 두고 싸우고 있습니다.'의 현황 설명이 아닌 '중국은 내수시장 활성화를 도모하고 있으며, 미국은 이에 대해 제재를 가하겠다'는 내용을 중심으로 현황을 풀고 있다. 또한, '명품과 같은 해외 직구'에 대한 설명을 하며 본론에 쇼핑과 관광업 등을 중심으로 내용을 풀어나갈 수 있게 발판을 마련해두었다.

이렇듯 서론은 청자의 관심을 유도하고, 동시에 내가 앞으로 펼칠 이야기에 대한 기반을 닦는 파트이다. 그렇다면 서론을 이렇게 펼친 후, 본론은 어떻게 구성하고 있을까?

2 본론

본론은 알맹이라고 볼 수 있다. 이 문항에서 묻는 바가 '미중 무역 전쟁이 우리나라에 미치는 영향'이었기 때문에 여러분은 여기서 미중 무역 전쟁이 우리나라에 미치는 영향에 대해 설명하면 되는 것이다. 여기에서 주의할 것은 PT 면접을 설명하며 여러 차례 이야기했지만 논리는 세 가지 정도로 풀어주는 것이 좋다. 또한, 영향을 물었다고 해서 영향만 답하는 것이 아닌, 이에 대한 대응 방안 및 대책을 함께 풀어줘야 '깊게 생각하는 지원자'가 될 수 있는 것이다.

그렇다면 본론의 구성에 대해 알아보자.

결론 → 결론 근거(예시 활용 가능) → 대응책 → 결론

선배는 본론을 어떻게 풀어갔는지 함께 알아보자.

첫 번째는 수출업을 우선적으로 생각해 볼 수 있습니다. 한국은 중국과 일본 중심에 위치한 한반도이기 때문에 수출 의존도가 굉장히 높은 국가입니다. 중소기업의 대중국 수출 규모가 4분의 1을 넘는 지금, 이러한 중국의 내수시장 활성화 정책은 한국 수출 기업의 어려움으로 이어질 수 있습니다. 따라서 이를 해결하기 위해서는 중국의 현재 집중 되어 있는 수출 의존도를 다른 시장으로 찾아보는 것입니다. 예를 들어, 수출 비중의 26%를 차지하고 있는 동남아 시장이나 개발도상국 등으로 신시장을 개척하는 것이 향후 미래를 봤을 때 중국 수출 의존도를 완화할 수 있는 대책이라고 생각하였습니다.

두 번째는 수출이 어려워질 뿐만 아니라 해외관광객 감소로 인한 관광업 및 유통업의 어려움도 예상할 수 있습니다. 만약 명품을 해외에서 샀을 때와 한국에서 샀을 때 가격이 비슷하다면, 사람들은 굳이 이탈리아까지 명품을 구매하러 가지 않을 것입니다. 마찬가지로 중국 관광객들이 오늘 주목적은 쇼핑이라고 알고 있습니다. 로드샵 화장품 혹은 백화점 명품 브랜드들 보다 저렴하게 구입할 수 있어, 한국을 방문한다고 알고 있는데, 만약 중국에서 구입했을 때 가격이 비슷하다면 굳이 한국에 오지 않을 것입니다. 이러한 방법을 해결할 대책으로 다른 혜택을 추가하는 것으로 생각해보았습니다. 면세점에 방문하였을 때~

세 번째는 제조업의 어려움을 예상할 수 있습니다(이하 생략).

아마 앞서 '서론을 잘 작성했다.'라고 말한 의견을 이해할 수 있을 것이다. 선배가 서론을 잘 쓴 이유를 하나하나 정리해보자.

서론에서 말한 내용을 모두 수습했다(= 서론과 연결성이 높다).

앞서 서론에서 '수입품'과 '해외 직구'에 대해 설명했다. 그 내용을 '두 번째 의견'에서 모두 수습하여 정리하고 있다. 전반적인 내용이 서론에서 언급한 '중국 내수시장 활성화'와 연결된 점도 뛰어나나, 의견 중 하나에서 이를 구체화한 점 역시 훌륭하다고 볼 수 있다.

자료에서 제공한 수치를 적절하게 활용하였다.

모든 논리적 스피치는 '수치'가 함께 사용될 때 구체적으로 들리게 된다. 또한 준비 과정에서 자료를 제공해줬다면, 해당 자료에서 데이터를 추출해야 한다. 선배는 제시된 자료를 적절히 활용하여 의견을 설명하였다.

'왜' 이 의견인지 이해하기 쉽게 설명했다.

PT 면접은 행원이 고객에게 상품을 설명하는 과정과 같다고 생각하면 좋다. 그렇기 때문에 금융에 대한 지식이 없는 고객에게 금융 지식을 풀어서 설명하듯, 주제에 대한 지식이 없는 다른 사람이 들어도 이해할 수 있도록 설명해야 한다. 선배는 왜 중국 내수시장 활성화 정책이 우리나라에 영향을 미치는지에 대해 예시를 들어 이해하기 쉽게 설명했다.

여러분이 본론을 구성할 때에도 위 세 가지는 반드시 기억하여 본론을 구성하는 것이 좋다. 본인이 행원이라고 생각하고, 고객이 이해하기 쉽게, 고객에게 하는 말투로 설명하면 된다.

3 결론

결론은 모든 내용을 마무리하는 시간이다. 앞에서 언급한 내용을 정리하고, 기대 효과 혹은 앞으로 나아가야 할 방향을 정리하며 다시 한번 주제의 중요성에 대해 환기하는 시간이다. 결론 구성 순서를 살펴보자.

요약 → 기대효과 혹은 앞으로의 방향(+은행이 해야 할 일) → 감사 인사

선배는 이 발표를 어떻게 마무리했는지 함께 살펴보자.

이렇듯 중국과 미국의 무역 전쟁은, 단순히 양국 간의 전쟁이 아닌 우리나라의 제조업, 수출업, 관광업과 유통업 등 다양한 산업에 큰 영향을 미치고 있습니다.

수출 의존도에 대한 문제를 해결하고, 미중 무역 전쟁으로 인한 각 산업의 경제 위기를 막기 위해, 금융권은 산업에 대한 금융적 지원을 지속하여 무역 전쟁이 우리나라에 미치는 영향을 최소화해야 한다고 생각합니다.

이상 미중 무역 전쟁이 우리나라에 미치는 영향에 대한 발표를 마치겠습니다. 감사합니다.

선배는 서론과 본론에 대한 이야기를 결론에서 마무리하며 서론부터 결론까지 '중국 내수시장 활성화'를 중심으로 이야기를 성공적으로 풀어냈다. 또한, 금융권이 해야 할 일까지 마무리에 언급하며 현재 이 면접이 '은행 면접'임을 잊지 않았다.

선배의 답변을 하나의 프레임으로 정리해보자면 다음과 같다.

주 제	정 리
현 황	본론에 포함될 내용을 기반으로 현황 풀기
방안 세 가지	서론과 연결하기 왜 이 주장인지 근거 세우기 수치 활용하기 예시 들기
요약 및 기대효과	요약하기 기대효과 금융권이 해야 할 일 감사 인사

여러분은 10분의 준비 시간 동안, 위의 네 요소를 중심으로 내용을 정리해야 한다. 준비시간이 10분이라면, 약 6~7분간 내용을 정리하고, 나머지 시간은 어떻게 말을 이어갈지를 정리하면 된다. 여기서 하나 기억해야 할 것은 무작정 내용을 적지 말고 '키워드'를 중심으로 네 가지 요소를 풀어가야 한다.

그럼, 실전 문제를 바탕으로 PT 면접을 연습해보자.

우리은행 PT 면접, 실전 PT 트레이닝!

영상트레이닝

예상 1 고령화 시대에 금융권이 취해야 할 은퇴 시장 확장 방안은?

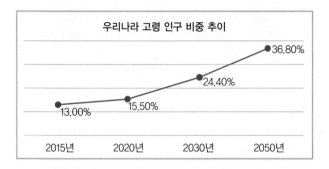

우리나라 고령 인구 비중 추이

개인연금 가입 시 선택 기준은?	
금융사 이미지 및 안정성	28%
연금 수령 방식	23.40%
세제 혜택	22.30%
납입 기간	16.60%
투자 성향(적립금 운용 방법)	8.80%
기 타	1.10%

예상 2 오픈 뱅킹에 따른 금융권의 대비 방안은?

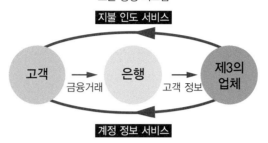

▼ 영국 금융회사의 오픈뱅킹 서비스 현황

금융회사	서비스 내용
HSBC	오픈뱅킹 앱을 통해 고객 계좌 및 대출 카드 결제 내역 등을 통합 제공
바클레이	오픈뱅킹 앱에 고객 계좌정보 제공, 고객은 다른 은행 계좌도 확인 가능
산탄테르	고객이 지출하고 남은 잔액을 자동으로 저축 또는 투자상품으로 이체해주는 서비스 제공(Money Box 앱과 제휴)

1. 10분 준비 시간

주 제	
현 황	
방안 세 가지	
요약 및 기대효과	

2. 발표하기(녹음하기, 시간 재기)

3. 나올 수 있는 꼬리질문 정리하기

꼬리질문 1	
꼬리질문 2	
꼬리질문 3	

4. 피드백 해보기

- 요약은 본론/결론과 한 맥락인지

- 본론은 쉽게 이해할 수 있도록 표현하였는지

- 근거와 방안까지 제시하였는지

- 본론에서 자료 내용을 활용하였는지

- 결론에서는 요약을 하였는지

- 결론에 기대효과를 포함하였는지

MEMO

PART 4

신한은행
실전 면접
(대졸공채+RS직군 통합)

적극적이며 논리적으로 자신의 의견을 표현하는 인재

신한은행 인재상은 따로 읊지 않아도 너무 명확하게 나타나있다. 실제 진행되는 면접도 크게 인성 면접과 토론 면접으로만 진행되어 어떤 인재를 원하는지 뚜렷하게 파악할 수 있다. '심한은행' 혹은 '신이 하는 일을 한명이 하는 은행'이라는 말이 있을 정도로 업무 강도가 높다고 소문난 신한은행의 경우 '강한 멘탈'을 소유한 사람을 선호하는 경우가 많다.

이러한 신한은행의 면접을 두려워하는 친구들이 많지만 사실 원하는 인재상과 준비해야 할 내용이 명확하게 드러나 있기 때문에 타 은행 준비보다 오히려 면접 준비가 수월하다. 실제 신한은행 면접 컨설팅을 진행하다 보면, 들어와서 대화 몇 마디만 나누어 보아도 합격인지 불합격인지 감이 올 정도로 은행이 선호하는 이미지가 뚜렷한 편이다. 그렇기 때문에, 실제 현직자를 만나더라도, 그들이 한 '면접 답변' 보다 '면접 태도'를 중점적으로 듣고 이미지 트레이닝 할 것을 권한다.

그렇다면, 신한은행 합격을 위해서는 이미지 트레이닝과 준비를 어떻게 진행해야 할까?

CHAPTER

신한은행 토론 면접
(RS 직군 해당)

영상트레이닝

신한은행 토론 면접, 출제 방향

신한은행 토론 면접은 유독 무서운 소문이 많이 도는 편이다. 정말 책상을 내리치며 토론을 진행한다고도 하고, 언성을 끝없이 높이다가 싸움이 일어나기도 한다는 면접 후기를 듣다 보면 많은 취업 준비생이 소위 '멘붕'에 빠지기도 한다. 실제 신한은행 면접을 다녀온 친구들을 통해 면접 후기를 들어보면, 소극적인 지원자에게 적극적으로 토론에 임하라며 면접관이 이야기해준다고도 한다. 하지만 막상 합격하는 친구들을 본다면, 거센 흐름에 휘말리지 않고 차분히 자신의 이야기를 논리적으로 전개한 친구들이 합격하는 경우가 많다.

다른 은행이 수차례 면접 유형을 바꿔오는 동안, 신한은행은 토론 면접의 형식을 줄곧 유지해왔다. 최근 '직무 에세이'로 바뀌었지만, 이전 면접이 토론 면접과 더불어 PT 면접이 진행되었다는 점을 고려해본다면, 신한은행은 줄곧 자신의 주장을 논리적으로 개진하는 사람을 선호해왔다고 볼 수 있다. 그러면, 주제에 대한 논리는 어떻게 유지할 수 있을까? 이를 위해 준비는 어떻게 해야 할까?

또, 대체 '은준생' 사이에서 도는 토론 면접에 대한 진실은 어디까지이며 이미지 확보와 준비는 어떻게 진행해야 할까? 신한은행의 토론 면접 진행 방식부터 차근히 살펴보도록 하자.

◎ 진행 시간 : 1차 토론 15분→ 2차 토론 15분→ 3차 토론 15분→ 4차 토론 15분
◎ 개인 면접 2회, 팀 면접 2회로 이뤄지며, 팀 면접 2회 중 1회는 반대 토론으로 진행
◎ 찬반 정한대로 팀 면접 진행 1회, 정한 찬반의 반대로 면접 진행 1회

신한은행 면접 대비가 유독 어려운 이유도 여기에 있다. 개인적으로 찬반을 나눠 토론을 진행한 후, 팀별로 진행하되 자신의 의견과 반대되는 의견을 제시해야 한다. 즉, 시사에 대해 찬성과 반대 의견을 모두 알고 있어야, 면접에 수월하게 참여할 수 있는 것이다. 또한, 개인으로 진행되기 때문에 적절히 발언 기회를 가져올 수 있어야 하며, 팀으로 진행할 때에는 팀원과 의견을 어느 정도 조율할 수 있어야 한다. 개인의 논리적 성향과 팀 내에서 의견을 제안하는 모습, 그리고 문제를 바라보는 통찰력까지 요구하는 면접이라고 볼 수 있다.

이렇게 다양한 역량을 요구하는 신한은행 토론 면접은 어떻게 준비해야 할까? 준비 방법과 과정에 대해서 알아보자.

신한은행 토론 면접, 사전 준비 방법은?

토론 면접, 실전 1인 토론 해보기!

아래 기출 주제에 맞춰, 본인이 '찬성'과 '반대'를 모두 맡아서 1인 토론을 진행해보자.

- 준비물 : 녹음기, 타이머
- 진행 방법
  1. 시작 전 녹음기를 켠 후, 녹음을 끊지 않고 실전처럼 면접을 진행해본다.
  2. 약 10분간 끊기지 않고 찬성과 반대를 번갈아가며 말해본다.
  3. 아래 표를 채워나간다.

▼ 토론 주제 : 퇴근 후 카톡 금지법에 대한 찬반

번 호	찬성 / 반대	발언 시간	중심 키워드 및 내용
예	찬 성	1:03	퇴근 후 메신저 업무 지시 비중 86%, 가정/일 구분 흐려짐
1.	찬 성		
2.	반 대		
3.	찬 성		
4.	반 대		
5.	찬 성		
6.	반 대		
7.	찬 성		
8.	반 대		

찬성 발언 시간 합		반대 발언 시간 합	

찬성 발언의 특징	반대 발언의 특징
예 수치를 들어 논리적으로 말한다. • 말의 끝맺음이 명확하다. • 반대 의견에 반박하기 보다는 찬성 의견만 말한다.	예 수치 표현이 덜 들어갔다. • 감성적으로 이야기 한다. • 상대방의 의견만 되풀이 한다.
• • • • • • • • • • •	• • • • • • • • • • •

확인 체크 LIST ☑

1. 찬/반의 발언 시간의 합이 비슷하다. ☐
2. 각 의견별로 이야기 흐름이 서–본–결을 유지한다. ☐
   A. 각 주장에 맞춰 논리적으로 반박한다. ☐
   B. 수치가 들어가는 객관적 근거를 제시하였다. ☐
   C. 자신 없는 의견이어도 의견의 중심 키워드를 잡아 의견을 개진하였다. ☐

4개 이상 찬/반에 대한 의견이 모두 정리되어, 논리적으로 의견을 펼칠 수 있는 편입니다.

2~3개 찬/반에 대한 의견은 알고 있으나, 이를 논리적으로 정리하기 어려운 상황입니다.

1~2개 의견의 중심을 잡지 못하고, 횡설수설 발언하는 편입니다.

자신의 토론 실력을 확인해보았는가? 논리 전개, 배경 지식, 의견 반박, 말의 구조 등 어느 부분이 가장 취약하였는가? 혹시 한 측의 의견만 발언 시간이 길고 나머지는 짧지 않았는가? 아니면, 자신 없는 의견에 대해서는 '어, 그' 등 자신 없는 추임새를 넣지는 않았는가?

지금부터 이러한 상황을 예방할 수 있는 '토론 면접 사전 준비 방법'에 대해서 알아보자.

토론은 그 어느 면접보다 '배경 지식'이 필수적인 면접이다. 자신의 경험이나 가치관이 아닌, 순전히 객관적 진실만을 기반으로 타인을 설득해야 하기 때문에, 객관적 사실에 기반하여 의견을 개진해야 한다. 그렇기 때문에 평소 시사에 대한 이해와 배경 지식 준비가 필수적이다. 하지만, 평소 토론 면접만을 위해 시사를 준비하기란 쉽지 않기 때문에, 면접을 앞두고 사전 지식을 단계적으로 준비하는 방법에 대해 알아보자.

1 기본지식

아래 표와 같이 기본적인 지식들이 있다. 인구 형태, 직업 형태, 가구 형태 등 다양한 조건에 맞춰 기본지식을 정리해보자. 해당 자료는 토론 면접 뿐만 아니라, 추후 직무 에세이 작성에도 큰 도움이 될 것이다.

기본지식	비중	기본지식	비중
대한민국 인구 수	약 5,170만명	1인 가구 비중	28.6%
고령 인구 비중	2017년 13.8%	반려동물 가구 비중	약 24%
해외 여행객 수	3,000만명	2018년 혼인 건수	약 25만 건
임금근로자 비중	2015년 71.9%	평균 수명	평균 83세

이런 기본적 지식은 추후 토론 면접에서 용이하게 사용된다. 위의 내용을 활용하여, 기출 주제에 대해 답변해보자.

업무 후 카톡 금지법 찬반

☑ 임금 근로자 비중/찬성

> 2015년 우리나라 전체 취업자 중 임금 근로자 비중은 70%를 넘어가고 있습니다. 이렇듯 대한민국 경제 활동 인구 중 대다수 인구가 임금 근로자인 지금, 올바른 근로 문화 정착과 지속 근무 가능한 근로 환경 조성은 필수적이라고 생각합니다.

베이비 상자 찬반

· 활용 배경 지식 ▶

주 52시간 근로제 찬반

· 활용 배경 지식 ▶

중고등학교 두발 자유화 찬반

• 활용 배경 지식 ▶

공동 주택 내 반려동물 키우기 찬반

• 활용 배경 지식 ▶

2 예상 주제 별 내용 정리

각 해에 뜨거웠던 이슈 중 찬반이 나뉘는 주제가 보통 그 해 '토론 면접'의 주제
로 나온다. 이를 대비하기 위해, 각 이슈에 대한 찬반 의견을 미리 정리해보고,
이에 따른 '1. 기본지식' 역시 준비해야 한다. 예상 주제에 대한 시사 찬반과 내용
은 어떻게 정리해야 할까? 단순히 내용에 대한 이해만 준비하면 될까? 지금부터
하나의 예시와 함께 사전 준비 방법을 정리해보자.

공유 경제 활성화 찬반

간단한 내용 정리

뜻 : 공유 경제 = 이미 생산된 자원을 여럿이 공유하여 소비하는 경제 방식

예시
- 차량공유 서비스를 제공하는 우버
- 개인의 가정집에 남는 방이나 집을 통째로 빌려주는 숙박공유 에어비앤비 등

관련사고
- 2018년 10월, OO 기업의 '카풀' 서비스와 택시 업계 종사자의 갈등 발생
- 2018년 12월, 택시 운전사 국회 앞 '카풀 반대' 분신
- 2018년 12월, 택시 업계 25만대 택시 총파업 돌입
- 2016년, 일본 에어비앤비 내 불법 카메라 설치
- 2018년 6월, 국내 에어비앤비 숙소 불법 카메라 설치

공유 경제 활성화 찬/반 의견

찬성 의견	이유
유휴 자원 활용으로 불필요한 과잉 생산과 소비를 막을 수 있다(친환경적, 경제적).	유지비용이 비싼 자원에 대해 필요할 때만 저렴하게 사용할 수 있기 때문에
개인의 이득 또한 취할 수 있어 경제적	개인의 노동력, 시간, 재능 등도 활용하여 부수입을 올릴 수 있기 때문에
소비자의 편리성과 선택권이 넓어짐	공유 경제 플랫폼에서만 얻을 수 있는 혜택을 확보할 수 있고, 기존 업체와의 경쟁으로 가격별 소비자 선택폭도 넓어지기 때문에
공유 경제 체제 하에서만 범죄가 일어나는 것은 아니다.	기존 업체에서도 범죄는 계속해서 일어나고 있었음, 플랫폼 체제 확보 된다면 오히려 범죄 우려가 줄어들 것

반대 의견	이 유
전통 산업의 생존권을 위협한다.	이는 자동차 판매량 감소, 채용 인원 감소 등의 문제까지 이어지고 있다.
개인의 셀프 고용으로 수익이 감소한다.	개인 간 무한 경쟁으로 인해 과다 공급이 증가하기 때문
비용 상승의 주범이 일어나고 있다.	돈이 되는 단기 렌트 시장의 확장으로 장기 렌트의 매물이 줄어 가격 증가
반 익명성으로 범죄가 늘어난다.	최소한의 정보만을 수집하여 위조 가능성이 높고, 플랫폼 기업에서 책임지려 하지 않음

바로 활용 가능한 통계 수치
• 세계 공유 경제 시장 규모 추이 : 2015년 150억원 → 2025년 3350억원
• 차량 공유로 인해 줄어드는 자동차 판매 : 2021년 55만대 예상
• 2년간 택시 면허 가격 1,480만원 하락
• 에어비앤비 평창 올림픽 기간 이용객 1만 5천명 이상
• 서울시 공유 오피스 수용 가능 인원 : 2018년 4분기 3만 2천명, 15년 대비 세배 이상 증가
• 평창 올림픽 기간 호텔 평균 가격 50만, 에어비앤비 16만 7천

이렇듯 한 주제에 대해서 의미와 예시, 그리고 최근 주제로 인해 발생한 사건을 우선 정리해준다. 또한 각각 찬성과 반대에 대한 의견과 그 이유를 정리하고, 상대의 어느 주장에 어떤 근거를 내세울지를 매칭 시켜본다. 그 외, 논리적으로 말할 수 있도록 통계 및 수치 등을 정리하여, 말의 객관적 근거를 확보하도록 한다.

여기에서 찬성과 반대 의견은 각각 토론 진행 중에 사용될 예정이며 맨 위에 정리한 내용은 토론을 시작할 때, 이야기의 서론을 알릴 때 등에 사용될 것이다. 아래 비어 있는 사전 지식 정리표를 제공하니 일주일에 한번 씩이라도 시사에 대한 찬반 의견을 정리하기를 권한다.

예시 주제

간단한 내용 정리
뜻
예시
관련사고

▼ 주제 찬/반 의견

찬성 의견	이 유

반대 의견	이 유

바로 활용 가능한 통계 수치

-
-
-
-
-
-
-
-

신한은행 토론 면접, 실전에서는 어떻게?

―

그렇다면, 이렇게 정리한 내용은 어떻게 논리적으로 전개할 수 있을까? 정리하지 않은 내용일지라도, 마치 '알고 있는 주제'인 것처럼 말하려면 어떻게 이야기해야 할까?

토론 면접에서도 PT 면접과 마찬가지로 말의 서―본―결을 나눌 수 있어야 한다. PT 면접에서 '현황―아이디어―기대효과'를 말했다면, 토론에서는 '의견의 두괄식―예시/근거―발생할 문제점 및 미래 예상' 순서로 의견을 전개해야 한다. 여기서 발생할 문제점 및 미래 예상은 상대 의견의 문제점을 꼬집는 발언이기 때문에 이 발언 이후 상대 팀에서 제시할 의견을 미리 파악하여 방어해야 한다. 위에 제시된 공유 경제 활성화를 주제로 논리 전개 예시를 살펴보자.

찬성	
주장	유휴 자원 활용으로 불필요한 과잉 생산과 소비를 막을 수 있다.
의견의 두괄식	공유 경제를 활성화한다면, 기존 유휴 자원을 활용하여, 불필요한 과잉 생산과 소비를 막을 수 있기 때문에 이에 찬성합니다.
예시/근거	실제로, 최근 서울시 공유 오피스 수용 가능 인원이 3만명을 넘어가면서, 소비되지 않던 공간의 활용도가 높아지고 있습니다. 또한, 약 1만 5천명 이상이 평창 올림픽 기간에 에어비앤비를 이용하는 등 기존 유휴 자원에 대한 활용도가 높아지고 있습니다.
발생할 문제점 및 미래 예상	이렇듯 기존의 유휴 자원을 활용한다면 유지비용이 많이 드는 부동산 및 차량 등을 추가로 생산하지 않아도 되어 경제적인 효과를 볼 수 있을 것입니다. 또한 에어비앤비 및 우버 등의 공유 경제 기업이 미래 가치에 대해 높은 평가를 받고 있듯 전통 산업 역시 생존권 문제를 논할 것이 아니라 새로운 방안을 모색해야 할 때라고 생각합니다.

이렇듯 가장 먼저 내 주장의 두괄식부터 제시한 후, 이에 대한 예시와 근거, 발생할 문제점 및 미래 예상을 순서대로 보여줘야 한다. 아마 이 부분을 확인하고, 예시/근거 파트에서 기본지식이 없다면 어떻게 답변해야 할지 헷갈리는 지원자가 많을 듯싶다. 하지만 오히려 문제는 간단하다. 예시/근거에 파트에서 주제에 대한 기본지식이 없더라도, 앞서 살펴보았던 1. 기본지식을 활용하여 답변할 수

있다. 예를 들어, "2019년 기준, 우리나라에서만 해외 여행객이 3,000만명을 육박할 정도로 세계화가 이뤄진 지금, 유휴 자원의 활용은 수많은 여행객을 수용하여 관광업을 활성화 할 수 있는 수단이라고 생각합니다."처럼, 여러분이 제시하는 근거가 '객관적 사실'에 입각했다는 점을 드러낼 수 있어야 한다. 또한, 발생할 문제점 및 미래 예상에서는, 여러분의 통찰력을 드러낼 수 있어야 한다. 단순히 전통 산업의 몰락만을 보는 것이 아닌, 이로 인한 경제 활동 감축까지 예견하며, 문제를 보는 넓은 시야를 보유하고 있음을 드러낼 수 있어야 한다. 더불어, 반대 측이 제시할 수 있는, 혹은 이미 제시했던 주장에 대해 방어 및 반박하며, 우리의 주장이 논리적이라는 사실을 드러내야 한다.

그럼 해당 주제에 대해, 여러분이 반대 측이라고 생각하고 찬성 의견에 반박해보자.

반대	
주 장	전통 산업의 생존권을 위협한다.
의견의 두괄식	저는 오히려 '유휴 자원 과잉 생산 방지'라는 공유 경제의 장점보다 '전통산업의 생존권 위협'으로 인한 경제적 리스크가 크다고 판단하여 이에 반대합니다.
예시/근거	실제로 최근 2년간 공유 경제 활성화로 인해, 택시면허의 비용이 1,400만원 가량 감소했습니다. 더 나아가, 차량 공유 사업으로 인해, 2021년에는 차량 판매 대수가 약55만대 가량 감소 될 예정이라고 합니다.
발생할 문제점 및 미래 예상	이렇듯 공유 경제가 활성화 된다면, 각 기업에서는 생존을 위해 인력 감축 및 규모 축소를 감행할 것입니다. 또한, 이러한 전통 산업 축소로 인한 '경제 활동 인구 감축' 등의 경제적 리스크가 찬성 측에서 주장하는 '불필요한 자원 생산 감축'으로 인한 경제적 효과보다 클 것으로 예상하기 때문에, 공유 경제 활성화에 반대합니다.

이미 상대방에서 의견을 제시할 때 우리 측의 의견이 합리적이지 않다는 발언을 했을 가능성이 높다. 그렇기 때문에 반박 의견을 제시할 때에는 의견의 두괄식에서 상대 의견을 한 번 더 짚어 주는 것이 효과적이다.

이렇듯 논리 전개 방법과 반박 방법에 대해 알아보았다. 이제, 이 지식을 활용하여 실전처럼 토론 면접에 임해보자.

신한은행 토론 면접, 실전 토론 트레이닝!

———

지금까지 토론 면접 사전 준비 방법과 실전 적용 방법에 대해서 알아보았다. 이제 기본적으로 찬/반이 나뉘는 주제에 대해, 여러분이 직접 준비해 볼 차례다. 여러분이 앞서 정리한 기본지식과 시사 상식에 대한 지식을 최대한 활용하여, 아래 주제에 대해 의견을 펼쳐보자.

〈예상 및 기출 주제〉

- 불효자 방지법
- 베이비 박스 찬반
- 안락사 찬반
- 수술실 CCTV 찬반
- 스크린 쿼터제 찬반

〈실전 토론 면접 활용법〉

1. 주제 하나를 택하여, 토론을 시작한다.
2. 시간은 10분으로 제한하고, 찬성 혹은 반대 발언부터 시작한다.
3. 10분을 꽉 채워 찬/반 의견을 동시에 제시하며, 어느 부분에서 반박을 해야 하는지 포인트를 잡는 연습을 한다.
4. 토론 발언 구조에 맞춰 발표를 진행하고, 발언마다 시간을 측정한다.
5. 혼자 연습이 완료된 후, 팀을 꾸려 팀 토론도 진행해본다.

찬성	
의견의 두괄식	
예시/근거	
발생할 문제점 및 미래 예상	

반대	
의견의 두괄식	
예시/근거	
발생할 문제점 및 미래 예상	

찬성	
의견의 두괄식	
예시/근거	
발생할 문제점 및 미래 예상	

반대	
의견의 두괄식	
예시/근거	
발생할 문제점 및 미래 예상	

CHAPTER 2

신한은행 RS직 마케팅 면접

영상트레이닝

신한은행 RS직 마케팅 면접, 어떻게 준비할까?

———

신한은행 RS직의 면접 컨설팅을 진행할 때마다, 'RS직은 고객과의 최접점에 있는 직무'라고 설명한다. 그렇기에, '똑똑한 인재가 모여 똑똑한 집단을' 만들기 원하는 신한은행 맞춤형 면접인 '토론 면접'과 더불어, RS직에게 필요한 '고객 응대 자세'와 '문제 해결력'을 보는 '상황 면접'을 동시에 진행했었다.

하지만, 2019 하반기부터 상황 면접은 사라지고, 상황에 맞춰 물건을 판매하는 마케팅 면접으로 면접 유형이 변경되었다. 이는 즉, RS직에게 가장 중요한 고객 응대, 문제 해결력과 더불어 세일즈 역량까지 보려는 면접으로 볼 수 있다.

이러한 마케팅 면접이 어떻게 진행되는지 먼저 살펴보자.

> ⭘ *진행 시간 : 2분 준비 → 2분 마케팅(세일즈)*
> ⭘ *면접관이 고객(구매자), 지원자는 쪽지를 하나 선택하여 주어진 상황과 상품을 확인*
> ⭘ *설정 된 상황에 맞춰 면접관에게 상품을 판매한다.*
> ⭘ *면접관 2인 중 1인은 타이머로 시간 체크, 1인은 고객 역할을 진행한다.*
> ⭘ *고객과 호흡을 맞춰 실제처럼 세일즈를 진행하면 된다.*

이처럼 고객과 소통하며 판매해야 하는 면접이라, 무언가를 판매한 경험이 없는 지원자들의 걱정이 많다. 게다가 신한은행에서 시행하는 면접이니 '잘 판매해야 한다.'라고 생각하는 지원자도 분명 있을 수 있다. 그렇지만, 잘 판매하지 못해도 고객 응대 자세를 갖췄다면 충분히 합격할 수 있다. 어떻게 하면 합격할 수 있을지 차근히 살펴보자.

마케팅 면접, 어떻게 답변할 지 정리해보기!

아래 상황에 맞춰, 나라면 어떻게 답변할 지 정리해봅시다.

- 준비물 : 핸드폰, 타이머
- 방법 : 2분 준비, 2분 발표
  - 아래 내용을 보고 2분 동안 마케팅(세일즈)을 준비합니다.
  - 2분간 준비한 내용을 발표합니다.

상품 : 정장
상황 : 취업 준비생에게 정장 판매하기
주의사항
  - 면접관이 고객입니다. 상황을 설명하고 '안녕하세요.'부터 시작하세요.
  - 추가 상황 설정은 자유입니다. 자유롭게 상황을 설정해서 진행해주세요.
  - 2분 준비 후 2분간 면접을 진행합니다.

확인 체크 LIST ☑

1. 판매 대상이 무엇을 필요로 하는지 알고 있다. ☐
2. 판매 대상이 필요로 할 상품의 특성을 이해했다. ☐
3. 고객이 어떤 대답을 해도 받아칠 수 있는 '상품의 특징'을 준비했다. ☐
4. 실제 고객을 응대하는 것처럼 면접에 임했다. ☐
5. 촬영된 내 모습이 실제 '행원'같았다. ☐

4개 이상	마케팅 면접을 올바르게 이해하고, 실제 행원처럼 면접에 임하였습니다.
2~3개	고객 응대 자세가 어렵거나, 고객 혹은 상품에 대한 이해가 어려운 상황입니다.
1~2개	마케팅 면접에서 알고자 하는 바를 제대로 이해하지 못하는 상황입니다.

위의 트레이닝에서 가장 중요한 건, '동영상 촬영하기'이다. 컨설팅을 진행할 때마다, 대부분 '동영상으로 내 모습을 촬영해보아라.'라고 이야기를 하는데 이처럼 고객 응대 모습을 보려는 면접에서는 이 과정이 더더욱 중요하다.

촬영한 지원자 본인의 모습은 어떠했는가? 은행에서 만났던 행원의 모습이 보였는가? 내가 고객이라고 생각했을 때, 기분이 상할만한 멘트가 포함되어 있었는가? 아니면, 기분 좋아지고 구입하고 싶어졌는가? 여러분이 영상을 보면서 느끼는 기분이 면접관이 느낄 기분이라고 생각하면, 면접 준비가 보다 수월할 것이다.

그렇다면, 2분의 준비시간 동안, 여러분이 어떻게 준비해야 하는지 같이 살펴보도록 하자.

대상(상황)에 대한 파악 → 상품에 대한 파악 → 매칭

마케팅 면접 준비 순서는 크게 '대상과 상품에 대한 파악, 그리고 그 둘의 매칭'으로 볼 수 있다. 고객인 면접관과 소통하며 면접관이 말하는 상황에 맞춰 문제해결력을 보여주며 세일즈를 진행해야 하기 때문에, 해당 내용은 2분 동안 많이 준비할수록 좋다. 이는 여러분의 문제 해결력과 대처력을 보여줄 수 있는 준비단계가 될 것이기 때문에, 임기응변이 어려운 지원자는 많은 상황을 미리 설정해두어야 한다. 아래 예시를 살펴보며 답변을 구성해보자.

차 례	내 용
대상(상황)에 대한 파악	**상황 : 취업 준비생에게 정장 판매하기** • 취업 준비생 : 면접 대비해서 정장을 구입하러 옴 • 면접에서 좋은 인상을 줄 수 있도록, 본인과 잘 맞는 정장을 구매하고 싶음 • 고객이 상품 구매 시 고려할 내용 : 체형(or 이미지), 기업에서 원하는 모습, 의상의 질, 가격
상품에 대한 파악	**상품 : 정장** • 고객이 상품 구매 시 고려할 내용 : 체형(or 이미지), 기업에서 원하는 모습, 의상의 질, 가격 → 해당 요소에 맞춰 다양한 상황 미리 준비해두기 • 체형(or 이미지) : 키가 크지만 굉장히 마른 타입, 어두운 차콜 그레이로 정장같아 보이지만 마른 체형을 숨길 수 있는 정장 or 살이 찐 상태라 날씬해 보이는 의상이 필요, 라인이 들어간 블랙 색상의 정장 • 의상의 질 : 잘 구겨지지 않는 소재로 따로 드라이클리닝을 맡기지 않아도 새옷처럼 보일 수 있음. 지원자로서 단정한 이미지를 줄 수 있음. 바지 스판이 좋아서 추후 체중이 증가해도 따로 구입하지 않고 입을 수 있음. 통풍이 잘 되는 소재라 땀 많은 고객도 부담 없이 입을 수 있음. • 가격 : 신상품 세일 기간으로 타 브랜드보다 저렴하게 구입할 수 있음. 좋은 소재 덕에 추후 드라이클리닝 가격도 아낄 수 있음. 현재 추가 바지 구매 시 50% 할인 혜택

매 칭	• 고객 니즈와 상황/상품 특성 연결하기
	  - 마른 체형이셔서 이를 커버하고 싶지만, 블랙이나 네이비는 더 말라보이게 해서 걱정이시죠?
	    → 다른 브랜드에선 나오지 않는 어두운 차콜 그레이
	  - 면접 한번 다녀오면 잘 입지도 않는 정장, 매번 드라이클리닝 맡기기 부담이시죠?
	    → 잘 구겨지지 않는 소재로 만들어져, 따로 클리닝을 맡기지 않아도 정장 구김 없이 입을 수 있음

- 아무래도 취업 준비생이시니, 가격 부담이 되지 않을 수 없는 것 같아요.
→ 현재 신상품 세일 기간으로 타 브랜드보다 저렴하고, 바지만 추가로 구매 시 50% 할인 혜택이 있습니다.

나는 주로 어떤 상황에서 상품 구입을 결정하는지 생각해보자. 대부분 지원자는 '이 상품이 정말 나에게 필요하다고 생각될 때' 구입을 결정할 것이다. 같은 가격이라면 '나에게 꼭 필요한' 상품이라고 생각할 때, 사람들은 상품을 구입하게 될 것이다. 여러분이 2분간 해야 하는 작업은 바로 이러한 작업이다. '어떻게 하면 고객이 이 상품을 꼭 필요하다고 생각할지'를 구상하는 시간이다.

그러기 위해서는 고객을 알고 상품을 알아야 한다. 고객이 어떤 상품을 필요로 할지, 저 상황이라면 고객이 어떤 요소를 가장 고려할지 등을 파악해야, 이에 맞춰 상품 특성을 구성할 수 있다.

위의 예시를 살펴보자. 취업 준비생에게는 어떤 정장이 필요할까? 내 체형과 이미지의 단점을 극복할 수 있는 스타일의 정장이 필요할 것이고, 이왕이면 좋은 질의 정장을 원할 것이다. 또한, 아무래도 취업 준비생은 가격의 부담에서 크게 벗어날 수 없을 것이다. 다행히 해당 면접에서 '추가적 상황 설정은 자유'이기 때문에, 고객이 원하는 요소가 명확해졌다면, 상품 특성은 이에 맞춰 얼마든지 추가할 수 있는 것이다.

그렇다면, 아래 프레임을 익힌 후, 아래 연습 상황에 맞춰 세일즈를 구상해보자.

차 례	내 용	
	대 상	
	대상의 특징	
	1.	
	2.	
대상(상황)에 대한 파악	3.	
	고객이 상품 구매 시 고려할 내용	
	1.	
	2.	
	3.	

상품		
....		
고객이 상품 구매 시 고려할 내용		
....		
고려 내용	상품 특징	
....	....	
....	....	
....	....	

상품에 대한 파악

고객 니즈와 상황/상품 연결하기		
고객 우려	➡	상품 특성
....	➡	....
....	➡	....
....	➡	....

매 칭

연습 상황 제시	
커 튼	새 아파트에 입주하는 고객에게 커튼 판매하기
안 경	고3을 앞둔 학생에게 안경 판매하기
수영복	동남아 여행을 앞둔 사람에게 수영복 판매하기
풍 선	키즈카페 사장님에게 풍선 판매하기
물티슈	자취생에게 물티슈 판매하기

신한은행 RS직 마케팅 면접, 실전에서는 F.E.N!

위에서는 여러분의 '마케팅 총알'을 준비했다. 해당 면접은 KEB 하나은행처럼 혼자 판매하는 면접이 아니라, 고객 역할을 해주시는 면접관과 소통하며 진행하는 면접이기 때문에, 위에서 준비한 '총알'을 활용하여 면접관 응대에 맞춰 답변할 수 있어야 한다.

그렇다면, 이렇게 준비한 마케팅(세일즈)를 어떻게 시작하고 어떻게 끝내면 좋을지, 여러분의 세일즈 역량과 고객 응대 역량을 극대화할 수 있을지 등을 F.E.N 방식을 통해 소개하고자 한다.

F	Friendly (친근하게)	= Opening 인사+아이스 브레이킹+니즈 파악+니즈 요약
E	Explain (설명하다)	= Believe 상품 권유+상품 설명
N	Now (지금)	= Move 정리+기회 설명(촉진제)+마무리 인사

KEB 하나은행 세일즈 면접에서도 동일하게 적용될 세일즈 방식이지만, 여기에서는 이 공식을 조금 다르게 이해해야 한다. 재차 말하지만, 쇼호스트처럼 혼자 판매하는 세일즈가 아닌, 소통하는 세일즈이기 때문에, 여러분은 F 단계에서 고객과의 대화를 통해 고객의 상황에 공감하는 자세를, E 단계에서 고객의 상황에 맞는 상품에 대한 이해를, N 단계에서는 세일즈 역량을 보여줄 수 있어야 한다.

그렇다면, 위에서 살펴보았던

상품 : 정장

상황 : 취업 준비생에게 정장 판매하기

주의사항

- 면접관이 고객입니다. 상황을 설명하고 '안녕하세요.'부터 시작하세요.
- 추가 상황 설정은 자유입니다. 자유롭게 상황을 설정해서 진행해주세요.
- 2분 준비 후 2분간 면접을 진행합니다.

해당 기출을 활용하여, F.E.N에 대해 공부해보자.

차 례	내 용
	인사+아이스 브레이킹+니즈 파악+니즈 요약
F	**인사** • 안녕하세요, 고객님! 정장 브랜드 신한입니다. 오시는 길 힘들진 않으셨나요? • 어디에 입으실 의상 찾으시나요? **아이스 브레이킹** • 면접용 정장 찾으시나요? • 취업 준비 많이 힘드시죠? • 워낙 목소리부터 좋으셔서, 분명 빠른 시간 내 좋은 결과 있으실 겁니다. **니즈 파악** • 평소에 입으시던 정장이나, 선호하시는 색상 알 수 있을까요? • 주로 옷 고르실 때 어떤 점을 보고 고르시나요? **니즈 요약** • 네, 그럼 마른 체형을 커버하실 수 있는 색상과 잘 구겨지지 않는 소재의 정장을 우선적으로 찾아드리겠습니다.

E	**상품 권유+상품 설명** **→ 상품 특성 설명 시 아래 순서대로 세일즈 진행** **니즈 요약+상품 권유** • 고객님이 마른 체형이셔서 체력적으로 약해보일까봐 걱정이 많다고 하셔서 '차콜 그레이'색상으로 준비해보았습니다. **상품 설명** • 아무래도 검정색 정장을 입으시면, 단정하지만 더 말라보이잖아요? 하지만, 해당 색상은 굉장히 어두운 색상이라 면접에서도 깔끔하게 입을 수 있고, 옅게 회색이 섞여 체격이 더 커보이도록 만들어줍니다.
N	**정리+기회 설명(촉진제)+마무리 인사** **정리** • 네, 색상, 가격, 재질 이렇게 모두 고객님께 맞는 상품이, 지금 신상품 할인 기간이라 타 브랜드보다 10만원 저렴하게 판매되고 있습니다. **기회설명/촉진제** • 또, 이번 달까지 정장 바지나 넥타이를 추가로 구매하실 시, 50% 추가 할인도 진행되고 있어, 지금 구매하시면 나중에 입사하셔서까지 정장 추가로 구매 안 하셔도 될 거예요. **마무리 인사** • 고객의 구매 여부에 따라 마무리 인사 달리 진행할 것

이처럼 각 단계에 맞춰 미리 멘트를 준비해둔다면, 면접관인 고객이 어떤 답변을 하더라도, 지원자가 생각한 흐름대로 세일즈를 진행할 수 있다.

여기서 유념할 부분은, 절대 지원자가 생각한 방향대로 억지로 끌고 가려고 생각하지 말고, 기본적인 멘트와 상품 특성만 준비해두고, 면접관(고객)의 선택에 따라 유동적으로 세일즈를 끌고 나갔으면 한다.

실제로 2019 하반기, 신한은행 RS직무에 합격한 선배는

"당시 다른 지원자분들은 본인이 설정한 상황 속 준비한 멘트를 설명하시느라 바빠 보였습니다. 하지만, 저는 틈틈이 고객님의 선택을 어떠신지 여쭤보았던 점이 합격에 도움이 되었던 것 같습니다."

라고 이야기 해주었다. 여러분이 입행하고 난 뒤에도, 고객은 여러분의 바람대로 대답해주지 않는다. 상품의 특성과 특·장점, 고객의 특성과 특·장점을 기본적인 선에서 준비해두고, 고객의 대답에 맞게 유동적으로 상담을 이끌어나가야 한다.

이러한 점에서 해당 면접은 실제 창구에 앉아있을 여러분을 보는 면접이라고 볼수 있다. 상품과 고객에 대한 이해, 간단한 멘트 등만 준비하여 고객의 대답에 맞춰 상담을 끌고 나가는 여러분이 되기를 바란다.

또한, 면접관은 중간에 질문을 던지기도 한다. 공격적이거나 날카로운 질문의 수는 적지만, '구입하면 혜택이 있는지', '할인이 가능한지', '혜택이 적은 건 아닌지'등의 질문이 나온다. 이러한 질문에서는 '고객의 우려가 있을 수 있지만, 우리상품은 그 우려를 뛰어 넘어 고객님께 그 이상의 좋은 영향을 줄 수 있다.'라는점을 어필하는 답변으로 구성하길 바란다.

앞서 분석했던 예상 문제를 활용하여, F.E.N을 구성해보자.

상품 1. 커튼	새 아파트에 입주하는 고객에게 커튼 판매하기
F	인사+아이스 브레이킹+니즈 파악+니즈 요약
E	상품 권유+상품 설명 → 상품 특성 설명 시 아래 순서대로 세일즈 진행
N	정리+기회 설명(촉진제)+마무리 인사

상품 2. 안경	고3을 앞둔 학생에게 안경 판매하기
F	인사+아이스 브레이킹+니즈 파악+니즈 요약
E	상품 권유+상품 설명 → 상품 특성 설명 시 아래 순서대로 세일즈 진행
N	정리+기회 설명(촉진제)+마무리 인사

상품 3. 수영복	동남아 여행을 앞둔 사람에게 수영복
F	인사+아이스 브레이킹+니즈 파악+니즈 요약
E	상품 권유+상품 설명 → 상품 특성 설명시 아래 순서대로 세일즈 진행
N	정리+기회 설명(촉진제)+마무리 인사

상품 4. 풍선	키즈카페 사장님에게 풍선 판매하기
F	인사+아이스 브레이킹+니즈 파악+니즈 요약
E	상품 권유+상품 설명 → 상품 특성 설명 시 아래 순서대로 세일즈 진행
N	정리+기회 설명(촉진제)+마무리 인사

상품 5 : 물티슈	자취생에게 물티슈 판매하기
F	인사+아이스 브레이킹+니즈 파악+니즈 요약
E	상품 권유+상품 설명 → 상품 특성 설명 시 아래 순서대로 세일즈 진행
N	정리+기회 설명(촉진제)+마무리 인사

이렇게 면접의 기본 구성 방법을 살펴보았다면, 이제 직접 마케팅을 시작해보자.

신한은행 RS직 마케팅 면접, 실전 마케팅 면접 트레이닝!

실전 마케팅 면접 트레이닝 방법

아래 상황에 맞춰, 나라면 어떻게 답변할 지 정리해봅시다.

- 준비물 : 고객 역할의 상대방, 타이머, 핸드폰
- 진행 방법
  - 질문에 따라 2분간 내용을 구성하고, 2분간 세일즈를 진행한다.
  - 웬만하면 스터디에서 진행하거나 고객 역할을 해줄 사람을 구하는 것이 좋다. 2분간 상대방의 질문도 받으며 실전처럼 세일즈를 진행한다.
  - 해당 모습을 촬영하여, 내 모습을 피드백 하는 것이 좋다.

트레이닝 1

> **상품 : 전자레인지**
> **상황 : 전자매장에서 신혼부부에게 전자레인지 판매하기**
>
> 주의사항
> - 면접관이 고객입니다. 상황을 설명하고 '안녕하세요.'부터 시작하세요.
> - 추가 상황 설정은 자유입니다. 자유롭게 상황을 설정해서 진행해주세요.
> - 2분 준비 후 2분간 면접을 진행합니다.

트레이닝 2

> **상품 : 꽃다발**
> **상황 : 아버지 정년 퇴임 파티를 준비하는 자녀에게 꽃다발 판매하기**
>
> 주의사항
> - 면접관이 고객입니다. 상황을 설명하고 '안녕하세요.'부터 시작하세요.
> - 추가 상황 설정은 자유입니다. 자유롭게 상황을 설정해서 진행해주세요.
> - 2분 준비 후 2분간 면접을 진행합니다.

트레이닝 3

상품 : 주택청약

상황 : 금융 상품을 처음 가입해보는 고등학생에게 주택 청약 판매하기

주의사항
- 면접관이 고객입니다. 상황을 설명하고 '안녕하세요.'부터 시작하세요.
- 추가 상황 설정은 자유입니다. 자유롭게 상황을 설정해서 진행해주세요.
- 2분 준비 후 2분간 면접을 진행합니다.

트레이닝 4

상품 : 공유 사무실 임대

상황 : 소자본 창업을 준비하는 예비 사장님께 공유 사무실 임대 마케팅
하기

주의사항
- 면접관이 고객입니다. 상황을 설명하고 '안녕하세요.'부터 시작하세요.
- 추가 상황 설정은 자유입니다. 자유롭게 상황을 설정해서 진행해주세요.
- 2분 준비 후 2분간 면접을 진행합니다.

트레이닝 5

상품 : 만년필

상황 : 첫 취업한 사회 초년생에게 만년필 판매하기

주의사항
- 면접관이 고객입니다. 상황을 설명하고 '안녕하세요.'부터 시작하세요.
- 추가 상황 설정은 자유입니다. 자유롭게 상황을 설정해서 진행해주세요.
- 2분 준비 후 2분간 면접을 진행합니다.

MEMO

PART 5

KEB 하나은행 실전 면접

"소위 말하는 '인싸' 채용 예정입니다."

2018년 하반기 KEB 하나은행 채용을 앞두고 '영업형 인재'를 채용하겠다는 KEB 하나은행의 인사팀 발언이 화제가 되었다. KEB 하나은행 면접을 앞둔 대다수 지원자는 이런 '인싸'가 되고자 '활발한 목소리', '활발한 행동'을 체득하고자 노력하였다. 하지만 막상 합격자는 '다른 은행도 마찬가지로 원하는 영업형 인재'였다. '활발'보다는 '적극'이라는 단어가 더 잘 어울리는 지원자였고, 대화 속에서 문제점과 상황을 정확히 파악할 줄 아는 '논리적'인 지원자였다. BEI 면접과 PT 면접, 협상 면접과 세일즈 면접까지 정신없이 진행되는 KEB 하나은행 면접의 전반적 특징은 '논리적으로 잘 판매할 수 있는 사람'을 찾는 면접이라는 점이다.

개인의 역량을 파악할 수 있는 모든 면접을 집어넣은 KEB 하나은행 면접, 이 안에서 단체 면접인 협상 면접은 어떻게 진행해야 하고, 영업 역량을 판매하는 세일즈 면접은 어떤 창의적이고 논리적인 시각으로 접근해야 할까? 또 개인의 논리성을 드러낼 수 있는 PT 면접은 어떤 흐름으로 풀어나가야 할까?

지금부터는 여러분이 갖고 있는 'KEB 하나은행 면접'에 대한 편견을 타파하고 KEB 하나은행이 원하는 인재상에 맞춰 면접을 준비할 수 있도록 할 것이다.

CHAPTER

KEB 하나은행 협상 면접

영상트레이닝

KEB 하나은행 협상 면접, 어떤 면접일까?

아마 KEB 하나은행의 협상 면접보다 IBK 기업은행의 협상 면접이 은준생에게는 더욱 익숙할 것으로 생각된다. 그렇기 때문에 면접 후기를 찾기란 더더욱 쉽지 않고 컨설팅을 진행한 학생들에게도 '기업은행 면접이랑 비슷했어요.'라고 들을 수 있는 정도였다. 이렇듯 다소 어색할 수 있는 'KEB 하나은행'의 면접은 어떻게 진행 되는지부터 차근히 살펴보자.

◎ 협상 진행 시간 : 90분(초반 5분 내용 검토, 10분 팀 회의, 이후 자율 진행)
◎ 협상 인원 : 7:7로 팀별 진행
◎ 진행 방법
· 세 장 가량의 협상 관련 정보 제공
· 네 가지 조건 동일, 양 측 하나씩 다른 조건 제공
· 마지막에 총 여섯 가지 조건에 대해 협상안 제출 필수
· 협상안 미제출 시 점수 차감

IBK 기업은행 면접과 다르게 시간은 다소 길게 진행되며 양측 조건이 동일한 기업은행과 다르게 양 측의 조건이 다르고 서로 알 수 없어 소속 팀의 점수와 진행 상황에 대해 파악하기가 어렵다. 또한, 세 장 이상의 자세한 조건이 제시되기 때문에 조건을 꼼꼼히 파악하여 유리한 조건을 유도할 수 있어야 한다. 이 과정에서 종종 서로 싸우거나, 조건을 파악하기 어려워 말을 하지 않는 지원자가 나오기도 하지만 이런 경우 감점이 될 가능성이 높다.

KEB 하나은행의 협상 면접에서는 조건을 파악하여 상대의 허점을 논리적으로 파악하고, 자신이 원하는 협상 조건을 갖고 올 수 있어야 한다. 가장 먼저, 여러분은 어느 정도의 협상 면접이 준비되어 있는지 확인해보자.

KEB 하나은행 협상 면접, 본격 대비하기!

아이돌 그룹과 소속사가 계약을 앞두고 협상 테이블에 앉았다. 여러분은 아이돌 그룹의 입장이 되어 아래의 표를 작성하도록 한다. 녹음은 따로 필요하지 않으나 어떤 부분을 강조할지에 대해서는 정리하기를 권한다.

A 아이돌 그룹

여러분은 3회 연속 대상을 수상한 유명한 아이돌 그룹입니다.
기존 소속사와 작은 루머 한번 없이, 계약을 성공적으로 마무리하였습니다.
하지만 현재 3회 연속 대상의 기세를 몰아 더 넓은 세계로 나가기 위해 다른 소속사를 찾는 중입니다.

현재 기네스북에 실릴 정도로 최대 팬덤을 보유하고 있으며 여러분을 탄생시켰던 이전 소속사의 경우 활동 3개월 만에 투자금을 전부 회수할 정도였습니다.

이번에 새로 계약하는 B 소속사가 아래와 같이 발언을 한다면 여러분은 어떻게 답변할지 차근히 작성해봅시다.

B 소속사 : 3회 연속 K 방송국 대상 수상을 축하드립니다. 저희는 이번 M 방송국에서 4년 연속 대상을 수상한 OO 아이돌 그룹의 소속사 B입니다. 또한, 전 방송국 대상 출신의 D 아이돌 그룹도 저희 소속사 출신이죠. 이렇게 꾸준히 대상 그룹을 키워내는 저희 소속사와 계약을 하게 되신다면, A 아이돌의 더 큰 성장을 약속드릴 수 있습니다. 저희 소속 아이돌 그룹의 평균 계약금보다 5억 더 높은 20억에 계약을 진행하고자 하는데, 괜찮으실까요?

A 아이돌 그룹(A 아이돌 그룹은 20억 계약 시, 최저점을 받게 됩니다)

B 소속사 : 네, 아마 A 아이돌 그룹에서 더 높은 계약금을 바라시는 이유는, 수익 분배에 대한 우려 때문이라고 생각합니다. 저희는 소속사 6 : 소속 아이돌 4를 가져가는 다른 소속사와 달리, 소속사 4 : 소속 아이돌 6의 수익 배분 구조를 유지하고 있습니다. A 아이돌 그룹의 활동 수를 고려했을 때, 6 : 4의 수익 분배 구조를 유지한다면 장기적으로 더 많은 수익을 얻어 가실 수 있습니다. 계약금을 높이고 수익 배분을 낮추기보다는, 현재 5억 더 드리는 계약금 갖고 가시고, 높은 수익 배분도 동시에 갖고 가시는 게 더 나으실 텐데, 어떻게 생각하시나요?

A 아이돌 그룹(수익 배분 조건은 협상 조건에 없다)

확인 체크 LIST ☑

1. 주어진 조건을 최대한 활용하여 협상에 응했다.　□
2. 상대방이 궁극적으로 원하는 바를 파악할 수 있었다.　□
3. 우리 팀에서 내세우고 있는 강점이 무엇인지 파악하였다.　□
4. 상대방 의견마다 어떻게 대처해야 하는지 알 수 있었다.　□
5. 상대 의견에 어느 정도 공감하며 부드럽게 협상을 유도했다.　□

4개 이상 협상 면접의 상황을 이해하고 적절히 대응 가능한 상황입니다.

2~3개 상황은 이해하였으나, 즉각 대응이 어려운 상황입니다.

1~2개 상황 이해와 즉각 대응이 어려워, 협상이 어려운 상황입니다.

비교적 이해하기 쉬운 주제로 협상 면접 테스트를 진행해보았다. 소속사가 내세우는 의견에 반박할 수 있었는가? 여러분의 조건과 위치를 잘 활용할 수 있었는가? 해당 테스트는 상세 조건이 제시되지 않은 채, 여러분의 상황과 상대방 의견만 포함된 테스트였다. 실제 KEB 하나은행 협상 면접에서는 세 장 분량의 협상 조건과 상황이 제시된다. 여러분이 정말 협상 담당자가 되어 협상 테이블에 앉는다고 생각하면 되는 것이다. 지금부터는 약 세 장 가량의 정보를 제공할 예정이다.

'기능성 차음료 브랜드'와 'H&B 매장' 간 입점 협상을 진행할 예정이다. 여러분은 먼저 기능성 차음료 브랜드의 협상팀이 되어 입점 협상에 참여할 것이다. H&B 매장의 조건은 'KEB 하나은행 협상 면접 어떻게 참여해야 할까?'를 먼저 확인한 후 뒤에 나올 예정이니 미리 보지 말고 다음 내용에 임해주기를 바란다.

KEB 하나은행 협상 면접, 어떻게 참여해야 할까?

이번 장에서는 협상 면접에 어떻게 임해야 하고 어떻게 말해야 하는지, 회의 시간에는 어떤 내용을 논의해야 하는지 등에 대해 알아볼 것이다. 가장 먼저 앞서 언급했듯이 'A 기능성 차음료 브랜드'의 협상팀이 되어 5분간 아래 조건을 분석해보기를 바란다.

※ 해당 예상 문제는 실제와 다를 수 있습니다.

▌A 기능성 차음료 브랜드

현 황

A 기능성 차음료 브랜드는 최근 차 업계 최초로 '기능성 차음료 S'의 분말화를 성공해냈다. 차음료 S는 최근 할리우드 스타들이 즐겨 마심은 물론, 대통령도 즐겨 마시는 등 세계가 주목하고 있는 차 브랜드다. 차음료 S는 유익군과 효모를 넣고 발효시킨 음료로, 전 세계적으로 가장 핫한 건강 발효음료로 음용되고 있으나, 액체 형태 병에 담겨 유통되고 있다. A 기능성 차음료 브랜드 대표는 최근 이러한 흐름을 읽고 차음료 S의 제형을 변형하여 국내에 유통하였다. 기나긴 R&D 끝에 차음료 S의 효능을 모두 담은 스틱형 분말 제작을 완성하였고 출시 소식과 동시에 다양한 유통 업체에서 계약을 희망하고 있다.

기능성 차음료 S의 특징

- 기존 액상 타입과 달리 세계에서 처음으로 분말 스틱형으로 개발 된 제품
- 언제 어디에서나 생수에 편하게 타 먹을 수 있음
- 설탕을 사용하지 않아 저열량으로 출시되어, 식이를 관리하는 사람들의 선호도가 높음
- 유기농 분말은 물론 과즙 분말을 사용하여 15종의 맛 보유
- 다양한 유산균과 식이 섬유가 포함되어 있음
- 다이어트에 좋은 건강 음료로 해외에서 유명함
- 주 소비층은 2030 직장인 혹은 여성

A 기능성 차음료 브랜드의 특징

- 기능성 차음료 S로 처음 차 시장에 발을 들여놓은 스타트업 기업
- 해외 유명 음료를 분말 제형으로 구매할 수 있어 출시 전부터 고객의 수요가 높은 상황
- 이미 10개국 수출 계약 완료
- 대한민국 강소기업 대상 수상으로 점차 규모를 확장하고 있음
- 현재 국내에서는 세 개의 대기업과 직접 계약하여 사무실 차 공급을 위해 정기 납품 하고 있음
- 하루 한 봉 견과류 시장도 최근 시작하였음

협상 대상인 ㄱ H&B 매장의 특징

- 국내 영업점 최다 보유의 H&B 매장으로, 2030 방문율 가장 높음
- 가정의 달, 건강식품 기획전 등 식품 관련 프로모션 다수 진행
- 최근 다이어트 보조 식료품 라인 강화 예정
- 매출 대다수는 코스메틱 라인에서 나오는 상황
- 국내 H&B 식료품 라인이 약한 상황, 해당 브랜드가 식료품 라인 규모가 가장 큼

조건 1 : 계약 기간

현재 기능성 차음료 S가 시장 진입 단계이기 때문에 홍보를 제외하고도 고객 노출 기간이 길수록 좋다. 특히 ㄱ H&B 브랜드는 주 타겟층인 고객의 방문율이 높아, 오래 진열할수록 고객 인지도와 매출이 크게 향상될 것으로 예상한다. 그리고 혹여 고객의 선호도나 수요가 저하되더라도 국내 거대 유통망을 확보하고 있어야 어느 정도 매출이 보장될 것으로 예상된다. 현재 H&B 브랜드 입점 물량은 3개월 간 진열될 수 있을 만큼 양이 확보되어 있기 때문에 재고 보관 문제상 3개월 이상은 무조건 확보해야 한다.

계약 기간	점수	비고
1개월	0점	
3개월	30점	
6개월	50점	
9개월	70점	
1년	100점	

조건 2 : 희망 판매 가격(비 프로모션 기간)

H&B 브랜드에는 12포가 들어간 상자 단위로 판매 될 예정이며 자체 온라인몰 판매가는 상자 당 7,000원이다. 현재 기업에 납품 중인 가격은 상자 당 6,000원에 판매되고 있다. ㄱ H&B 브랜드가 수시로 프로모션을 진행하며 상품을 40% 이상 저렴하게 구매해간다는 점을 감안했을 때 비 프로모션 기간에 평균 가격을 7,500원은 유지해야 그에 상응하는 구매 가격을 제시하여 평균 매출을 유지할 수 있다.

판매 가격	점 수	비 고
5,500원	0점	
6,000원	20점	
7,000원	50점	
7,500원	80점	
8,000원	100점	

조건 3 : 전용 진열대 입점 매장 수

각 매장 기능성 차음료 S의 전용 진열대 입점 매장 수 역시 중요하다. 이미 H&B 매장 전용 진열대를 제작해두었기에 ㄱ H&B 브랜드의 1,000개 매장 중에 몇 곳의 매장에 전용 진열대를 배치해줄 수 있는지를 계약상 명시하여야 한다. 계약 후 ㄱ H&B 브랜드는 반드시 계약한 만큼 전국 매장에 전용 진열대를 2주간 식료품 코너 메인에 진열해야 한다. 진열 매장 수는 많을수록 좋다.

전용 진열대 입점 매장 수	점 수	비 고
200개	10점	
300개	20점	
400개	50점	
600개	70점	
800개	100점	

조건 4 : 계약 기간 내 프로모션 진행 횟수

ㄱ H&B 브랜드는 프로모션 기간 동안 판매량이 많으니, 입점 상품의 가격을 40% 이상 낮추기를 희망한다. 이러한 이유로 프로모션 기간에 판매량은 많아지지만 매출이 낮아져 비프로모션 기간에 평균 매출을 맞추고자 노력해야 한다. 하지만 어느 정도 기능성 차음료 S에 대한 인지도가 있는 상황이라 프로모션 횟수를 2회에서 3회 정도 진행하기를 희망하고 있다.

프로모션 진행 횟수	점 수	비 고
1회	50점	
2회	100점	
3회	70점	
4회	20점	
5회	10점	

우리 팀 만의 고유 조건 : 견과류 상품 동반 입점

최근 기능성 차음료와 함께 마실 수 있도록 견과류 상품을 동시에 개발했다. 하지만 견과류 상품 시장은 이미 레드오션이라 판매가 저조한 상황이다. 기능성 차음료와 함께 마실 수 있도록 입점한다면 견과류 판매량 상승 및 시장 테스트를 동시에 진행해볼 수 있을 것이다. 웬만하면 견과류 상품을 동시에 입점시킬 수 있도록 한다.

견과류 입점	점 수	비 고
성 공	70점	
실 패	30점	

1 회의 시간에 해야 할 일

분석 시간 이후 여러분에게 주어지는 회의 시간에서는 '양보할 수 있는 제한선', 'PLAN B', '제시할 조건 및 멘트', '파트 분배' 등을 정해야 한다. 이러한 내용을 짚고 넘어가지 않는다면 서로 무리한 조건을 제시하여 '협상'이 아닌 '싸움'으로 번질 수 있으며 상대측에서 예상하지 못한 조건을 제시했을 때 어영부영 협상에서 밀릴 수 있기 때문이다. 또한 파트가 분배되어 있지 않다면 서로 말하려고 하는 탓에 발언 기회를 뺏기거나 과도하게 갖고 오게 되는 문제가 발생하게 된다.

그럼, A 기능성 차음료 브랜드의 주어진 조건을 활용하여, 아래 빈 칸을 채워보자.

양보할 수 있는 조건과 제한선	양보 못하는 조건과 제한선

양보할 수 있는 조건과 그렇지 않은 조건을 모두 파악해 보았는가? 양보할 수 있는 조건과 제한선은 무슨 기준으로 설정하였는가? 조건이 모두 유기적으로 연결되어 있기 때문에 양보할 수 있다, 없다를 나누기란 쉽지 않다. 회의시간에 이렇듯 양보 가능 여부에 초점을 맞춰서 제한선을 결정하기 보다는 '연결되는 조건을 파악하고 상호 양보선', 즉 PLAN B를 결정하는 것이 좋다. 예를 들어,

'조건 2 : 희망 판매 가격(비 프로모션 기간)'와 '조건 4 : 계약 기간 내 프로모션 진행 횟수'를 연결해서 제한선을 결정할 수 있다. 평소 희망 판매 가격을 7,500원으로 설정하고, 프로모션 진행 횟수를 2회로 고정한다면 총 180점을 가져갈 수 있지만 분명 상대 측에서도 높은 가격과 적은 프로모션 진행을 원하지 않을 것이다. 그렇다면 협상이 결렬되거나 양 조건 모두 허용 가능 범위를 벗어나 점수가 낮아지는 것보다 판매 가격을 최대 6,000원까지 양보하는 대신 프로모션 횟수를 2회로 가져간다면 120점은 확보할 수 있는 것이다.

'조건 1 : 계약 기간'과 '우리 팀만의 고유 조건 : 견과류 상품 동반 입점'도 마찬가지로 볼 수 있다. 계약 기간을 3개월만 고수하여도 여기서 깎인 점수는 견과류 상품 동반 입점 성공에서 충분히 채울 수 있는 부분이다. KEB 하나은행의 협상 면접에서 협상 결렬은 낮은 점수를 받으니 반드시 일부 양보하더라도 협상을 성공해야 한다.

그럼 이번에는 짝을 지을 수 있는 조건과 어느 선까지 양보가 가능한지 기재해보자.

조건 연결 및 제한선 기재(PLAN B)

여러분이 상대 팀에 제안할 조건은 모두 정리하였는가? 각 조건의 제안할 정도와 제한선을 결정하였다면 이제는 어떤 강점을 내세우며 해당 협상 조건을 이뤄낼 것인가?

각 셀링 포인트(Selling Point)를 차근히 정리해보자.

예 조건 1 : 계약 기간
제안 조건 : 9개월 / 제한선 : 3개월

처음 제안 시
- 이미 상품성 확보(할리우드 스타, 대통령 마심/해외에서 입증)
- 10개국과 이미 계약 완료
- 다이어트 보조 식품으로 각광받고 있음

H&B가 우려하는 바 : 매출 급감, 하지만 이미 시장 가능성 확인, 차라리 오래 확보하여 서로 WIN-WIN의 관계가 될 것을 강조

조건 :

제안 조건 :   / 제한선 :

조건 :

제안 조건 :   / 제한선 :

2 협상 진행 멘트

이렇게 조건과 판매 포인트를 확보하고 팀원과 파트를 나눈 뒤에는 실전 협상으로 들어간다. 상대팀이 어떤 조건을 갖고 있는지 각 항목별 점수는 어떻게 분배되어 있는지를 전혀 파악할 수 없기 때문에 상대와의 대화 속에서 조건과 항목의 차이를 알아내야 한다. KEB 하나은행 협상 면접은 신한은행의 토론 면접과 다르기 때문에 적당한 쿠션 언어와 정리 멘트로 실제 협상팀처럼 협상 면접에 임해야 한다.

지금부터는 협상 과정에서 여러분이 챙겨야 할 세 가지 요소를 알아보고 이에 맞춰 분석해보고자 한다.

근본적 요구 사항 파악하기

대부분 협상과 조건에는 '조건을 바라는 근거, 근본적 요구 사항'이 숨겨져 있다. 단순히 조건에 초점을 맞추기보다 왜 저 조건을 희망할까?라고 생각하며 근본적 요구 사항을 파악한다면 보다 쉽게 협상에 임할 수 있을 것이다.

예를 들어 상대측에서

"저희 브랜드의 경우 다른 매장에 비해 평균 2~3배 정도의 2030 여성 및 직장인 고객이 많이 유입되고 있습니다. 현재 A 브랜드가 시장 초기 진입 단계인 만큼 고객망이 넓은 저희 브랜드에서 판매 가격을 조금 낮추셔서 제품을 널리 알리시는 편이 좋으실 듯 싶습니다."라고 말한다면, 여러분은 어떻게 답변할 것인가?

내 답변 :

여기서 조건은 판매 가격을 낮추는 것이지만, 근본적 요구 사항은 판매가에 맞춰 구매가도 낮게 매입하겠다는 뜻으로 볼 수 있다.

그렇다면 현재 제시되어 있는 조건 중에서 구매 가격과 가장 밀접하게 연결된 조건은 무엇인가? 바로 '프로모션 횟수'이다. 해당 H&B 매장은 프로모션 기간에 상품 구매 가격을 40% 이상 낮춰 받는다는 점을 위에서 볼 수 있다. 상대방이 근본적으로 원하는 바가 구매가도 낮추는 것이라면 이러한 근본적 요구 사항과 연관된 조건을 조정할 수 있을 것이다. 예를 들어, "네, 맞습니다. 말씀하신 대로 저희가 국내 시장은 진입 초기 단계이지만 이미 해외에서 그 인기가 입증된 상황입니다. 오히려 해외 셀럽이 마신다며 유명해진 음료를 국내에서 저렴하게 판매한다면 다른 음료라고 생각하여 구매를 저어할 수도 있습니다. 차라리 판매가는 7,500원에 진행하시고 프로모션 횟수를 1회 늘린 3회로 진행하는 건 어떨까요?" 라고 대답한다면 판매가는 양보하되 프로모션 횟수는 허용 가능 범위 내에서 이동할 수 있다.

물론, 이러한 답변에 대해 프로모션 횟수는 다시 조정해야겠지만 적어도 구매가와 관련된 조건 중 하나는 목표한 방향으로 이끌 수 있는 것이다.

이렇듯 상대측의 근본적인 요구사항을 파악하는 것은 '최소한 하나의 조건이라도 지킬 수 있는' 중요한 방법이다. 무조건 '다음 조건 얘기하시죠.'라고 이야기하기 보다는, 근본적 요구 사항 파악하기에서 연결한 조건을 분석하여 논리적으로 접근하는 것이 중요하다. 이러한 점을 활용하여, 다음 상대측 의견에 대해 여러분의 의견을 기재해보자.

H&B 브랜드 의견 1 : 기능성 차음료 S가 SNS를 통해서 벌써 소비자들에게 뜨거운 인기를 얻고 있더라고요. 정말 축하드립니다! 실제로 얼마 전 SNS에서 유명했던 H 브랜드가 저희와 계약하고 나서 이번에 백화점 입점까지 성공했다고 하더라고요. 저희를 거쳐간 95% 이상 브랜드가 상용화 되고 있는 만큼 차음료 S도 저희와 계약 하셔서 더욱 성장하시길 바라겠습니다. 저희가 기본적으로 SNS에서 이미 유명한 이러한 제품은 기본적으로 두 달 정도의 계약 기간을 갖고 있습니다. 특히 차음료 S는 해외 셀럽이 마시는 음료인 만큼 구하기 어려운 제품을 저희 매장에서만 딱 두 달만 볼 수 있다고 홍보한다면 이후 매장에서 사라진 이 음료를 찾기 위해 A 브랜드 온라인몰로 진입할 가능성이 높다고 생각하는데 어떻게 생각하시나요?

H&B 브랜드가 원하는 조건 :
....

근본적 요구 사항 :
....

내 의견 1 :
....
....
....
....

H&B 브랜드 의견 2 : 네, 현재 계약 기간을 3개월로 유지하는 대신 전용 진열대 입점 매장 수를 늘리자고 말씀하셨는데 아시는 것처럼 저희 매달 입점 브랜드 수가 너무 많기 때문에 오히려 전용 진열대가 눈에 띄지 않을 수도 있습니다. 하지만 국내 오프라인 매장 진입을 저희랑만 진행하신다면 저희 거점 매장 500곳과 오피스 타운 주력 매장 100곳에 추가적으로 전용 진열대를 배치해드릴 수는 있습니다.

H&B 브랜드가 원하는 조건 :

근본적 요구 사항 :

내 의견 2 :

H&B 브랜드 의견 3 : 네, 말씀하신 견과류 상품 동반 입점은 이미 견과류 상품이 저희 브랜드에 너무 많아 어려울 듯싶습니다. 하지만 저희가 기존에 입점해있는 다른 견과류 브랜드와 함께 강한 특별 기획전을 굵게 3회만 진행해서 매출을 올려드리고자 하는데 어떻게 생각하시나요?

H&B 브랜드가 원하는 조건 :

근본적 요구사항 :

내 의견 3 :

해당 협상 면접에서는 상대방의 조건을 알 수 없기 때문에 더더욱 근본적 요구 사항을 파악할 수 있어야 한다.

> ❤ **상대방이 왜 저 조건을 희망하는지,**
> ❤ **저 근본적 요구 사항과 연결하여 협상할 수 있는 조건은 무엇이 있는지를**
> **빠르게 계산해야 효율적으로 협상을 끌어낼 수 있기 때문에,**
> **항상 말의 의도를 파악하려고 노력해야 한다.**

혜택형으로 설명하기

앞서 우리은행의 전략마케팅 면접은 행원이 고객에게 상품을 판매하는 과정이라고 설명했다. 이 면접도 마찬가지다. 행원이 고객의 니즈와 의견을 조율하여 상품을 판매해야 하듯이 협상 면접도 '행원의 자세'로 임해주면 되는 것이다. 그렇기 위해서는 이 협상을 위해 '내가 아닌 상대가 혜택을 얻을 수 있는 것처럼' 설명해주는 것이 중요하다.

앞의 H&B 브랜드의 첫 번째 의견을 살펴보자. H&B 브랜드에서는 '저희가 기본적으로 SNS에서 이미 유명한 이러한 제품은 기본적으로 두 달 정도의 계약 기간을 갖고 있습니다. 특히 차음료 S는 해외 셀럽이 마시는 음료인 만큼 구하기 어려운 제품을 저희 매장에서만 딱 두 달만 볼 수 있다고 홍보한다면 이후 매장에서 사라진 이 음료를 찾기 위해 A 브랜드 온라인몰로 진입할 가능성이 높다고 생각하는데 어떻게 생각하시나요?'라고 설명하고 있다.

여기서 H&B 브랜드는 상품의 인기 지속이 걱정되어 계약 기간 두 달을 조건으로 내세우고 있지만 표면적으로는 '상품의 희소성'을 통해 A 기능성 차음료 브랜드 온라인몰 진입을 높이고 브랜드 가치를 올리자고 이야기하고 있다. 이렇듯 협상은 '당신을 위해서 이런 조건을 제시한다.'라는 의미가 담겨져 있어야 한다.

그렇다면, 각 조건별로 어떻게 혜택을 강조할 수 있을지 정리해보자.

▼ 조건별 혜택 포인트 정리

조건 1	조건 2	조건 3	조건 4	조건 5
•	•	•	•	•
•	•	•	•	•
•	•	•	•	•
•	•	•	•	•
•	•	•	•	•
•	•	•	•	•

이외에도 상대방 논리의 허점을 잡아 혜택으로 바꿔 설명하는 과정 역시 필요하다. 예를 들어, 브랜드에서는 '저희가 기본적으로 SNS에서 이미 유명한 이러한 제품은 기본적으로 두 달 정도의 계약 기간을 갖고 있습니다. 특히 차음료 S는 해외 셀럽이 마시는 음료인 만큼 구하기 어려운 제품을 저희 매장에서만 딱 두 달만 볼 수 있다고 홍보한다면 이후 매장에서 사라진 이 음료를 찾기 위해 A 브랜드 온라인몰로 진입할 가능성이 높다고 생각하는데 어떻게 생각하시나요?'라는 의견의 허점은 기존에 오프라인 매장을 방문한 고객 대다수가 추후 우리 브랜드의 온라인몰로 찾아올 것이라는 지나치게 비약한 사고라는 점을 알 수 있다. 이러한 허점을 확인하여 "우려해주시는 부분은 감사하지만 저희는 이미 기존에 온라인몰을 운영하고 있기 때문에 배송 등의 문제로 인해 저희는 물론 많은 고객님들까지 오프라인 매장에서의 상용화를 바라고 있습니다. ㄱ H&B 매장은 2030 고객님이 많이 찾으시는 곳인 만큼 이미 온라인몰에서 수요가 높은 상품을 기다림 없이 바로 구입할 수 있다면 온라인몰과 단 500원 정도만 차이 나는 H&B 매장에서 더 많은 개수를 구입할 것으로 예상됩니다."라고 답한다면 가격 협상은 물론 계약 기간까지 협상을 시도할 수 있는 것이다.

이렇듯 계약 체결에 있어서 행원이 고객을 응대하듯 혜택 중심으로 상대측의 우려를 해소하여 유리한 협상 조건을 끌어올 수 있어야 한다. 이제 ㄱ H&B 브랜드의 사전 제안서를 살펴 볼 예정이다. 해당 제안서를 살펴보며, 자신이 놓친 사항은 무엇인지 정리한 제안 조건 합계와 H&B 브랜드의 유리한 조건의 합계를 비교했을 때 어느 측이 더욱 높은 점수인지 등을 비교하길 바란다.

▌ㄱ H&B 브랜드

현 황

최근 ㄴ H&B 브랜드, ㄷ H&B 브랜드 등 대기업의 H&B 브랜드 시장 진출이 증가하며, 1위이지만 시장 점유율이 조금씩 줄고 있는 추세이다. 견고한 1위를 유지하기 위해, 기존의 코스메틱 라인 강화는 물론, 최근 소비자의 관심이 증가하는 식료품 라인도 강화하고자 노력하고 있다. 다행히 아직까지는 국내 H&B 매장의 압도적 1위를 유지하고 있으며, 식료품 시장에서도 1위를 차지하고 있다. 2030 여성 및 직장인 고객이 주로 방문하고 있으며, 국내 H&B 브랜드 중 가장 많은 매장을 보유하고 있다. 또한, 식료품의 경우 기능과 효능, 안전성 등이 입증된 상품만 판매하고 있어, 고객의 신뢰가 두터운 상황이다.

ㄱ H&B 브랜드 내 식료품 라인의 특징

- 1인 가구 특별전, 직장인 기획전 등 다양한 프로모션을 자주 기획함
- 합리적인 가격에 안전성이 확보된 상품을 판매하며, 프로모션 재기획 요청도 다수 들어오고 있음
- 자체 안전성 테스트를 시행하고 있어 '믿고 보는 ㄱ 브랜드의 식료품'이라는 소문도 자자한 상황
- 최근 다이어트의 트렌드가 '먹으면서 뺀다.'이기 때문에, 다이어트 보조 식품에 대한 관심이 증가하고 있음

ㄱ H&B 브랜드의 특징

- 국내 단연 1위, 매장 수 1위, 고객 및 매출 1위
- 자체 멤버십 포인트 활용도가 높은 브랜드로, 충성 고객 다수 확보
- 주로 오피스 타운 혹은 중심 상권에 매장이 위치하여 있음
- 온라인몰과 연계하여 선택한 상품을 주기적으로 받아볼 수 있는 서비스 제공 중
- 다른 H&B 매장에는 없는 다양한 강소기업 제품 독점 계약
- 95% 이상의 상품이 'ㄱ H&B 브랜드'를 거치고 나면 시장에 상용화 되고 있음

협상 대상인 A 기능성 차음료 브랜드의 특징

- 이미 할리우드 스타 및 정치인이 즐겨 마시는 기능성 차음료 S를 세계 최초로 분말형으로 만들어 국내에 입점한 스타트업 브랜드
- 다이어트 보조 식품으로 최근 각광받고 있으며, 출시 전부터 SNS에서 유명한 상황
- 유익균 등이 포함되어 있어 안전하고, 10종 이상의 다양한 맛을 보유하고 있음
- 현재 여러 브랜드에서 접촉 중이라, 독점 계약을 하려고 노력하는 상황

조건 1 : 계약 기간

현재 기능성 차음료 S가 국내외 인기를 끌고 있으나 이 인기가 언제까지 갈지 가늠할 수 없는 상황이다. 보통 SNS에서 먼저 유명해진 상품의 경우, 평균 3개월 만에 매출이 급감하는 모습을 보이고 있다. 나중에 추가 계약을 하더라도, 첫 입점 기업인 경우 1차 계약에서는 3개월 계약을 고수해야 한다. 그 이상으로 계약을 유지하다가 매출이 급감하게 되면 진열대만 차지하고 판매는 되지 않는 상황이 발생하기 때문에 아무리 길어도 6개월 이상은 끌고 가지 않는 것이 좋다.

계약 기간	점 수	비 고
1년	0점	
9개월	20점	
6개월	70점	
3개월	100점	
1개월	60점	

조건 2 : 희망 판매 가격(비 프로모션 기간)

'박리다매'를 추구하는 우리 브랜드의 경우 아무리 비 프로모션 기간이어도 가격을 최대한 낮추고자 노력한다. 여태까지 입점했던 다른 브랜드 역시 일반 판매 가격에서 1,000원 정도는 낮춰서 우리 브랜드에 입점하였다. 기능성 차음료 S는 12포가 들어간 상자 단위로 입점 될 예정이며, 평균 판매 가격은 7,000원에 형성되어 있다. 자체 온라인몰보다 가격을 낮춰야 가격 경쟁력을 확보할 수 있다는 점을 유의해야 한다.

구매 가격	점 수	비 고
8,000원	0점	
7,500원	30점	
7,000원	50점	
6,000원	70점	
5,500원	100점	

조건 3 : 전용 진열대 입점 매장 수

보통 초기 입점 매장의 경우 전용 진열대를 매장에 설치할 수 있도록 한다. 타 브랜드가 입점하지 않는다면 충분히 전용 진열대 입점을 허가할 수 있지만 평균적으로 한 달에 다섯 개 이상의 신규 브랜드가 입점하기 때문에 전용 진열대 진열을 제한 없이 허가한다면 매장이 복잡해질 수 있다. 또한 1,000여개의 매장 중 대형 규모 매장은 500개에 불과하기 때문에 딱 규모가 큰 500개 내외의 매장에만 설치하기를 희망하고 있다.

전용 진열대 입점 매장 수	점 수	비 고
800개	0점	
600개	20점	
400개	100점	
300개	90점	
200개	40점	

조건 4 : 계약 기간 내 프로모션 진행 횟수

ㄱ H&B 브랜드가 지금 위치까지 올라올 수 있었던 이유는 획기적인 프로모션 기획으로 소비자를 유도했기 때문이다. 입점사에는 평소 구매 가격보다 40% 저렴하게 구매하고 있지만 프로모션 기간에는 구매량이 많아 브랜드별 매출도 나쁘지 않은 상황이다. 유명한 기능성 차음료 S를 독점 계약하여 고객에게 다량 판매하기 위해서는 프로모션 진행 횟수는 최소 3회 이상은 되어야 한다.

프로모션 진행 횟수	점 수	비 고
5회	100점	
4회	70점	
3회	50점	
2회	30점	
1회	0점	

우리 팀만의 고유조건 : 국내 유통망 중 독점 계약

해당 기능성 차음료에 대한 국내외의 기대가 크다. 이미 해당 차음료를 빨리 입점해 달라는 고객의 소리도 다수 접수된 상황이다. 적어도 계약 기간만은 편의점, 백화점 등 전 유통망 중 우리 브랜드와 독점 계약하여 '가장 먼저 입점하는 브랜드'의 이미지를 심어줘야 한다.

독점 계약	점 수	비 고
성 공	80점	
실 패	20점	

KEB 하나은행 협상 면접, 실전 협상 트레이닝!

KEB 하나은행 협상 면접 연습 예상 문제지를 제공하고자 한다. 반드시 한 측의 입장을 먼저 보고 협상 포인트 및 준비 내용을 확보한 후, 주변 은준생들과 팀을 나눠 함께 진행해보기를 바란다.

▼ 숙박 단지 내 IPTV 입점 협상

▌숙박업소 프랜차이즈 A

현 황

최근 해안을 중심으로 새로운 관광단지가 조성되면서 관광객이 급증하고 있다. 관광객은 급증하고 있으나 기존에 고령 인구가 주로 거주하던 단지라 숙박업소가 굉장히 부족한 상황이다. 숙박업소 프랜차이즈 A는 이러한 시장 환경을 고려하여 최근 관광단지에 숙박업소 건축을 완료하였다. 다음달 OPEN을 앞두고 IPTV를 입점시키고자 통신사를 물색하고 있다.

해안가 관광지의 특징

- SNS에서 유명해지기 시작한 관광지로, 2030 젊은 커플 및 어린 아이가 있는 젊은 가족이 주 관광객이다.
- 밤에는 해가 빠르게 지기 때문에, 대부분 밤에는 숙소로 돌아간다.
- 최근 일본, 중국에서 온 관광객도 급증하고 있다.

숙박업소 프랜차이즈 A의 특징

- 최초 숙박업소 프랜차이즈를 설립한 기업으로, 젊은 층 사이 브랜드 선호도 1위
- 이번에 건축한 해안가 숙박업소는 2인실부터 가족실까지 다양한 유형의 방이 존재함
- 기존 ㄴ 텔레콤의 채널이 다양하지 않다는 고객의 의견이 많아, 전 지점 IPTV 통신사 이동 고려 중
- 하루 평균 예약 마감 90% 이상, 주말 100%이지만, 관광 도시 숙박업소 건축은 처음이라, 예약 건수 가늠은 어려운 상황

협상 대상인 ㄱ 텔레콤의 특징

- 국내 가장 넓은 네트워크망을 보유하여 해안가에서도 안정적인 IPTV 시청 가능
- 전국 망이 넓다보니 3사 통신사 중 가격이 두 번째로 높음
- 최신 영화를 가장 빠르게 제공하는 IPTV로 유명함

조건 1 : 계약 기간

기존에 ㄴ 텔레콤과 3년 약속으로 계약을 진행하였으나, 1년 반 이후 점검, AS 등 관리가 소홀해졌다. 이로 인한 고객 불만을 방지하고자, 계약을 수시로 진행하더라도 1차 계약에서는 계약 기간을 짧게 유지하고 싶다. IPTV 이전으로 인한 공사를 진행하더라도, 고객 불만을 최소화하는 것이 중요하다. 계약 기간은 최소 1년 최대 1년 반 이상을 넘지 않도록 한다.

계약 기간	점 수	비 고
1년	100점	
1년 6개월	70점	
2년	50점	
2년 6개월	20점	
3년	10점	

조건 2 : 상품

채널에 따라 상품의 수, 제공 되는 프로그램이 달라진다. 채널의 개수가 많을수록 유료채널이 무료로 제공될 가능성이 높다. 현재 방 당 매달 지출 가능 비용은 15,000원~20,000원이다. 상권이 상권인 만큼 키즈 채널과 영화 채널은 기본으로 포함되었으면 한다.

상 품	점 수	비 고
채널 10개(10,000원)	10점	키즈 X / 영화 X
채널 13개(13,000원)	40점	키즈 X / 영화 X

채널 15개(15,000원)	60점	키즈 X / 영화 O
채널 20개(20,000원)	90점	키즈 O / 영화 O
채널 25개(25,000원)	50점	키즈 O / 영화 O

조건 3 : 매달 할인율(방 당)

총 500개의 객실에 IPTV를 넣기 때문에 매달 할인율을 높이는 것이 좋다. 방 당 동일한 할인율이 적용되며 최소 10% 이상의 할인율은 확보해야 디자인 등 다른 분야에 더 돈을 쓸 수 있다.

매달 할인율	점 수	비 고
3%	0점	
5%	20점	
7%	50점	
10%	80점	
15%	100점	

조건 4 : 가입 시 지급되는 상품권

일반적으로 통신사에서는 IPTV 가입 시 상품권이 지급된다. ㄴ 텔레콤과 거래 당시 방 당 10만원의 상품권을 지급 받았었다. 상품권을 최대한 확보해서 비품을 구매할 예정으로, 방 당 최소 10만원의 상품권은 확보해야 예산을 크게 줄일 수 있다.

상품권 금액(방 당)	점 수	비 고
3만원	0점	
5만원	30점	
7만원	50점	
10만원	70점	
12만원	100점	

우리 팀만의 고유조건 : 설치비 지원

방 당 설치비는 15,000원 가량이다. 전 객실에 설치비를 모두 지급하면 상품권
지급을 많이 받게 돼도 예산 지출이 많아진다. 설치비를 전액 지원받아 예산을
줄이는 것이 중요하다.

독점 계약	점수	비 고
성 공	70점	
실 패	30점	

통신사 ㄱ 텔레콤

현 황

최근 ㄷ 텔레콤의 공격적인 IPTV 마케팅으로 실적 비중이 많이 감소한 상황이
다. 이러한 어려움을 타파하고자 시선을 B2B 쪽으로 돌리고 있다. 특히, 올해
여러 곳에 조성되는 관광 단지를 중심으로 계약을 체결할 계획을 갖고 있으며,
그 중 최근 인기 있는 해안 관광지부터 계약을 시작하고자 한다. 사내에서는 다
른 관광 도시와 계약도 체결해야 하니, 해안 도시에서는 예산을 최소화 하라고
지시한 상황이다.

ㄱ 텔레콤의 특징

- 국내 가장 넓은 네트워크 망을 보유하여, 전 통신사 중 유일하게 '지역에 관계없는
  안정적 네트워크 구현'이 가능함
- 텔레콤 고객 신뢰도 1위, 유무선 통합 시장 비중 2위, IPTV 분야 1위
- 희망 시 일본어, 중국어, 영어 등의 자막 서비스 제공 가능
- IPTV, 인터넷 등 통신과 관련된 전 상품 취급

ㄱ 텔레콤 IPTV 상품의 특징

- 키즈 채널에 인기 유튜버를 영입하여, 아이를 둔 가정에서 키즈 채널 선호도가 높은 상황
- 통신사 중 최신 영화를 가장 빠르게 제공함
- 영화 전문 채널 '오플릭스' 독점 계약으로, 전 세계 영화 자유롭게 감상 가능
- 채널 15개 상품부터 일부 유료 채널 무료 시청 가능

협상 대상인 숙박업소 프랜차이즈 A의 특징

- 최초 숙박업소 프랜차이즈 설립 기업으로, 2030 브랜드 선호도 1위
- 현재 ㄴ 텔레콤과 3년 넘게 전속 계약 중인 상황
- 해안 관광지를 시작으로 전 관광지로 규모를 확장할 예정이라는 소문이 돌고 있음
- 이번 숙소에는 2인실부터 가족실까지 다양한 형태의 객실 조성 예정

조건 1 : 계약 기간

ㄱ 텔레콤의 평균 계약 기간은 약 2년으로 그 이하로 계약할 시, 추가 할인이 적용될 때마다 손해를 보게 된다. 손익 계산상, 최소 2년, 최대 3년은 가입해야 추후에 동반되는 계약 조건에서 어느 정도 양보가 가능하다.

계약 기간	점수	비고
1년	10점	
1년 6개월	20점	
2년	40점	
2년 6개월	80점	
3년	100점	

조건 2 : 상품

채널 15개 이상부터는 일부 유료 채널이 무료로 시청이 가능하다. 숙박업소 IPTV 감상 후, 실제 개인 고객 가입까지 이어지는 경우가 많아 채널수가 많은 상품을 넣을수록 여러 측면에서 이익을 볼 수 있다. 채널 10개, 13개 상품 가입 시 추후 관리 비용 대비 손해를 볼 수도 있다.

상 품	점 수	비 고
채널 10개(10,000원)	0점	키즈 X / 영화 O
채널 13개(13,000원)	30점	키즈 X / 영화 X
채널 15개(15,000원)	50점	키즈 X / 영화 O
채널 20개(20,000원)	70점	키즈 O / 영화 O
채널 25개(25,000원)	100점	키즈 O / 영화 O

조건 3 : 매달 할인율(방 당)

총 500개의 객실에 IPTV를 넣기 때문에, 할인율이 아무리 작아도 총 할인 금액은 굉장히 커지게 된다. 타 숙박업소 평균 할인율은 5%로, 할인율이 10%에 도달하면 실질적 수익이 굉장히 낮아지게 된다. 할인율은 반드시 10% 밑으로 확보하는 것이 좋다.

매달 할인율	점 수	비 고
3%	100점	
5%	80점	
7%	50점	
10%	20점	
15%	0점	

조건 4 : 가입 시 지급되는 상품권

일반적으로 통신사에서는 IPTV 가입 시 상품권이 지급된다. 이번에 본사에서 지급받은 상품권 예산은 방당 7만원가량이다. 이 예산을 아낀다면, 추후 다른 채널 판매 프로모션의 예산으로 활용할 수 있다. 방 당 7만원 이상은 현재 부서에 축적되어 있는 예산을 사용해야 한다.

상품권 금액(방 당)	점 수	비 고
3만원	100점	
5만원	70점	
7만원	50점	
10만원	30점	
12만원	0점	

우리 팀만의 고유조건 : 인터넷 추가 가입

ㄱ 텔레콤은 IPTV와 함께 인터넷 상품도 제공하고 있다. 방 당 10,000원만 추가되면 인터넷 상품도 가입 가능하다. 인터넷 가입 유치를 통해 추가 실적을 확보하자.

독점 계약	점 수	비 고
성 공	70점	
실 패	30점	

CHAPTER 2

KEB 하나은행 세일즈 면접

영상트레이닝

KEB 하나은행 세일즈 면접, 어떤 면접일까?

평범한 물건을 판매하는 면접은 아니다. 이미 용도를 알고 있는 이 상품을 다른 용도로 판매해야 한다. 그렇기에 많은 지원자가 이미 용도를 알고 있는 상품에 대해 창의적 시각으로 접근하는 데에 큰 어려움을 느끼고 있다. 이번 챕터에서는 이러한 지원자를 위해, '상품을 창의적으로 바라보는 방법', '기존 용도를 벗어난 상품을 논리적으로 설명하며 구매를 끌어내야 하는 방법' 등에 대해 차근히 살펴보려고 한다.

창의적으로 접근해야 한다는 부담감에 어렵다면 어려운 면접이지만 참신성을 더하는 방법과 쇼호스트처럼 판매하는 방법만 숙지한다면 그 어떤 면접보다 편하게 풀어나갈 수 있을 것이다. 본격적으로 챕터를 시작하기 전, 여러분의 세일즈 실력부터 테스트해보자.

KEB 하나은행 세일즈 면접 트레이닝

- 준비물 : 녹음기
- 준비시간 : 6분
- 판매시간 : 4분

6분간 해당 상품을 판매하기 위한 방안을 고민한 후, 4분간 세일즈를 진행하세요.

4분간 진행하는 세일즈를 모두 녹음해주세요.

판매상품 : 포스트잇

- **준비시간 6분**

• 녹음을 듣고 궁금한 질문 최소 다섯 개 정리하기

확인 체크 LIST ☑

1. 포스트잇의 용도를 명확히 명시했다. ☐
2. 포스트잇을 판매할 타겟을 선정하여 세일즈를 진행했다. ☐
3. 친해지기 → 설명 → 구매 유도의 과정을 모두 거쳤다. ☐
4. 내가 판매 타겟이라면 이 상품을 구입할 것 같다. ☐
5. 상품에 대한 질문보다, 상품 이외의 부가 서비스에 관한 질문이 많다. ☐

4개 이상 세일즈 면접에 대해 완벽히 이해하였습니다.

2~3개 세일즈 면접에 대해서 이해는 했으나, 구매까지 유도하기에는 부족한 상황입니다.

1~2개 물건에 대해 어떻게 접근해야 할지 어려워하는 상황입니다.

앞의 실전 테스트처럼, 세일즈 면접은 6분 준비 4분간 발표+질의응답을 진행하게 된다. 평균적으로 질문은 두 개정도 받았으며, 판매 상품은 포스트잇과 같은 난감한 상품인 경우가 많았다. 실제로 2018년 세일즈 면접의 판매 상품은 빙하, 짚신, 화장실 성별 표시판, 선인장, 쇼핑백, KEB 하나은행 등이었다.

대체 빙하와 KEB 하나은행을 어떻게 판매해야 할까? 판매 상품을 상품 그대로 보지 않고, 상품을 판매할 타겟을 설정하고 그 타겟이 필요로 할 용도로 변경하여 판매한다면, 여러분의 생각보다 어렵지 않게 세일즈를 진행할 수 있을 것이다.

지금부터 이렇게 난감한 상품을 어떻게 풀어나가야 할지 차근히 살펴보도록 하자.

KEB 하나은행 세일즈 면접, 물건에 참신성 더하기

난해한 상품을 판매하는 만큼 상품에 대한 참신성과 정확한 타겟이 더해져야 한다. 많은 지원자들이 용도가 정해진 상품을 판매하기 어려워하지만 제공되는 그림과 여러분이 알고 있는 상품의 특성을 활용한다면 물건의 새로운 용도는 물론 타겟까지 빠르게 선정될 수 있다.

여러분은 위의 포스트잇을 어떤 용도로 판매하기로 결정하였는가? 포스트잇의 용도는 무엇이고 어느 타겟에게 판매했는가? 가장 먼저 포스트잇의 특징과 이를 활용할 수 있는 물건, 그리고 타겟을 순서대로 정해보자.

상품	포스트잇	작성하기		
		특징	물건	타겟
		• 붙는다. • 네모 모양 • 크기 조절이 가능하게 쓸 수 있다.	• 탈부착형 물건 • 크기 조절 가능한 테이블 보 / 블라인드 • 쓸 수 있는 탈부착형 칠판	• (테이블 보) 레스토랑 사장님 • (블라인드) 자취생 모임 • (탈부착형 칠판) 과외 선생님

위의 표처럼 준비 시간 동안 여러분은 상품의 특징을 가장 먼저 생각해야 한다. 모양의 관한 특성도 좋고, 속성에 관한 특성도 좋다. 어떤 특성도 좋으니 모든 특성을 써 내려가 그 안에서 상품을 정할 수 있어야 한다.

포스트잇 분석표부터 함께 살펴보자. 포스트잇은 여러분이 모두 아는 것처럼 '탈부착형'이며 크기를 사용자 마음대로 조절할 수 있다. 또한 사진상 네모난 모양을 띄고 있으며 무엇이든 쓸 수 있다는 특성이 있다.

'탈부착형, 네모난 모양, 크기 조절, 쓸 수 있다.'와 같이 큰 특성을 정리한 이후에는 끌어낼 수 있는 물건을 유추해야 한다. 일단 모양 자체는 유지해야 하기 때문에 '모양을 활용한 상품'에 '상품의 속성'을 더하는 편이 좋다. 예를 들어, '네모난 모양'이라는 모양은 살리되, '탈부착이 가능하거나 크기 조절이 가능하고, 필기가 가능하다.'라는 속성을 더해야 하는 것이다.

여기서 '네모난 모양'을 살릴 수 있는 물건으로 '테이블 보'와 '칠판', '블라인드'를 선택했고 여기에 '크기 조절이 가능한 테이블 보', '탈부착이 가능한 칠판', '탈부착과 크기 조절이 가능한 블라인드'라는 상품의 속성을 더한 상품을 완성했다.

이후 판매 타겟을 결정하기는 어렵지 않다. 테이블 보를 주로 필요로 할 사람은 레스토랑 사장님 모임, 탈부착이 가능한 칠판이 필요할 사람은 이동이 잦은 과외 선생님들, 탈부착과 창문마다 크기 조절이 가능한 블라인드가 필요한 대상은 자취생 모임일 것이다.

이 중, 두 가지 속성을 갖고 있는 '탈부착과 크기 조절이 가능한 블라인드'에 초점을 맞춰 자취생 대상으로 설명할 수 있는 특징과 혜택을 설명해보자.

상 품	포스트잇	작성하기		
		특 징	물 건	타 겟
		• 붙는다. • 네모 모양 • 크기 조절이 가능하게 쓸 수 있다.	• 탈부착형 물건 • 크기 조절 가능한 테이블 보 / 블라인드 • 쓸 수 있는 탈부착형 칠판	• (테이블 보) 레스토랑 사장님 • (블라인드) 자취생 모임 • (탈부착형 칠판) 과외 선생님
특징 / 혜택				

1. 자취생들은 계약 기간이 끝나면 보통 다른 집으로 이사를 택한다. 이때 방 크기, 창문 크기와 관계없이 공간에 맞춰 크기를 조절할 수 있다.
2. 고정된 디자인이 아닌 자유롭게 디자인을 바꿀 수 있어 방 인테리어도 가능하다.
3. 별다른 도구 없이 자유롭게 탈부착 할 수 있어 설치 흔적이 남지 않고, 혼자서도 설치할 수 있다.

이처럼 새로 구상한 상품의 특징을 끌어낼 때에는 '판매 타겟의 특성'에 맞춰 끌어내는 것이 좋다. 예를 들어, 위에서는 '자취생들은 계약 기간이 끝나면 다른 집으로 이사간다.', '그에 따라 방 모양이 계속 변한다.', '설치 흔적이 남아서는 안 되며 혼자서도 설치할 수 있어야 한다.' 등의 자취생 특성에 맞춰 세일즈를 진행했다. 이처럼 타겟에 맞춰 판매를 진행해야, 듣는 고객 입장에서도 상품의 필요성을 더욱 느낄 수 있는 것이다.

이제 여러분의 차례이다. 다음의 나온 상품들에 맞춰 특성과 상품, 특징 및 혜택을 차근히 정리해보자.

상 품	물 감	작성하기		
		특 징	물 건	타 겟
특징 / 혜택				

상 품	주전자	작성하기		
		특 징	물 건	타 겟
특징 / 혜택				

상 품	지 구	작성하기		
		특 징	물 건	타 겟
특징 / 혜택				

KEB 하나은행 세일즈 면접, 세일즈 설득방법 F.E.N!

—

6분의 정리 시간 동안, 물건의 특징과 상품, 타겟과 혜택을 모두 정리하고 나면, 이제 쇼호스트처럼 물건을 판매해야 한다. 어떻게 하면 쇼호스트처럼 상품 구매를 유도할 수 있을까? 상품 세일즈 방법을 F.E.N의 세 단계 방법으로 같이 살펴보고자 한다.

F	Friendly (친근하게)	= Opening 인사+아이스 브레이킹+니즈 파악+니즈 요약
E	Explain (설명하다)	= Believe 상품 권유+상품 설명
N	Now (지금)	= Move 정리+기회 설명(촉진제)+마무리 인사

1 Friendly(친근하게 고객에게 접근하자)

위의 포스트잇을 판다고 가정해보자. 처음부터 '여러분, 탈부착이 가능하고 크기 조절이 가능한 블라인드를 구입하세요.'라고 말한다면 아무도 구입하려고 하지 않을 것이다. 먼저 고객과의 아이스 브레이킹을 통해 신뢰를 심어줄 수 있어야 하며 고객의 니즈를 언급하며 '이 상품이 고객에게 반드시 필요하다.'라며 한 번 더 짚어줘야 한다.

그러기 위해서는 가장 먼저 어느 부서에서 나온 누구인지 설명하며 인사해야 한다. 이 부분을 임의로 결정할 수 있기 때문에 어떤 직함과 어떤 소속을 언급했을 때 고객이 가장 신뢰를 느낄 지 판단할 수 있어야 한다. 예를 들어, 앞서 본 '탈부착과 크기 조절이 가능한 블라인드'를 판매하기 위해서는 '1인 가구 인테리어 전문가'일 수도 있고 '자취생 가구 추천 어플 MD'로 설명할 수도 있을 것이다. 적어도 해당 상품에 대해서는 잘 알고 있는 사람으로 본인을 설명하며 세일즈를 시작할 수 있을 것이다.

이렇게 인사를 한 후 여러분과 고객이 친해지는 '아이스 브레이킹' 시간을 가져야한다. 보통 이때는 자신이 특정 상황을 정해 고객의 어려움을 공감하며 시작하는것이 좋다. "매번 계약이 만료될 때마다 이사 가는 방의 옵션을 확인하고 방 분위기에 맞춰 인테리어를 진행하시느라 어려움이 많으시죠? 저 역시 자취하면서인테리어랑 가구가 매번 가장 걱정이더라고요."라고 하며 고객이 겪었을 어려움을 공감하며 자연스럽게 '상품의 필요성'을 강조할 수 있다. 이 과정에서 '나 역시그 어려움을 이해한다.'라는 경험을 함께 넣어준다면 '나와 같은 어려움을 겪어본 사람'이라고 생각되어 판매자에 대한 신뢰가 더욱 높아진다.

이후, 수많은 인테리어 중 '블라인드가 특히 필요한 이유', '고객이 블라인드를 왜필요로 할지'를 언급해주면 된다. 예를 들어, '저는 인테리어 중에서도 블라인드가 가장 걱정이더라고요. 해가 잘 들어오는 곳은 햇빛을 막느라 필요하고 공공단지에 살면 사생활 보호하느라 필요하고 어떤 이유에서든 블라인드는 꼭 필요하더라고요. 게다가 창문 크기가 집마다 다양하니 이사 갈 때마다 크기를 맞춰서살 수도 없는 노릇이니 블라인드 구매할 때마다 고민이 많습니다.'라며 앞으로설명할 상품의 혜택에 대해 미리 언급해주는 것이 좋다. '앞으로 이러한 상품이있을 예정입니다.'라고 직접적으로 설명하는 것이 아닌 '여러분이 이러한 어려움을 겪고 있으니 앞으로 설명할 이 상품이 반드시 필요할 겁니다.'라고 간접적으로 설명해주는 것이다.

또한, '오늘 이러한 여러분의 불편함을 한 번에 해결해줄 수 있는 이 블라인드를준비해왔습니다.'라며 오프닝 과정을 마무리 해줄 수 있다.

▼ 포스트잇 Friendly(Opening) 예시

- 소개 : 안녕하세요! 1인 가구 인테리어 연구소, 대표 OOO입니다. 먼저 집안일도 하고, 나 자신도 관리하느라 정신없으실 텐데, 이렇게 귀한 걸음 해주신 1인 가구 여러분께 감사 인사드립니다.

- 아이스 브레이킹 : 혹시 여기서 계약 만료로 이사를 앞두고 있는 분이 계신가요? 아아 네. 아무래도 혼자 살다보니, 매번 계약이 만료될 때마다, 이사 가는 방의 옵션을 확인하고, 방 분위기에 맞춰 인테리어 진행하시느라 어려움이 많으시죠? 저역시 자취하면서 인테리어랑 가구가 매번 가장 걱정이더라고요.

- 니즈요약 : 저는 인테리어 중에서도 블라인드가 가장 걱정입니다. 해가 잘 들어오는 곳은 햇빛을 막느라 필요하고, 공공 단지에 살면 사생활 보호하느라 필요하고. 어떤 이유에서든 블라인드는 꼭 필요한데, 창문 크기가 집마다 달라 이사 갈 때마다 크기를 맞춰서 살 수도 없는 노릇이니 블라인드 구매할 때마다 고민이 많습니다.

- 설명 : 오늘 이러한 여러분의 불편함을 한 번에 해결해줄 수 있는 이 탈부착형 크기 조절 블라인드를 준비해왔습니다.

2 Explain(설명하다)

고객과 친해졌으면 이제는 상품에 대해 설명하고 권유할 때이다. 그렇다고 무작정 '이 상품에는 이런 기능이 있습니다.'라고 설명할 수 없다. 가장 먼저 혜택에 대해 두괄식으로 설명하고 그 다음에 이 기능이 왜 필요한지 부가로 설명한다. 그 다음 니즈에 맞춰 현재 이 상품의 혜택은 당신이 필요할 기능까지 포함하고 있다는 점을 알려줄 수 있어야 한다.

포스트잇으로 계속 예를 들어보자. 포스트잇의 첫 번째 특징은 '자취생들은 계약 기간이 끝나면 보통 다른 집으로 이사를 택한다. 이때, 방 크기, 창문 크기와 관계없이 공간에 맞춰 크기를 조절할 수 있다.'이다. 단순히 '공간에 맞춰 크기 조절이 가능합니다.'라고 설명하기보다는,

"현재 이 블라인드는 여러분이 어느 집을 가시든 공간 크기에 맞춰 크기 조절이 가능합니다. 사실 블라인드는 부착할 곳이 굉장히 많은데요. 침실에 들어오는 창문의 햇빛을 막을 때에도 거실의 커다란 창을 막을 때에도 블라인드는 항상 필요한데 매번 구입하자니 비용이 만만치가 않다는 문제가 있습니다. 이 블라인드 하나만 있으시면 어디에 블라인드를 부착하셔도 크기를 마음대로 조정하실 수 있습니다. 원하시는 크기에 맞춰 접어만 주시면 그에 맞춰 크기가 줄어드니 여러 장 구매하시면 어느 집으로 이사 가셔도 추가 금액 없이 블라인드를 부착 가능하십니다."

라고 해준다면 평소에 본인이 느꼈던 어려움을 한 번 더 공감할 수 있을 것이다. 또한, 여러분이 판매하는 상품이 그 어려움을 해결해 줄 수 있을 것이라 생각하게 될 것이다. 이처럼 상품의 성능을 설명하는 단계에서는 '두괄식 → 어려움/공감 → 혜택 설명'의 순으로 이어서 설명해 주면 되는 것이다.

▼ 포스트잇 Explain(Believe) 예시

- 두괄식 : 현재 이 블라인드는 여러분이 어느 집을 가시든 공간 크기에 맞춰 크기 조절이 가능합니다.

- 어려움/공감 : 사실 블라인드는 부착할 곳이 굉장히 많은데요. 침실에 들어오는 창문의 햇빛을 막을 때에도 거실의 커다란 창을 막을 때에도 블라인드는 항상 필요한데 매번 구입하자니 비용이 만만치가 않다는 문제가 있습니다.

- 혜택/기능 설명 : 하지만 이 블라인드 하나만 있으시면 어디에 블라인드를 부착하셔도 크기를 마음대로 조정하실 수 있습니다. 원하시는 크기에 맞춰 접어만 주시면 그에 맞춰 크기가 줄어드니 여러 장 구매하시면 어느 집으로 이사 가셔도 추가 금액 없이 블라인드 부착 가능하십니다.

3 NOW(지금 사게 하자)

Friendly의 과정과 Explain 과정을 거친 후에는 이러한 혜택을 가진 상품을 '지금' 사도록 유도해야 한다. 앞에서 설명한 내용을 한번 정리하고 지금 사야만 하는 이유를 덧붙인 후 마무리 인사를 하며 세일즈 면접을 종료하면 되는 것이다.

'이렇듯 편하게 붙이고 뗄 수 있어서 블라인드 부착 흔적도 남지 않고, 크기도 마음대로 조절할 수 있습니다. 또, 디자인도 마음대로 바꾸실 수 있어서 괜히 이사가실 때마다 블라인드 구입하시지 말고 이 블라인드 하나 여러 장 구매하셔서 활용하신다면 여러분 마음대로 집안 분위기를 만들 수 있으실 겁니다.'라며 앞에서 설명한 혜택에 대해 간단히 요약해준다.

더불어 '현재 이 획기적인 블라인드가 한 장에 10,900원에 판매되고 있으나 특별히 저희 연구소를 찾아주신 고객님을 대상으로 프로모션을 준비했습니다! 지금 이 자리에서 세 장 이상 구매 시 10,000원에 판매 도와드립니다! 블라인드 한 번 설치할 때마다 드는 비용 어마어마하죠? 그 비용 대신 이 블라인드 세 장 이상 구매하셔서 원하시는 곳에 직접 블라인드 인테리어 해주세요. 또, 지금 KEB 하나카드로 결제하시면 10% 할인이 추가로 들어가게 됩니다.'라며 지금만 구매할 수 있는 조건임을 고객에게 알려줘야 한다. 이곳에 하나은행 카드를 언급해주며 할인 혜택을 더해도 좋다.

또한 '구매 희망하시는 분은 지금 바로 이 자리에서 서류를 작성해주세요.' 등의 멘트를 붙이며 마지막 마무리 인사를 해주면 되는 것이다. 즉, 요약과 촉진제 멘트, 인사 순으로 진행하면 된다. 이제 앞서 푼 문제를 바탕으로 F.E.N을 구성해보자.

▼ 포스트잇 Now(Move) 예시

- 요약 : 이렇듯 편하게 붙이고 뗄 수 있어서 블라인드 부착 흔적도 남지 않고, 크기도 마음대로 조절할 수 있습니다. 또 디자인도 마음대로 바꾸실 수 있어서 괜히 이사 가실 때마다 블라인드를 구입하시지 말고, 이 블라인드 하나를 여러 장 구매하셔서 활용하신다면 여러분 마음대로 집안 분위기를 만들 수 있으실 겁니다.

- 촉진제 : 현재 이 획기적인 블라인드가 한 장에 10,900원에 판매되고 있으나, 특별히 저희 연구소를 찾아주신 고객님을 대상으로 프로모션을 준비했습니다! 지금 이 자리에서 세 장 이상 구매 시, 10,000원에 판매 도와드립니다! 블라인드 한 번 설치할 때마다 드는 비용 어마어마하죠? 그 비용 대신 이 블라인드 세 장 이상 구매하셔서 원하시는 곳에 직접 블라인드를 인테리어 해주세요. 또, 지금 KEB 하나카드로 결제하시면 10% 할인이 추가로 들어가게 됩니다.

- 마무리 : 오늘도 역시 효율적인 인테리어를 찾아주신 1인 가구분들의 안목에 감탄하며 구입하실 분들은 이 곳 서류에 자료를 작성해주세요. 오늘도 먼 길 오시느라 모두 고생 많으셨습니다!

앞서 분석했던 상품 특성을 활용하여 실제로 세일즈 면접 'F.E.N'을 적용해보자!

※ 칸에는 키워드만 작성해주세요.

상 품	물 감	F.E.N		
		F	E	N

상 품	주전자	F.E.N		
		F	E	N

상 품	지 구	F.E.N		
		F	E	N

영상트레이닝

실전 트레이닝 활용 방법

• 준비물 : 녹음기
• 준비시간 : 6분
• 판매시간 : 4분

6분간 해당 상품을 판매하기 위한 방안을 고민한 후, 4분간 세일즈를 진행하세요.
4분간 진행하는 세일즈를 모두 녹음해주세요.

시 간		m	s

물건 1	사 막	SELF FEEDBACK	O / X
		타겟을 정확히 설정하였는가?	
		혜택은 두 가지 이상 정리하였는가?	
		고객이 왜 필요한지 느끼도록 설명하였는가?	
		지금 살 수 있도록 촉진제 멘트를 넣었는가?	

〈내가 한 말 정리하기〉

물건 2	샹들리에	SELF FEEDBACK	O / X
		타겟을 정확히 설정하였는가?	
		혜택은 두 가지 이상 정리하였는가?	
		고객이 왜 필요한지 느끼도록 설명하였는가?	
		지금 살 수 있도록 촉진제 멘트를 넣었는가?	

〈내가 한 말 정리하기〉

물건 3	콘센트	SELF FEEDBACK	O / X
		타겟을 정확히 설정하였는가?	
		혜택은 두 가지 이상 정리하였는가?	
		고객이 왜 필요한지 느끼도록 설명하였는가?	
		지금 살 수 있도록 촉진제 멘트를 넣었는가?	

〈내가 한 말 정리하기〉

시 간			m	s

물건 4	소화기	SELF FEEDBACK	O / X
		타겟을 정확히 설정하였는가?	
		혜택은 두 가지 이상 정리하였는가?	
		고객이 왜 필요한지 느끼도록 설명하였는가?	
		지금 살 수 있도록 촉진제 멘트를 넣었는가?	

〈내가 한 말 정리하기〉

CHAPTER 3

KEB 하나은행 PT 면접

KEB 하나은행 PT 면접, 출제 방향

세일즈 면접을 보는 은행은 줄어들고 있고 PT 면접을 보는 기업은 증가하고 있다. 아마 개인의 논리 수준과 스피치 스타일을 볼 수 있는 PT 면접만으로도 개인의 '영업력'을 확인할 수 있다고 판단했기 때문일 것이다. 은행의 채용 스타일이 PT에 초점이 맞춰지는 지금, KEB 하나은행은 유일하게 세일즈 면접과 PT 면접을 동시에 진행하고 있다. 즉, 개인의 역량이 '영업' 역량에 완벽히 일치하는 사람을 찾는 것이다. '조직 안에서 개인'의 역할이 중요한 IBK 기업은행을 비롯한 타 은행과 달리, '우수한 조직을 만들기 위한 개인의 역량'을 중요시 보는 은행인 것이다.

이런 KEB 하나은행의 PT 면접은 어떻게 진행될까?

◐ *진행 시간 : 준비시간 40분 + 발표 5분*
◐ *일반 주제와 IT 주제 중 택 1*
◐ *두 장의 자료와 한 장의 A4용지 제공, 주어진 A4용지 한 장에 PT 준비*
◐ *영사기에 띄워서 발표 진행*
◐ *방안형 질문이 주로 나옴*

대체적으로 준비 시간이 짧은 다른 은행과 다르게, 40분의 준비 시간과 5분의 발표 시간, 그 외에 꼬리 질문으로 면접이 진행된다. 상세한 자료가 기재된 자료 두 장과 내용을 기재할 수 있는 A4용지 한 장이 제공되며, 주어진 자료를 기반하여 PT를 완성해야 하는 것이다. 일반 주제와 IT 주제가 주어지며, 이 중 하나를 골라서 면접에 임하면 되는 것이다.

가장 먼저, PT 면접 사전 테스트부터 진행해보자.

KEB 하나은행 PT 면접 사전 테스트

주제 : 고령자 운전자 사고 증가에 따른 해결 방안

1. 우리나라 노인 인구 비율 : 2017년 8월 기준 14.0% → 고령사회 진입
2. 전체 운전자 중 65세 이상 운전면허 소지자, 전체의 9% 차지

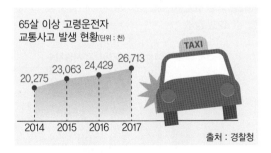

65살 이상 고령운전자
교통사고 발생 현황(단위 : 천)

20,275 23,063 24,429 26,713

2014 2015 2016 2017

출처 : 경찰청

개인택시 연령대별 신차등록 비율

40.8% 20~50대
59.2% 60~80대

기간 : 2016년   자료출처-카이즈올 데이터 연구소

고령운전자를 위한
선진국의 도로환경 개선은?

미국 🇺🇸	일본 🇯🇵
❶ 교차로 등에 설치된 표지판 크기 20% 확대	❶ 일반 신호등보다 밝은 LED 신호등으로 교체
❷ 도로교통안전협회(AASHTO)와 연방도로청(FHWA)에서 도로 형태별로 고령운전자에게 적합한 설계방안 제시	❷ 택시 포함 70세 이상 운전자 실버 마크 의무 부착
❸ 신호등에'미리 멈출 준비를 하라'는 보조 표지판 설치	❸ 도로교통법에 고령운전자 차량 앞으로 끼어들기 금지 조항 마련
❹ 고속도로 주변 표지판 크 기 2배 확대	❹ 고령운전자 전용 주차장 건설

자료: 도로교통공단   삼성화재 NEWS

▶ 부산시 2018년, 고령 운전자 운전면허증 자진반납시행, 그 결과 고령자 교통사고 사망 수 42% 감소

부산시 고령자(65세 이상) 교통사고 사망자수
(단위 : 명)

전체 사망자

	2013	2014	2015	2016	2017	2018년
전체 사망자	213	168	178	159	162	122
전체 사망자 중 고령자 비율	34%	40%	39%	37%	48%	37%

〈자료 : 부산시〉

• 준비물 : 녹음기 , 타이머, 필기구
• 해당 그래프를 40분간 분석한 후, 5분간 발표를 진행하세요.
• 아래 발표할 내용을 기재한 후, 그 자료를 바탕으로 발표를 진행해보세요.
• 발표 내용은 녹음하여 들어보시며, 논리적으로 전개가 되었는지 확인해주세요.

Q. 고령자 운전자 사고 증가에 따른 해결 방안에 대해 말하시오.

A. 내 발표 내용

시 간	m	s

확인 체크 LIST ☑

1. 발표 시간이 5분 내외로 들어왔다. ☐
2. 발표 내용 칸에 깔끔하게 내용을 정리했다. ☐
3. 자료에 제시된 수치를 활용하여 발표했다. ☐
4. 세 가지 이상의 해결 방안을 제시했다. ☐
5. 현황, 관심 유도, 기대효과 등의 요소가 포함되었다. ☐

4개 이상   PT 면접 구조에 대한 이해가 되어 있습니다.

2~3개   내용은 준비가 되어 있으나, PT 구조 구성이 어려운 상황입니다.

1~2개   PT 면접에 대한 이해가 부족한 상황입니다.

5분간 막힘없이 발표를 진행할 수 있었는가? 자료에 주어진 수치를 적절하게 활용할 수 있었는가? 발표 내용 칸에 내용을 깔끔하게 정리하였는가?

여러분은 40분의 준비 시간 동안, PT 내용에 대한 이해, 내용 구성, A4용지에 발표 내용 기재, 해결 방안 고안 등을 모두 준비해야 한다. 이 수많은 준비 과정 중 가장 먼저 PT 내용 구성 방법에 대해 먼저 알아보자.

KEB 하나은행 PT 면접, 내용 구성 방법은?

주어진 자료를 어떻게 활용해서 구성해야 할까? PT 면접 구성 방식은 우리가 위에서 봐왔던 방식과 비슷하다.

▼ PT 면접 구성 방법 및 예상주제

구 분		포함내용
서 론 1분	인 사	안녕하십니까. ~ 주제에 대해 발표할 지원자 ~
	현황 분석	현재 ~ 주제는 ~한 이슈가 화두가 되고 있어~ * 현황 분석에 문제 원인, 대상의 문제 파악
	기준 잡기	이러한 이슈(주제)에 대한 대응 방안을 ~을 기준으로~ 🚘 자동차 보험 : 차량 기준(대중교통, 화물차 등)
본 론 3분		첫 번째, ~ 방안입니다. 방안 두괄식 + 관련 근거 + 결론
		두 번째, ~ 방안입니다. 방안 두괄식 + 관련 근거 + 결론
		세 번째, ~ 방안입니다. 방안 두괄식 + 관련 근거 + 결론
결 론 1분	요 약	이렇듯 (주제)에 대해 ~게 (방안)을 진행한다면~
	기대효과	수치 활용 GOOD, 대안에 따른 기대효과 제시
	감사 인사	이상 발표를 마치겠습니다. 감사합니다.

우리은행에서 준비했던 PT 면접과 동일한 방식으로 PT를 준비할 수 있다. 서론에는 문제에 대한 현황을 분석하여 이 문제의 해결이 왜 중요한지부터 언급해주는 것이 좋다. 본론에서는 여러분이 생각한 방안 세 가지를, 결론에서는 내용의 요약과 이에 따른 기대효과를 언급해주는 것이 좋다.

차근히 서론부터 함께 살펴보자.

1 서론 구성 방법

서론은 발표를 여는 문이다. 청자도 발표를 들을 준비가 되어야하기 때문에 서론에서 청자와 주제를 가깝게 만들어줘야 하는 것이다. 이를 위해서는 가장 먼저 인사와 이 문제에 대한 현황을 언급해줘야 한다. 위의 고령자 운전과 관련된 문제에서는 현황에 활용할 수 있는 수치들이 명확히 제시가 되었기 때문에 이 수치들을 활용해서 언급해준다면 보다 논리적으로 내용을 개진할 수 있을 것이다.

자세한 서론 구성 방법은 아래 순서를 따른다.

인 사 → 현황(현재 이슈가 뜨거운 이유, 이슈에 대한 설명, 문제의 원인)
→ 발표 내용에 대한 기준 잡기

앞서 우리은행의 PT 면접 챕터에서 알아보았듯이 현황과 문제의 원인에 대해 언급해준 후, 발표 내용에 대한 기준을 잡아줘야 한다. 그렇다면 위의 '고령자 운전자 사고 증가'에 대해서는 내용을 어떻게 풀어줄 수 있을까?

▼ 답안 예시

안녕하십니까. 고령자 운전자 사고 증가에 따른 해결방안에 대해 발표할 지원자 OOO입니다.

최근 영이은 고령 운전자의 사고로 고령자의 운전 제한이 화두가 되고 있습니다. 현재 국내 고령 운전자 비중이 9%를 넘었지만, 잇따른 사고로 인해 고령 운전자들을 '도로 위 시한폭탄'이라고 이를 정도로 사회적 경각심이 고취되고 있는 상황입니다. 아무래도 노인의 신체적·인지적 능력이 저하되어 일상생활에 영향을 미치는 만큼 고령자의 운전 능력 저하는 교통사고 위험변수로 작용될 수밖에 없다는 게 전문가들의 공통된 견해입니다. 이에 따라 현재 정부에서도 정책적으로 대응하고 있으나, 사고 건수는 지속해서 증가하는 상황입니다. 이러한 고령 운전자 사고 증가에 따른 해결 방안을 예방의 측면과 정책적 측면, 일자리 측면에서 분석해보았습니다.

이처럼 현재 이 문제가 화두가 되어 있음을 미리 밝힌 후 이 문제의 현황과 심각성, 그리고 원인을 밝혀주며 면접관의 관심을 유도한다. 이 과정에서, 자료에서 주어진 수치를 활용하며, 말의 신뢰와 논리성을 더해주었다. 더 나아가, 앞으로 진행할 본론을 예방, 정책, 일자리 측면에서 설명하겠다고 미리 언급하며, 이 문제에 대해 다각적으로 분석하였음을 드러내었다.

이렇게 서론을 구성한 다음, 본론은 어떻게 전개하는 것이 좋을까?

2 본론 구성 방법

앞서 서론에서 예방, 정책, 일자리 측면에서 해결 방안을 설명하겠다고 언급하였다. 이후 본론을 어떻게 풀어가는 것이 좋을까?

결론(해결 방안) → 결론 근거(예시 활용 가능) → 결론(해결 방안)

본론도 다른 면접처럼 두괄식 전개로 풀어주는 것이 좋다. 여러분이 생각하는 해결 방안을 먼저 언급한 후에 왜 그런 해결 방안을 생각했는지 전개하고 다시 해결 방안을 언급해주며 마무리 해주는 것이다. 여기서 활용할 수 있는 근거는 주어진 자료 내에서 찾아서 작성해야 하며 최소 세 가지 이상 언급하는 것이 좋다. 본론 역시 답변 예시로 같이 살펴보자.

첫째, 고령 운전자 제한이 진행되지 않을 시, 고령 운전자를 위한 편의 시설 구축으로 사고를 최소화해야 한다고 생각합니다. 영어은 고령 운전자 사고로 인해 고령 운전자 면허를 규제해야 한다는 목소리가 나오고 있지만, 한편에서는 고령 운전자의 이동성 및 행복권을 침해하는 행위라며 이를 반대하고 있습니다. 이렇듯 고령 운전자 면허 규제는 신중히 생각해야 할 문제지만, 점차 증가하는 사고 예방을 빠르게 이뤄져야 한다고 생각합니다. 이를 위해, 미국에서는 교차로 등에 설치된 표지판 크기를 20% 이상 확대하였으며, 고속도로 주변 표지판 크기를 두 배 확대하는 등, 고령 운전자가 안전히 운전할 수 있는 체계를 구축하고 있습니다. 또한, 일본에서도 택시를 포함한 70세 이상 운전자가 '실버 마크'을 의무적으로 부착하게 하여, 고령 운전자로 인한 사고 발생을 최소화하고 있습니다. 우리나라 역시, 편의 환경 구축 및 고령 운전자 관리 등을 통해, 이로 인한 사고 피해부터 최소화 하는 것이 중요하다고 생각합니다.

이처럼 본론에서는 가장 먼저 두괄식으로 여러분이 생각한 해결 방안을 언급해야 하며 앞선 자료를 활용하여 그 근거를 마련해야 한다. 마지막으로 내용을 정리하며 이 해결 방안이 왜 중요한지 한 번 더 정리해줄 수 있어야 한다.

본론에서 여러분이 어떤 아이디어를 제시해도 좋다. 창의적이든 논리적이든 모든 아이디어는 주어진 자료에서 착안해야 여러분의 자료 해석 및 응용력까지 보여줄 수 있으니 아이디어가 정 생각나지 않을 때에는 '이 그래프가 왜 있을까?'부터 생각하여 해결 방안을 도출하길 바란다.

3 결론 구성 방법

이렇게 서론과 본론을 구성하고 난 뒤에는 이 모든 PT를 마무리 하는 결론 역시 굉장히 중요하다. 여러분이 모두 알고 있듯이 결론은 '앞서 발표한 내용의 요약'과 '기대효과'를 언급해야 하는 파트이다.

요약 → 기대효과 혹은 앞으로의 방향 → 감사 인사

타 은행과 달리 결론에 약 1분가량의 시간을 쏟아야 하기 때문에 기대효과를 분석적으로 접근하여 구체적으로 풀어내야 한다. 단순히 '좋아질 것이다.', '해결될 것이다.'로 푸는 기대효과가 아닌 구체적으로 어떻게 문제가 해결될 것인지 언급할 수 있어야 한다. 예시로 함께 살펴보자.

▼ 답안 예시

현재 우리나라는, 세계에서 가장 빠르게 '고령화 사회'로 진입하고 있습니다. 고령 인구가 점차 증가할 미래에서 마냥 고령 인구의 운전을 제한할 수는 없다고 생각합니다. 이러한 사회 흐름을 반영하고, 운전으로 인한 피해를 최소화하기 위해, 사고를 예방할 수 있는 환경을 조성하고, 고령 운전자의 일자리를 보장하며, 정책적으로 고령 운전자를 최소화할 수 있도록 대책을 마련해야 할 것입니다. 이렇듯 다각적으로 대책을 마련한다면, 고령 택시 운전자의 경제권과 일자리를 보장할 수 있을 것입니다. 또한, 면허 규제 등 정책적 대안으로 인해 부산에서 고령 운전자 사고 건수가 크게 감소하였듯 고령 운전자로 인한 사고 발생 건수 감소는 물론 면허 규제라는 단편적 해결책을 넘어 지속적 해결책을 마련할 수 있을 것으로 예상합니다. 이러한 대책을 마련한다면 안전한 운전 환경과 고령 인구의 기본권도 모두 챙기며 선진 사회로 한걸음 더 발전할 수 있을 것입니다. 감사합니다.

이처럼 이 문제와 해결 방안에 대한 간략 요약과 그에 따른 기대효과를 모두 정리할 때, 앞선 내용을 한 번 더 정리해주며 논리적인 PT를 완성할 수 있는 것이다. 이렇듯 논리적으로 PT를 구성해보았다면, 이제는 A4용지 한 장에 이 내용을 모두 어떻게 정리할지 같이 살펴보자.

KEB 하나은행 PT 면접, A4용지 정리 방법은?

앞서 PT 면접은 지원자의 논리성과 스피치 스타일, 영업력 등을 종합 평가할 수 있는 면접이라고 설명하였다. 그렇기에, 매번 면접 컨설팅을 진행할 때마다 모든 지원자에게, PT 면접은 쉽게 말해 '은행원이 고객에게 상품에 대해 설명하는 과정'으로 생각하라고 이야기한다. PT 면접의 A4용지 구성 방법 등은 '행원이 고객에게 설명하는 과정'이라는 개념만 기억한다면, 쉽게 접근할 수 있다. 이미 제공된 팜플렛 및 상품 설명서를 활용하여 설명하는 행원도 있고, 고객이 혜택을 바로 이해할 수 있도록 내용을 도식화하여 설명하는 행원도 있다.

지금부터 살펴볼 'A4용지 정리 방법'도 이와 같다. 크게 '설명형'과 '도식화형'으로 나눠서 설명할 수 있다. 순서대로 정리 방법을 확인해보자.

1 설명형 정리 방법

여러분이 PT 면접에 임할 때 흔히 사용하는 방법이다. 개요와 원인, 해결 방안과 근거 등을 개조식으로 정리하여 흐름대로 PT를 진행하는 방식이다. 위의 '고령 운전자 사고 증가에 따른 해결 방안'을 적용하여 설명형 정리 방법을 같이 살펴보자.

1. 개 요
   - 우리나라 노인 인구 비율 : 2017년 8월 기준 14.0% ➡ 고령사회 진입
   - 전체 운전자 중 65세 이상 운전면허 소지자, 전체의 9% 차지
   - 65세 이상 고령 운전자 사고 건수 : 2017년 26,000건 이상
   ▶ 고령 사회에 대비하여 고령 운전자 사고 예방 대책이 필요한 상황

2. 해결방안
   예방 측면 : 고령 인구 안전 운전 환경 구축 필요
   - 고령 개인택시 운전자 50% 이상 → 섣부른 면허 규제는 일자리를 뺏는 일
   - 이미 선진국에서는 고령 운전자를 위한 안전 운전 환경 조성

미 국	일 본
• 교차로 등 설치된 표지판 크기 20% 확대 • 고령 운전자를 위한 도로 설계 • 신호등 보조 표지판 설치 • 고속도로 주변 표지판 크기 확대	• LED 신호등으로 신호등 교체 • 실버마크 의무 부착 • 고령운전자 위한 법규 마련 • 전용 주차장 건설

   ▶ 신호등, 표지판 등 고령 운전자의 안전한 운전 환경 조성 필요
   ▶ 인지력 저하된 고령 인구를 위한 사전 표지판 구축 등

3. 기대효과
   - 안전 운전 환경 조성 → 사고 피해 최소화
   - 약 60%의 고령 운전 직업인 일자리 보장과 대체 일자리 창출 → 경제 생산인구 유지 및 증가
   - 고령 인구 면허 심사 체계화 등의 정책 마련 → 고령 사회에서 면허 규제는 단편적 해결책, 면허 테스트 체계화로 지속적 해결방안 구축

여러분이 서, 본, 결에 정리한 내용을 개요와 해결 방안, 기대효과로 나눠 상세히 작성하는 방식이다. 이러한 설명형 방식은 말을 자연스럽게 이어서 하기 어려운 지원자가 PT 내용을 보고 말을 이어갈 수 있다는 장점과 여러분의 논리 흐름이 정리된다는 장점이 있다. 하지만, 영사기를 띄워 발표를 진행하기 때문에, 다소 떨어져 앉아있는 면접관 눈에 글씨가 잘 보이지 않는다면 오히려 발표에 방해 요인이 될 것이다.

혹시 말에 자신이 있거나, 눈에 들어오는 방식으로 설명하고 싶다면 다음 '도식
화형 정리 방법'을 따라 작성해보자.

2 도식화형 정리 방법

고등학교에서든 대학교에서든 모든 지원자는 한번쯤 PT 발표 경험이 있을 것이
다. 팀 PT에서 누군가 PPT에 글씨만 잔뜩 써서 갖고 왔다고 생각해보자. 아마
모두가 'PT의 가독성이 떨어진다.'며 화를 냈을 것이다. '도식화형 정리방법'은
이러한 PT 발표의 기억을 살려 면접관이 편하게 PT를 보며 이해할 수 있도록 하
는 방식이다. 줄글로 푸는 설명형 방식보다 글씨가 적게 들어가기 때문에 면접관
은 PT 자체보다 지원자의 말에 더 집중하여 지원자의 발표를 더욱 쉽게 이해할 수
있을 것이다. 함께 예시를 살펴보자.

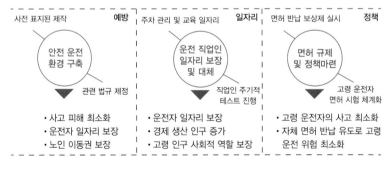

구성 방식은 어떤 형식이어도 좋다. 이처럼 개요, 현황, 해결 방안 등 줄글로 써 내려가기보다는 필요한 내용만 도식화하여 보는 사람이 발표에 더 집중할 수 있도록 하는 것이다. 이러한 방식의 또 다른 좋은 점은, 지금 내가 어떤 내용을 설명하고 있는지 가리키기 편하다는 점이다. 예를 들어 '예방'에 관해 설명할 때에는 '첫 번째 해결 방안인 예방 보시겠습니다.'라며 준비된 발표이지만 내 발표처럼 PT를 깔끔하게 정리할 수 있는 것이다.

이렇듯 PT 구성법과 A4 구성법을 모두 알아보았으니 이제 여러분이 직접 PT를 구성해볼 차례다.

영상트레이닝

KEB 하나은행 PT 면접 실전 트레이닝

• 준비물 : 녹음기, A4용지, 필기구, 타이머
• 진행 방법
  – 아래 주제를 보고 35분간 발표를 준비한다(20분 내에 작성을 끝내고 나머지 시간은 발표 연습하기를 권한다).
  – 준비 후, 5분간 발표 및 녹음을 진행한다.
  – 녹음 후, 논리적으로 전개되었는지, 준비한대로 발표했는지 확인한다.

Q1. 고졸 취업 특혜에 대한 찬반 논란이 이어지고 있다. 이를 최소화할 수 있는 방안은?

1. 고졸 채용 확대 정부 방안

비전
"고교졸업 ▶▶대학진학" 일변도에서 벗어난 청년의 다양한 성장경로 구현

목표
/ 직업계고 취업자 비율 60% 달성('22년까지) /

🎓 학생 | 원하는 시기에 언제나 직업교육을 받고, 고졸로 사회적으로 자립·성공할 수 있는 기회 제공
🏫 기업 | 인성·기초능력과 실무능력을 갖춘 우수한 고졸 인재 채용
✍ 지역 | 지역공동체(커뮤니티) 중심의 양질의 교육·취업 활성화

과제 목표	미래직업능력과 기초소양을 겸비한 고졸인재육성	⟩	고졸 채용 붐 사회 전반적으로 확산	⟩	고졸 성공 사회적 경로 정착
	/ 취업 전 / 중등직업교육 강의	⟩	**/ 취업 시 /** 양질의고졸 일자리 확대 및 취업지원강의	⟩	**/ 취업 후 /** 고졸 취업 후 사회적 자립 지원
주요 과제	• 직업계고 체질개선 추진 • 학생중심의 중등직업 교육체제 구축 • 중등직업교육 기회실질적 보장 • 상생·협력하는 중등직업교육 생태계 조성 • 중등직업교육 혁신을 위한 인프라 구축		• 공공부문 고졸채용 확대 • 기업의 고졸채용 확산을 위한 인센티브 확대 • 지역 일자리 및 해외 일자리 취업 지원 강화 • 고졸 취업지원체계 강화 • 중소기업 근무여건 및 대국민 인식 개선		• 자산형성 지원 확대 • 고졸 근로자 역량개발 지원 기업 확대 • 고졸 재직자 대학 진학 지원 강화
성과 창출	• 고졸취업 및 고졸취업자 지원 내용을 범정부적 국정과제로 추진 • 고졸취업 확대 방안 과제 추진·점검을 위한 관계부처 협의체 구성 • 사회관계장관회의를 통해 과제 추진상황 정기 점검				

※ 출처 : 김범주, '정부, 2022년까지 직업계고 취업률 60% 달성… 공공기관 고졸 채용 확대', 아시아
투데이, 2019.01.25

2. 전국 특성화고 평균 취업률 하락
- 2013년 : 67.9%
- 2015년 : 72.2%
- 2017년 : 74.9%
- 2018년 : 65.1%

3. 특성화고 학업 중단율 일반고 2.5배

학업중단 학생은 감소 추세이지만 특성화고 학생들의 학업중단율이 특히 높은 게 특징이다. 2016년 특성화고 학생들의 학업중단 비율은 2.20%로, 일반고 0.87%에 비해 2.5배 수준이었다. 외고, 과학고 등 특목고 학생(0.82%)의 2.7배다.

※ 출처 : 이재명 기자, '특성화고 학업중단율 일반고의 2.5배…읍면 고교도 높아', 뉴스원,
2017.07.21

4. 대학생들의 대졸 신규채용 환경 체감도

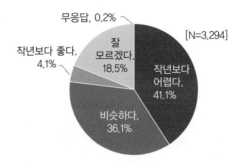

※ 출처 : 그래프/한국경제연구원, 정성원 기자, 대학생들 취업 선호 1위는 '공기업'…5명 중 1명은
공시생, 연합뉴스, 2018.09.30

5. 학력 제한 없는 공무원 시험

9급 공무원 시험은 20세 이상 해외여행에 결격사유가 없는 성인이면 학력 상관없이 누구나 볼 수 있다. 일반 9급 공무원 시험은 필수 3과목, 선택 2과목으로 총 5과목의 시험을 보게 된다. 고졸 지역인재 9급 시험은 직렬에 상관없이 국어/영어/한국사 등 세 가지 과목만 응시하면 된다. 이미 학력 제한이 없는 기존의 시험에서 고졸이란 이유로 시험과목 수의 차이가 나는 것은 형평성에 어긋난다. 공공기관 역시 블라인드 채용을 시행하나 고졸자가 대졸자보다 불리하다는 주장을 내세워 고교졸업예정자만 응시할 수 있는 별도의 전형을 도입하려 한다. 블라인드 채용제라는 명분이 무색하게 이 역시 형평성에 어긋나는 취지인 것이다.

Q2. 일회용품 사용량 최소화 방안은?

1. 2016년 기준 1인당 일회용품 사용량

국가	사용량
한국	98.2kg
미국	97.7kg
프랑스	73.0kg
일본	66.9kg

2. 2015년 기준 1인당 비닐봉투 연간 사용량

국가	봉투 수
한국	410개
그리스	250개
스페인	120개
독일	70개
아일랜드	20개
핀란드	4개

3. 식품, 외식 업계 친환경 용기 도입 사례

스타벅스	종이빨대 시범 도입, 종이 등 친환경 포장재 도입
엔젤리너스	빨대 필요 없는 드링킹리드 도입
투썸플레이스	유색 종이컵, 무색으로 변경
동아오츠카	라벨 분리 쉬운 블루 라벨 적용
푸르밀	페트병 대신 친환경 종이소재 '카토캔' 이용

4. 진행 중인 일회용품 활성화 정책

서초구 서리풀컵	길거리 재활용품 수거함
대전 행복매장	재활용품 나눔매장, 행복매장 → 기부
서울 공병공간	공병을 활용한 한옥 공간 업사이클링
화장품 브랜드	공병 회수 시 500포인트 적립

PART 6

NH 농협은행
실전 면접
(5급+6급 통합)

'정말 인성만 보는 면접 같아요.'

농협은행 면접을 보고 온 친구들이 건네는 말이다. 5급의 경우 토의 면접 외에 보는 두 면접은 모두 인성을 묻는 면접이고, 토의 면접도 여러 명이 하나의 방안을 도출하는 면접이기 때문에 전문적인 말 한 마디로 합/불이 갈리기는 어려운 면접이다. 6급 면접도 마찬가지다. 세일즈 면접에서도 상품을 권하는 영업 역량과 자세를 주로 보고 인성 면접에서도 인성으로 꼬리를 무는 질문이 많다고 한다.

타고난 인성과 성향을 바꿀 수는 없다. 하지만 '연습'을 할 수는 있다. NH 농협은행 파트에서는 5급 토의 면접과 6급 세일즈 면접에서 '농협에서 원하는 모습'을 가질 수 있는 습관을 연습할 예정이다. 토의 면접에서도 말 한마디를 하더라도 조직에 융화되는 스피치 방법을 세일즈 면접에서도 상품 하나를 권하더라도 자연스럽게 권하는 순서를 배워볼 것이다.

CHAPTER 1

NH 농협은행 토의 면접

영상트레이닝

NH 농협은행 토의 면접, 출제 방향

명목상으로는 '토의 면접을 보는 유일한 은행'이지만, 사실상 'KB 국민은행 토론 면접'에서 토의 면접은 한번 연습해보았다. NH 농협은행은 KB 국민은행 토론 면접과 비슷하게 '함께 방안을 찾아가는 면접'이다. 다만, 이름이라도 '토론'을 넣었던 KB 국민은행과 다르게, 토의 면접이기에 반박과 다른 의견보다는 '첨언 발언'에 비중을 두는 것이 좋다.

그렇다면, NH 농협은행 5급 토의 면접은 어떻게 진행되는지 먼저 살펴보자.

> ◈ *면접 시간 : 30분*
> ◈ *면접 인원 : 6명가량*
> ◈ *면접 진행 방법 : 주제에 대한 아이디어 제시 및 방안 도출*

약 6명이 한 주제에 대해 토의하며 해결책 혹은 방안을 도출하는 형식의 면접이다. 하지만 위에서 언급했듯이 중요한 평가 요소는 지식보다는 자세와 태도이다. 토의 면접에 필요한 자세와 태도를 '토의 면접의 역할'을 기준으로 알아보자.

NH 농협은행 토의 면접, 실전에서는 어떻게?

이미 앞선 토의 및 토론 면접에서 본인이 어떤 토론, 토의 스피치 스타일을 갖고 있는지 파악했을 것으로 생각한다. 이번 챕터에서는 토의 면접에서 가져야 하는 자세를 중점으로 배워볼 예정이기 때문에, 사전 테스트를 통해 아이디어 도출 방법부터 알아보자.

NH 농협은행 토의 면접 사전 테스트

- 준비물 : 녹음기, 필기구
- 방법 : 아래 주제에 대해서 도출할 수 있는 아이디어를 최대한 많이 작성한 후, 아래 표에 나눠서 다시 기재해보자.

주제 : 20대 초반 대학생 고객을 주거래 고객으로 유치할 수 있는 방안

<내 아이디어 기재>

▼ 아이디어 도출표에 내용 정리하기

구 분	내 용
대상의 특징 (대상 = 대학생)	
대상에게 필요한 것	
현재 농협은행에서 이를 위해 하고 있는 것	
관련 수치	

여러분의 발표 내용이 아래 아이디어 도출 표에 모두 포함되는가? 아이디어 도출표는 여러분이 참신한 아이디어를 내기 위해, 아이디어에 신뢰를 더하기 위해 필요한 내용들이다. 왜 필요한지 상세히 알아보자.

구 분	왜 필요?
대상의 특징	대상의 어떤 성향을 갖고 있는지, 어떤 내용을 좋아하고 힘들어하는 지 등을 파악해야, 적절한 전략을 구성할 수 있다. 예 20대 대학생 좋아하는 것 – 여행 – 주로 여행을 위해 예 · 적금 가입 – 관련 상품 개발
대상에게 필요한 것	특성과 관련해서, 어떤 서비스를 필요로 할지 파악해야, 이를 금융 서비스와 연결 지을 수 있다. 예 대학생이 여행 가기 위해 필요한 것 – 자금 – 여행 경비 할인 – 여행 적금과 여행 경비 접목
현재 농협은행에서 이를 위해 하고 있는 것	•현재 하고 있는 서비스를 언급하며 농협에 대한 관심 표현 가능 •이미 하고 있는 서비스를 언급하지 않도록 할 것 예 농협은행 모여라 통장, 올원뱅크 환전 우대 90% 등
관련 수치	내 주장에 근거를 더할 수 있기 때문 예 여행 가기 위해 돈을 모으는 대학생 21% 등

물론 토의 면접 현장에서 '농협은행이 하고 있는 것'과 '관련 수치'는 생각이 나지 않을 수도 있다. 하지만, 적어도 '대상의 특징'과 '대상에게 필요한 것' 정도는 면접 중에도 꾸준히 정리하여 대상과 고객에 대한 통찰력 있는 시각을 보여주는 것이 중요하다.

그렇다면, 이제 '조직 융화적' 자세를 보여주려면 어떤 역할을 맡아야 할까?

합격 수기를 보면 대부분 '저는 정리하는 역할을 맡았습니다.'라고 적어 두었다. 아마 일부 은행 준비생들은 해당 멘트를 보고 '아, 다른 지원자가 말하는 내용을 한 번씩 되짚어주면 되는구나.'라고 생각할 수도 있다. 하지만, 여기에서 정리는 '타인의 의견을 융합하여 새로운 아이디어를 더하는 정리'를 말한다.

실제로 면접장에서 별다른 참신한 아이디어가 생각나지 않는다면 오히려 여러 지원자가 하는 이야기를 듣고 정리한 뒤 그를 활용해 새로운 아이디어를 꺼내는 것이 좋다. 대체 아이디어를 융합해서 어떤 새로운 아이디어를 도출할 수 있는지 같이 살펴보자.

예시로, 위에서 살펴본 '20대 초반 대학생 고객을 주거래 고객으로 유치할 수 있는 방안'을 살펴보자. 지원자 A가 이 내용에 대해 '20대 대부분은 여행을 위해 예·적금에 가입하곤 합니다. 이러한 20대 대학생이 여행을 위해 자금을 용이하게 모을 수 있는 상품이나, 농협은행에 여행 관련 가맹점을 확보하여, 결제 시 추가 혜택을 제공하는 상품 등을 만들 수 있을 것 같습니다.'라고 말했다고 가정하자. 그리고 지원자 B는 '현재 올원뱅크에서 받을 수 있는 환율 우대를 함께 마케팅 한다면, 여행 준비하는 20대를 확실히 끌어올 수 있을 것 같습니다.'라고 가정한다면 여기에서 '정리'는 어떻게 할 수 있을까? 먼저 여러분의 정리를 작성해보자.

• 내 정리

....

....

....

....

....

....

여러분의 정리는 어떤 내용이었는가? '여행에 관심 있는 20대를 위해 여행 상품을 만들어, 환율 우대 혜택을 주면 어떨까요?' 정도의 요약이었는가? 물론, 그 정도의 요약이어도 '경청'의 자세를 보여줬다면, 좋은 점수를 받을 수 있을 것이다. 하지만 '방안'을 도출해야 하는 면접이기 때문에, 아래와 같이 요약해보는 것도 좋을 듯싶다.

▼ 예시 답변

> 네, 그렇다면 말씀하신 대로, 여행 자금을 위한 '단기 적금'과 '환율'을 접목하는건 어떨까요? 최근 한 인터넷 뱅크의 26주 적금이 큰 인기를 모았던 것처럼, 농협은행에서도 여행을 위한 단기적금 상품을 제시하고, 완료 후 일정 기한 내 여행 가게 되면 환율 추가 우대 및 항공권 할인 등을 제공하는 방법도 좋을 것 같습니다.

이와 같이, 여러분이 알고 있는 지식과 경청했던 아이디어들을 정리하여 새로운 아이디어를 제시한다면, 경청과 의견을 더한 완벽한 정리가 될 것으로 생각된다. 이제 실전 트레이닝을 통해, 다른 준비생들과 토의 면접을 준비해보자.

NH 농협은행 토의 면접, 실전 토의 트레이닝!

영상트레이닝

NH 농협은행 실전 토의 트레이닝

- 준비물 : 카메라, 필기구, 타이머
- 진행 방법
  - 아래 주제에 대해 30분간 그룹으로 토의를 진행합니다.
  - 토의 장면을 촬영 후, 서로의 자세에 대해 피드백합니다.
  - 모든 과정에서 필기구로 작성하며, 경청하는 모습을 보여줍니다.

NH 농협은행 실전 토의 트레이닝 연습 주제

- 1인 가구 증대에 따른 NH 농협은행의 전략
- 청년농을 위한 대출 상품 고안 및 1% 이내의 우대 금리 조건과 홍보 방안
- 은퇴 상품 확대를 위한 NH 농협은행의 홍보 방안
- 6차 산업 활성화를 위한 농협은행의 상품 기획

NH 농협은행 실전 토의 트레이닝 피드백 체크 사항 ☑

1. 남의 말을 중간에 자르지 않았는가?　　　　　　　　　　　　　□
2. 다른 사람이 말하고 있을 때 경청하는 자세를 보여주고 있는가?　□
3. '정리형 스피치'를 보여주고 있는가?　　　　　　　　　　　　　□
4. 근거에 입각하여 아이디어를 제시하고 있는가?　　　　　　　　　□

NH 농협은행 RP 면접(6급)

영상트레이닝

NH 농협은행 RP 면접, 출제 방향

소위 말하는 '농준생'이라면 누구든지 'RP 면접'에 대한 고민을 갖고 있을 것이다. 비금융 상품을 판매했던 IBK 기업은행과 달리 직접 농협 은행의 상품을 창구에 행원처럼 판매해야 하니 여간 어려운 일이 아닐 것이다. 하지만 막상 준비하고 나면, RP 면접만큼 쉬운 면접이 없었다고 말한다. 그만큼 RP 면접은 정해진 구조 안에서 연습하면 수월하게 치룰 수 있는 면접이다.

NH 농협은행의 금융 상품을 판매하는 RP 면접, 일단 출제 방향부터 살펴보자.

〈NH 농협은행 RP 면접 진행 방향〉

- 면접 시간 : 10분 대기 시간, 10분 RP 면접
- 면접 인원 : 채점관 2명, 고객 역할 행원 1명
- 면접 진행 방법
  - 2명이서 짝을 지어 RP 면접장 내려가서, 1번 / 2번 부스로 들어가 각각 RP 진행
  - 10분 대기시간에 볼 수 있는 건, 인사말 + 유의사항 + RP 목적
  - 고객에 대한 정보가 주어지지 않음

실제로 2019 상반기 입행한 선배의 후기를 살펴보면 "상품을 팔아야 한다."에 별이 5개나 있을 정도로 강조하지만 사실은 판매하는 경우는 거의 없고, 본인도 단한 상품도 판매하지 못했는데 합격했다고 한다. 이렇듯 RP 면접에서 중요한 건 '판매 여부'가 아닌 '어떻게 영업을 이어나가느냐'이다. 일단, 여러분이 어느 정도 금융 상품 세일즈가 되어있는지부터 알아보자.

NH 농협은행 RP 면접 사전 테스트

- 준비물 : 녹음기, 필기구, 고객 역할 해줄 사람
- 진행 방법
  - 농협은행 상품 세 가지를 선택해 정리한다.
  - 10분간 아래 상황에 맞춰 세일즈 준비를 하고, 10분간 상대방에게 상품을 판매해본다.
  - 세일즈 과정을 녹음한 후, 확인 체크 리스트에 체크해본다.

▶ NH 농협은행의 세 가지 상품

▶ 10분간 준비할 내용

> • 인사말 : N번 고객인 제가 도와드리겠습니다. 안녕하세요 고객님. 고
> 객님 여기에 앉으시면 됩니다. 네 고객님 어떤 업무 때문에 오셨나요?
> • 유의 사항 : 고객의 직업을 임의적으로 설정하거나, 상황을 설정하지
> 마시오.
> • RP목적 : 본인은 신입 행원으로, 고객님은 체크카드 재발급차 방문하
> 셨습니다.

▶ 상대 역할 정보 : 30대 기혼 자영업자 여성

▶ 내 세일즈 정리하기

확인 체크 LIST ☑

1. 최소 두 가지 이상의 상품을 자연스럽게 권하였다. ☐
2. 상황을 가정해서 상품을 권하지 않았다. ☐
3. 마지막에 어플 사용 등을 권하였다. ☐
4. 고객이 상품 가입 시 얻을 수 있는 혜택을 중점으로 설명하였다. ☐
5. 마지막에 고객 방문 이유를 잊지 않고 챙겨드렸다. ☐

4개 이상	금융 상품 세일즈가 준비되신 분입니다. 구체화 작업만 해주시면 완벽합니다.
2~3개	세일즈 면접에 대해서는 이해하고 있으나, 자연스러운 세일즈가 어려운 상황입니다.
1~2개	세일즈 면접에 대한 이해가 부족한 상황입니다.

여러분은 상품 판매에 성공하였는가? 고객 역할을 해준 사람에게서 '가입하고 싶다.'라는 이야기를 들을 수 있었는가? RP 면접은 정해진 틀 안에서 무조건 다른 사람의 반응에 맞춰 연습해보아야 한다. 실제 농협은행 6급에 합격한 선배들 대다수는 'RP 면접은 판매가 아니라 소통 면접이에요.'라고 답할 정도로 고객과 합을 맞춰야 하는 면접이다. 반드시 이 챕터를 연구한 후 실전 트레이닝에서는 상대방을 구해 연습해보기를 바란다.

NH 농협은행 RP 면접, 미리 상품과 고객 이해하기

---

1 상품준비

아마 RP 면접을 준비하며 가장 걱정되는 부분은 상품준비일 것이다. '이 상품은 너무 쉬워 보이고, 이 상품은 설명하기 어렵고' 등 걱정 때문에 상품의 안 되는 이유만 찾다가 상품을 제대로 공부하지 못하고 면접장에 들어가게 된다. 하지만 상품은 쉬워도 되고, 간단해도 된다. RP 면접은 고객의 상황에 맞춰 상품을 얼마나 자연스럽게 판매하는지, 또 고객을 어떻게 응대하는지를 중점적으로 보기 때문에 굳이 어려운 상품을 준비해서 고생하지 않아도 된다.

오히려 쉬운 상품을 준비해서 고객과 자연스럽게 소통하며 상품을 판매하는 편이 낫다. 예·적금 상품, 체크카드 상품, 신용카드 상품, 어떤 상품이든 좋다. 아래 칸에 여러분이 준비한 상품을 넣어 기재해보자.

구 분	학 생	직장인	공무원	사업자	外
신용카드					
체크카드					
예 · 적금					
기 타					

상품은 어떤 상품이어도 괜찮다. 농협 RP 면접은 고객이 어떤 직업과 상황에 처해있는지에 따라 달라지기 때문에, 위의 직업란에 나눠서 상품을 기재해주면 된다. 먼저 상품을 작성해본 후, 아래 예시를 살펴보자.

구 분	학 생	직장인	공무원	사업자	外
신용카드		올바른 포인트(할) / 파이(적)			해봄 (20대 / 할)
체크카드	해봄(할)				
	올바른 포인트(적) / 올원(적)				
예 · 적금		직장복리	공적우대	성공파트너	
	해 봄	주거래 우대 예 · 적금			
기 타		IRP			
				노란우산	
	주택청약				

※ 직장복리 : 직장인 윌복리 / 공직 우대 : 채움공직자우대통장
　성공파트너 : 성공파트너 통장 · 적금
※ (할) : 할인형 / (적) : 적립형

이처럼 여러분이 선택한 상품을 어느 타겟에게 판매할 수 있을지를 나눠서 정리해주는 것이 좋다. 예를 들어, '올바른 포인트(할인형)'와 '파이 신용카드(적립형)' 같은 경우 직장인부터 공무원, 사업자까지 권할 수 있는 상품이라고 볼 수 있다. 또, 주택 청약 같은 경우에는 고객의 상황에 따라 모두 권할 수 있다는 점을 인지한다면 세일즈에서 청약 하나를 덤으로 판매할 수 있는 것이다.

이렇듯 고객의 상황에 따라 판매할 수 있는 상품을 나눠서 기재해두면 다양한 고객층에 따라 연습할 때, 당황하지 않고 해당 상품을 권해줄 수 있다.

2 고객이해

이렇게 상품은 준비되었는데, 세일즈는 어떻게 시작하면 좋을까? 또, 고객은 단순히 체크카드 재발급차 방문했는데 위에서 정리한 상품을 권할 수 있을까?

앞서 언급했듯이, 농협의 RP 면접은 고객의 직업과 상황에 따라 달라지기 때문에 고객의 유형은 물론, 방문 목적에 맞춰서도 상품을 분리해두는 것이 좋다. 또한 뒤 챕터에서 확인하겠지만, 기존 거래 고객/신규 거래 고객에 따라 세일즈를 유도할 수 있는 멘트가 다르고, 거래 목적에 따라 세일즈 멘트가 달라지기 때문에 고객 유형별로 어떤 내용을 확인해야 하는지도 모두 체크해야 한다.

구 분	CASE 1	CASE 2	CASE 3
1	체크카드 재발급	환 전	공인인증서 발급
2	입출금	송 금	비밀번호 오류
3		학자금	
확 인	기존 거래 고객	해외 라운지 이용	신용카드 최초 고객
	신용카드 최초 고객	기존 거래 고객	급여 이체 여부 확인
	급여 이체 여부 확인	신규 가입 가능	기존 거래 고객
	어플 이용 유도	해외 우대 금리	
내 상품 추천			
추천 기능	올바른 포인트(신/체)	Global Check	올바른 포인트(신/체)
	파이(신/체)	올바른 포인트(신/체)	파이(신/체)
	올원(신/체)	해봄(신/체)	올원(신/체)
	해봄(신/체)		해봄(신/체)

※ (신) : 신용카드/(체) : 체크카드
※ 내 상품 추천 : 내가 추천하고 싶은 상품 기재

CASE 1부터 3까지 볼 수 있듯이, 고객이 방문하는 목적은 굉장히 다양하다. 해당 목적별로 아래 확인 칸에 적힌 내용을 확인한다면, 추후 세일즈 방향을 잡기가 훨씬 수월해질 것이다(예를 들어, 신용카드 최초 고객이라면 신용카드 최초 고객에게 제공되는 연회비 서비스 등을 적용할 수 있다).

이렇듯 케이스별로 어떤 상품을 추천하는 것이 좋은지, 왜 추천하면 좋은지 등을 '내 상품 추천' 란에 정리해둔다면 고객이 어떤 유형이어도 보다 수월하게 상품을 권할 수 있을 것이다.

이렇게 상품과 고객에 대해 이해를 완료했다면, 이제 본격적으로 세일즈를 진행해보자.

NH 농협은행 RP 면접, 세일즈 진행 방법!

고객의 직업은 물론, 혼인 여부, 기존/신규, 사용 빈도 등에 따라 여러분이 세일즈를 유도할 수 있는 멘트가 달라진다. 상황 가정이 어렵기 때문에 고객의 답변에 따라 권할 수 있는 상품이 달라진다는 점을 기억하고 아래 유도할 수 있는 상품에 대해 차근히 알아보자.

1 고객 상황별 유도 가능 상품 및 멘트

미혼/기혼 분류

구 분	유 도
미 혼	주택 청약 유도
기 혼	농협에서 대출 받았는지(예·적금 이율우대)

- 미혼이라면 '주택 청약'을 유도할 수 있을 것이다. '추후 결혼 예정 시 혹은 독립 시 분양권을 우선적으로 받을 수 있다.' 혹은, '연말정산 세제 혜택', '필수적인 기본 상품' 등의 멘트로 주택 청약 상품을 권해볼 수 있다.
- 기혼이라면 예·적금 상품의 대출 이율 우대를 활용해도 좋다. 농협에서 대출을 받고, 그 대출금이 농협 계좌에서 나간다면 예·적금 상품에서 이율 우대를 확보할 수 있다는 점을 활용해도 좋을 듯싶다.

기존/신규별 가입 유도 멘트

구 분	유 도
기 존	현재 신용 등급 高, 등급 높아져야 나중에 대출 잘 나옴
신 규	현재 어플로 가입 시 연회비 무료(신용카드)

- 기존 고객이라면, '은행 내 신용 등급'을 활용할 수 있다. 한 은행에서 오래 거래할 시 은행 내 등급이 올라가 혹시 대출이 필요할 때 유리한 조건에서 대출을 받을 수 있다는 점을 안내해준다면 세일즈가 수월해질 것이다.
- 신규 고객이라면, 앞서 언급했듯이 '언제까지 가입 시 연회비 무료' 등의 이벤트를 활용하는 것이 좋다. 은행별 어플로 카드 가입 유도 및 신용카드 유치를 위해 연회비 행사를 진행하고 있다. 이런 점을 미리 파악하여 신규 고객일 경우 연회비를 활용하여 가입을 유치해보자.

기타 활용할 수 있는 내용

구 분	유 도
시용 빈도 ↑	체크 + 신용 ➡ 적립액 ↑ ➡ 연말정산 대비 효율적 활용
월급 이체	급여 이체 시 이율우대 상품 안내 ➡ 예 · 적금
어플 가입	어플로 환전 시 90% 우대 ➡ 올원뱅크 가입 유도
공항 라운지	올바른 신용(30 ↑) 해봄(50 ↑)

- 사용 빈도가 많은 고객이라면 체크카드와 신용카드를 동시에 활용할 시 적립금이 올라간다. 또, 둘을 함께 사용할 경우 연말정산에서 혜택을 볼 수 있다는 점도 같이 안내할 수 있다.
- 급여 이체 시 이율이 우대되는 상품들이 많다. 직장인 월복리 상품도 좋지만 그 외 상품을 유도할 때에도 급여 이체로 고객 가입을 유도하자.
- 그 외에도 어플 가입, 공항 라운지 이용 등으로 고객 이용 목적에 따라 추가 상품을 권할 수 있다.

2 직접 세일즈 해보기

이렇게 세일즈 유도 멘트 및 상품에 대한 준비가 끝났다면 이제는 '진짜' 세일즈를 할 차례이다. 세일즈를 진행하기 전 10분의 준비 시간에 상품을 어떤 흐름으로 판매할지 정리부터 해주는 편이 좋다.

판매 예시 흐름
체크카드 재발급 ➡ 체크카드 사용량 많음 ➡ 신용카드 더블 적립 권유 ➡ 신용도 올라감 ➡ 많이 이용해야 신용 등급이 쌓여서 대출 용이 ➡ 주택청약 or 예 · 적금 상품 안내(권유, 다음에~)

예를 들어, 체크카드 재발급을 위해 방문하신 고객의 경우 체크카드 사용량도 많으시지만 신용카드까지 발급 받으셔서 두 배로 적립하시라며 안내드릴 수 있다. 또, 이렇게 두 카드를 동시에 이용하셔야 신용등급이 올라가 추후 대출이 용이해지며 연말 정산에서 혜택 받으실 수 있다는 점도 안내할 수 있다. 더 나아가 그 외에도 주택청약, 예 · 적금 상품, 어플 등을 같이 권한다면 최소 세 가지 이상의 상품을 권하며 세일즈가 끝나게 될 것이다. 실제로 합격하신 대다수 분들도 '최소 세 가지 이상'의 상품은 권하였다. 그렇다면, 세 가지 이상 상품은 어떻게 자연스럽게 판매할 수 있는지, Opening부터 Closing까지 같이 따라가보자.

(일어서서) N번 고객님! 제가 도와드리겠습니다.
안녕하십니까, 고객님 어서오십시오. (손바닥) 이쪽으로 앉으시면 됩니다.
(고객 착석 후 착석) 어떤 업무 보러 오셨어요?
고객응답
네 고객님 바로 도와드리겠습니다!

신분증 확인
고객님, 신분증 갖고 오셨나요?
확인하고 업무 도와드리겠습니다.

아이스 브레이킹
고객님, 오시느라 춥지는(덥지는) 않으셨어요?
밖에 날씨가~(공감)
점심시간도 아닌데, 이 시간에 어떻게 오셨어요? → 신분 확인 유도 1
아아, 직장이 이 근처이신가 봐요! → 신분 확인 유도 2

아마 OPEN-1번까지는 10분 대기 시간에 확인이 가능할 것이다. 하지만, 여기서 대부분 지원자가 놓치는 포인트는 괄호 안에 있는 부분이다. 고객이 오면 일어서서 인사하고, 고객에게 손바닥을 보이며 앉을 자리를 안내해야 한다. 또, 고객이 좌석 후 착석하며 '행원'의 모습을 그대로 보여주면 된다.

이후, 대부분 금융 거래 업무는 신분증이 있어야 가능하기 때문에, 신분증을 받는 멘트와 확인하고 업무 도와드리겠다는 멘트를 같이 진행해주는 것이 좋다. 신분증을 받고 업무 처리하는 척을 하는 과정에서, 조용히 있을 것이 아니라 '아이스 브레이킹'을 통해 고객의 신분을 확인해야 한다. 예를 들어, 직장인 여부를 확인하기 위해 '점심시간도 아닌데, 어떻게 나오셨어요?'처럼, 직장인일 경우 답변할 수 있도록 자연스럽게 질문을 한다면, 고객의 신분을 파악할 수 있을 것이다.

BODY-1

A : 고객님 그동안 저희 은행 거래가 굉장히 많으시네요!

B : 고객님 저희 은행 처음 이용해주시나 봐요.

A

혹시 핸드폰 요금(or 할인 혜택 관련)도 여기로 이체하세요?

요즘 돈 나갈 곳 너무 많죠~ 주로 어디에~ 저도~

아아, 네! 지금 거래금액이 굉장히 많은데, 할인 받으시는 게 없으셔서요.

지금 저는 휴대폰 요금 매월 만원 이상씩 할인받고 있거든요.

B

환전하시는 거면, 어디 놀러 가시는 거세요? 아니면 출장 가시는 거세요?

어디로 송금 도와드릴까요? 모르는 사람으로부터~ (보이스 피싱 확인)

아니시죠?(송금 목적 확인/목적 관련 상품 유도)

BODY-2

지금 계좌 연동 카드만 바꿔주시면, (신용카드 OO만 발급 받으시면) OO (얼마)원의 혜택을 받으실 수 있거든요~ (고객 입장/%보다는 돈으로) 지금 저도 ~써서 매달 ~의 혜택을 받고 있어요. (관련 자료 준비) 게다가 지금 신용카드 농협에서 처음 발급받으시니까, 연회비 드리고~

BODY-3(추가 가입 유도)

이용하시는 카드에 (신용카드)만 / 신용카드에 (체크카드만)

발급만 받으시면 더블 포인트 적립~ / 이율 ↑

그리고 현재 주택청약 없으시니까, 매달 O만원만 자동이체 해주시면 OOO만원의 OO원(혹은 ~%)의 우대 이율도 있습니다!

지금 급여도 자동이체 되고 계시니까~

▶ 혜택 설명을 통한 추가 가입 유도

이제 본론으로 넘어가, 아이스 브레이킹에서 유추한 고객 데이터를 바탕으로 세일즈를 진행할 수 있다. 보통 '체크카드 재발급', '비밀번호 변경' 등의 케이스는 '이미 농협은행을 이용하고 있는 기존 고객'이기 때문에 거래량이나 거래 여부에 대해 이야기할 수 있다. 이렇게 고객이 우리와 거래를 한다는 조건 하에 '혜택 중심'으로 세일즈를 진행해주면 된다.

'1,000만원 적금 시 이율 1.5%'식의 딱딱한 수치가 아닌 고객이 투자를 결정했을 때 얻을 수 있는 혜택을 직접적으로 설명하는 것이다.

실제로 2019 상반기 입행한 선배의 세일즈 멘트도 다음과 같다.

▼ 선배 SAY

제가 설명드리고 싶은 상품은 NH직장인월복리라는 상품인데요(상품 설명서 꺼내지 않고 고객이랑 눈 마주치면서 이야기함). 제가 주변에 지인들에게 가장 많이 추천드리고 있는 상품이에요. 그 이유가 이자가 제일 높아서 고객님이 만기에 가져가실 수 있는 혜택이 제일 높으세요. 일반적으로 적금은 단리가 붙게 되는데 이 상품 같은 경우는 복리가 적용된 상품이에요. 이자에 이자가 붙는 상품이에요(+단기 복리 간단하게 설명). 상품 설명마저 드려도 될까요?

이 선배가 해당 세일즈에서 잘 한 포인트는 두 가지다. 첫 번째는 앞서 배웠듯이 '고객이 얻을 수 있는 혜택 중심으로, 고객 관점에서 세일즈'를 진행하였고, 두 번째는 '어려운 금융 용어를 풀어서 설명했다.'는 점이다. 고객은 금융에 대해 제대로 알지 못한 채, '전문가'인 행원에게 맡기고자 찾아온다. 이때, 단순히 어렵게 혜택을 설명하기 보다는, 금융 용어를 풀어서 설명한다면, 이해가 쉬워 가입할 확률이 높아진다. 위 선배는 '복리'에 대해서 '이자에 이자가 붙는 상품'이라며 이해하기 쉽게 설명하였다. 이처럼 여러분도 RP 면접에서, 쉬운 상품을 혜택 중심으로 설명하며, 어려운 금융 용어는 풀어줘야 한다.

그 외에도 여러분이 10분간 준비한 판매 흐름을, '고객 관점에서 판매하기', '어려운 용어 풀어서 설명하기', '혜택 중심으로 설명하기', 이 세 가지만 지켜서 판매한다면 우수한 점수를 받을 수 있을 것이다.

올원뱅크 다운 받으시면 나중에 여행가실 때 환율도 우대~
(올원뱅크 혜택) 있어서 다운 받으시면 도움 되실거에요.
도와드릴까요?

여기 제 명함입니다. 궁금하신 사항은 문의 주시고,
제 행번이니 나중에 다운받으시면 한 번 기억해 주시면 감사하겠습니다.

고객님 (업무)모두 처리되었습니다. 신분증도 여기 있습니다.
감사합니다. 조심히 가세요. 고객님.

어느 정도 상품을 권하였으면 이제 더 이상 권유는 하지 말고 마무리로 정리하면 된다. 올원뱅크, 스마트 고지서 등을 설명하며 간단한 가입을 유도하고, 고객에게 나중에 연락할 수 있는 명함을 권하면 된다. 이를 위해 실전 은행에 방문하여 명함을 받아온다면, 그 명함을 나에 맞게 개조해서 사용할 수 있다.

이 외에도, 신분증을 종종 돌려주지 않거나, 고객이 요청한 업무를 끝내지 않는 지원자도 있다. 신분증 돌려주기 및 업무 끝내기는 반드시 지켜줘야 한다.

이렇듯 Opening, Body, Closing에 맞춰 세일즈 순서를 알아보았다. 입행한 선배들은 모두 RP 면접은 '소통 면접'이라고 한다. 자신 없다고 쳐져 있지 말고, 상대 고객에게 꾸준히 판매를 행하며 '영업적 감각'을 찾고자 노력해야 한다.

합격한 선배의 'RP 면접 총평'을 더 살펴보자. 선배는 자신의 합격 이유를 다음과 같이 정리했다.

> ◈ 고객이 고민해보고 온다고 했어도 팜플렛을 챙겨드렸다.
> ◈ 올원뱅크 지문 인식을 언급하며, '비밀번호 변경'으로 찾아온 고객의
> '근본적 문제 해결'과 '올원뱅크 안내'를 동시에 성공할 수 있었다.
> ◈ 명함은 직접 만들어갔다.
> ◈ 실제 은행에서 제공하고 있는 사은품과 이유를 분석하여, 세일즈 면접에서 활용하였다.

'올원뱅크 지문인식'이 어려운 상품은 아니다. 앞서 입행한 선배들 역시 '월복리 적금', '주택 청약', '라운지 이용 가능한 신용카드' 정도의 판매를 진행하였다. 여러분도 앞에서 분석한 상품 표를 활용하여, 쉬운 상품이지만 고객이 꼭 필요하다고 느낄 수 있도록 설명하는 연습을 하자.

NH 농협은행 RP 면접(6급) 실전 트레이닝 준비 방법

- 준비물 : 녹음기, 필기구
- 진행 방법 : 상대방을 한 명 두고, 10분간 준비, 10분간 세일즈를 진행한다.
  - 그 어떤 상황에서도 세일즈는 멈추지 말고 지속한다.
  - 아래 고객 상황이 제시된다. 상대 역할은 이 중 하나를 골라, 지원자에게
    고객 방문 목적에 대해서만 말해준다. 나머지는 지원자가 실전처럼 추측
    하여 판매한다.

판매 대상-고객 역할

- 30대 미혼 중소기업 여성
- 30대 기혼 공무원 남성
- 40대 기혼 자영업자 남성
- 40대 기혼 대기업 재직 여성
- 20대 대학생 인턴 여성
- 20대 취업 준비생 남성
- 50대 기혼 대기업 은퇴 남성
- 50대 주부 여성
- 30대 기혼 대학원 여성
- 20대 미혼 대기업 남성

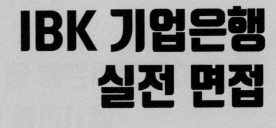

PART 7

IBK 기업은행
실전 면접

IBK 기업은행의 1차 면접이 끝나고 나면 유독 취업 관련 홈페이지가 시끄러운 모습을 볼 수 있다. '말도 잘 했고 붙을 줄 알았는데 떨어졌어요.'라고 말하는 사람들이 있는 반면, '정말 말도 제대로 못해서 떨어질 줄 알았는데 붙었어요.'라고 말하는 사람도 있다. 이렇듯 IBK 기업은행 면접은 1박 2일이라는 긴 합숙 기간 동안 '면접'이라는 도구로 사람 하나하나의 성향과 자세를 평가한다.

그렇기에 면접 유형이 가장 자주 바뀌는 은행이기도 하다. 하지만 아무리 면접 유형이 바뀔지라도 IBK 기업은행에서 보는 항목은 비슷하다. 아무리 면접 유형이 바뀌어도 팀 PT, 알고리즘 면접 등을 통해 평가하는 조직 융화력, 게스티메이션 면접, 세일즈 면접 등으로 평가하는 논리력과 설득력, 이 두 가지를 평가하는 유형에서 크게 벗어나지 않는다. 이처럼 기업은행 면접은 나의 역량을 마음껏 드러내는 면접이 아닌 '조직에서 자신의 몫을 완수할 수 있는 사람'을 찾는 면접이기 때문에 조직에서의 내 역할과 경제지식, 논리력을 중점적으로 준비한다면 아무리 면접 유형이 바뀌어도 어렵지 않게 임할 수 있을 것이다.

쉽고도 어려운 IBK 기업은행 면접, 어떻게 하면 합격에 가까워질 수 있는지 면접 유형부터 차근히 살펴보도록 하자.

IBK 기업은행 팀 PT 면접 및 알고리즘 면접

영상트레이닝

IBK 기업은행 팀 PT 면접이란?

계속해서 유형이 바뀌는 IBK 기업은행 합숙 면접 중 팀 PT 면접은 자리를 오래 지키고 있는 유형 중 하나이다. 아마 팀 PT 면접이야말로 IBK 기업은행이 원하는 사람을 가장 잘 찾을 수 있는 면접 유형 중 하나일 것이다. 방안을 찾아야 하는 하나의 주제를 두고 여러 팀원이 함께 모여 아이디어를 모으고 그 내용을 정리하여 발표하는 면접이기 때문에 지원자가 조직에서 주로 어떤 역할을 담당하는지, 어떻게 논리적으로 의견을 전개하는지를 가장 쉽게 확인할 수 있는 면접이기 때문이다.

일단, IBK 기업은행의 팀 PT 면접 진행 방향부터 살펴보자.

팀 PT 면접의 주제는 대부분 '방안'을 찾는 주제이다. 19년 상반기 팀 PT 면접 주제는 다음과 같다.

- 현금 없는 사회에서 가상화폐(신용카드 결제, 모바일 페이, 블록 체인 등) 사용이 활발해지고 있다. 이 때 기업은행이 세울 수 있는 신사업 전략은?
- 300인 이상 기업에 한해 주 52시간 도입되며 '워라밸'이 중시되는 지금, 에코세대의 뷰티, 건강, 레저 등 여가수요가 확대되고 있다. 이에 따라, 근로자와 사업장의 편익을 모두 증대할 수 있는 IBK 기업은행의 상품을 구상하시오.
- 청년 실업과 인구 노령화를 대비하여, 창업 전략을 마케팅 4P 전략에 맞춰 구상하시오.

이처럼 사회 및 금융 관련 이슈에 대한 이해를 바탕으로, 이를 해결할 수 있는 방안 및 새로운 전략을 구상하는 식의 주제가 주로 출제된다. 이러한 팀 PT 면접을 면접 전, 면접, 발표 등 각 단계마다 어떻게 준비하면 좋을지 같이 살펴보도록 하자.

1 면접 전

여기서 말하는 면접 전은 여러분이 충주 연수원으로 향하기 전을 말한다. 면접 전 스터디 등을 진행할 때, 각 해의 이슈에 대한 기본 상식, 해결 방안 등을 준비하기를 권한다. 더 나아가 간단한 기본 상식과 수치 및 자료를 준비한다면, 여러분의 말에 논리를 더할 수 있을 것이다. 지금부터 아래 표처럼 내용과 관련 수치 및 자료, 장·단점 등을 정리해보자.

▼ 예 시

시사 이슈	현금 없는 사회
내용	• 정보화 사회로 발전하며, 체크카드, 모바일 페이 등으로 실질적인 현금 흐름이 사라진 사회 • 지폐, 동전 등을 볼 수 없음 • 이미 중국은 QR코드로 결제 중
관련 수치 및 자료	• 2015년 평균 현금 보유액 30.1만원 → 2018년 20.3만원 • 현금 보유액 감소 이유 : 간편 송금 서비스 개발(38.7%) • 전체 결제 수단 중 현금 비중 : 13.6% • 덴마크 2017년 현금 제작 중단, 싱가포르 2020년 대중교통 현금 결제 금지 등
대상이 갖고 있는 장점과 단점	• 찬성 의견 : 현금 관리로 인한 비용 감소 / 불법 자금 감소 / 예산의 효율적 활용 가능 / 결제 시스템의 다양화로 인한 리스크 최소화 • 반대 의견 : 정보 소외 계층 거래 제한 / 디지털 등 오류 발생 시 리스크가 커짐 / 현금 탈취 등 문제 축소 / 나라가 금융 거래 정보 감시하게 됨

면접 준비 과정에서 이와 같은 자료를 정리하는 이유는 다음과 같다. '수치 및 자료'는 여러분이 발언 기회를 얻었을 때 논리적으로 의견을 개진하기 위함이며 '대상이 갖고 있는 장점과 단점'은 여러분의 아이디어를 끌어내기 위함이다. 보통 아이디어나 해결 방안은 '현재 갖고 있는 단점을 보완하고 장점은 더욱 개선하려는 생각에서 시작한다. 준비하지 않은 주제에서 팀 PT 면접이 나올 수 있지만 기본적으로 위와 같은 자료 정리와 해결 방안 고안까지 연습해간다면 어떤 주제에도 수월하게 답변할 수 있을 것이다. 팀 PT와 마인드맵 면접을 위해서라도 아래틀에 맞춰 매해 있는 시사 이슈에 대해서는 어느 정도 정리해서 가길 권한다.

시사 이슈	현금 없는 사회
내용	
관련 수치 및 자료	
대상이 갖고 있는 장점과 단점	

2 면접

이렇게 기본적인 시사 이슈가 준비 되었다면, 이제는 여러분의 '자세'와 '스피치 스타일'을 갖출 때이다. 앞서 살펴보았듯이 IBK 기업은행은 면접을 통해 '조직의 일원으로서 얼마나 논리적으로 표현하는가'를 보기 때문에 면접에 어떻게 임하느냐가 굉장히 중요한 요소로 작용한다.

또, 이 면접을 통해 면접관은 '지원자가 조직에서 주로 어떤 역할을 담당하는지'를 함께 보기 때문에 '내가 어떤 역할을 맡을 때 가장 내 몫을 수월하게 완수할 수 있을까'를 생각하고 면접에 임해주면 된다.

종종 팀 PT 면접에서 '발표'를 담당하면 떨어진다는 소문도 있지만 '발표'를 맡든 '정리'를 맡든, 자신에게 주어진 몫을 적극적으로 이행한다면 좋은 점수를 받을 수 있을 것이다. 다만 '적극적'과 소위 말하는 '나댄다, 남을 뭉개는 적극성이다'의 차이를 반드시 숙지하여 '조직에서 적극적인 사람'임을 보여주기를 바란다.

IBK 기업은행 팀 PT 면접의 토의 과정은 'KB 국민은행 토론 면접'의 가감 스피치와 비슷한 양상을 띄고 있다. 다시 한번 살펴보자.

플러스 방식(첨언 방식)

소위 말하는 '쿠션 언어'를 사용한 방식이다. '네, OO 님이 말씀하신, OOOO 의견이 OO한 측면에서 굉장히 옳다고 생각합니다. 또, 최근 (수치, 자료)에 의하면 OOO한 부분에 대한 수요도 있으니, OOOO한 아이디어를 더해보면 어떨까요?' 식으로 발언을 할 수 있다. 여기에서 여러분이 미리 준비한 자료나 데이터를 기반으로 타인의 아이디어를 구체화하는 방식으로 발언을 해주는 것이 좋다.

IBK 기업은행 팀 PT 면접은 '첨언에 첨언을 더해' 하나의 결과물이 나오기 때문에

- ❤ *상대방 의견에서 어떤 점이 어떤 측면에서 좋은지*
- ❤ *상대방의 의견이 가져올 수 있는 효과나 영향은 무엇인지*
- ❤ *그 의견을 더할 수 있는 '구체화 아이디어'는 무엇인지*

등을 하나하나 더해 살을 붙이고 정리해 나가기를 바란다.

마이너스 방식(방향 잡기)

하지만 항상 주제와 맞는 이야기가 나오는 것은 아니다. 아무래도 여러 명에서 한 주제에 대해 준비한 다양한 의견을 쏟아내다 보니 주제와 맞지 않는 이야기가 나오기도 한다. 여기서는 주제에 맞지 않는 이야기에 첨언할 것이 아니라, 주제에 맞지 않은 이야기면 한번쯤 주제를 정리해주는 '방향 잡기 발언'이 필요한 것이다.

예를 들어, 현금 없는 사회에 관한 이야기가 지속되다가, 가상 화폐와 비트 코인 열풍 등 주제와 관계없는 이야기로 흘러간다면, 현금 없는 사회 혹은 이전에 이야기하던 내용으로 흐름을 바꿔와야 한다.

그러기 위해서, 여러분은 항상 상대가 하는 이야기, 내가 할 이야기, 아이디어 등을 펜을 들고 미리 정리해두기를 권한다. 주제가 벗어나기 전 이야기가 어떤 이야기였는지 등을 확인한 후에, 그 이야기로 돌려오는 '정리자'의 역할 역시 중요하다.

3 발표

정리 및 스케치북에 작성하고 난 후에는 옆 팀과 함께 발표를 진행하게 된다. 여기부터는 대체적으로 편하게 참여해도 되지만 상대팀의 발표를 듣고 적절한 질문을 해야 하기 때문에 팀 PT 논의 과정처럼 다른 팀의 의견을 정리해야 한다.

질문을 해야 한다고 해서 여기서 '상대의 허점을 찾아 공격'하는 지원자들이 종종 있다. 여기서는 함께 고생한 만큼 '공격'보다는 추가적으로 궁금한 질문을 던져주는 것이 좋다.

'지금 발표해주신 내용 중 OO 부분이 틀렸습니다. 어떻게 생각하시나요?'식의 질문이 아닌, 'OO라는 아이디어가 굉장히 흥미롭습니다. 이 아이디어를 실현하기 위해 OO 부분은 어떻게 진행되어야 하나요?'식으로 추가 정보를 끌어낼 수 있는 질문을 던지는 것이 좋다.

IBK 기업은행 알고리즘 면접이란?

2019 상반기 처음 도입 된 면접 유형으로 팀 PT 와 마찬가지로 팀으로 움직이는 면접이다. 아마 모든 지원자가 알고리즘에 대해서 들어보았지만 대체 이 알고리즘으로 어떻게 면접을 진행하는지 예상이 잘 되지 않을 것이다. 먼저 알고리즘 면접 진행 방향부터 살펴보자.

> ● *면접 시간 : 1시간 30분 / 5분 발표*
> ● *면접 인원 : 16명의 조원을 세 팀으로 나눠 진행*
> ● *면접 진행 방법*
> · *알고리즘에 대한 가이드 제시, 주제에 맞춰 알고리즘 기획*
> · *90분간 팀원과 알고리즘 기획 후, 전지에 작성, 칠판에 붙이고 발표*
> · *작성 후 콩트로 발표 진행, 5분 발표, 질의응답 따로 없음*

이렇게 설명을 들어도, 대체 90분이라는 시간 동안 어떻게 면접을 준비해야 하는지 어려운 지원자가 많을 것이다. 일단 알고리즘 면접에는 다음과 같은 도형이 제공된다.

도 형	의 미
⬭	알고리즘의 시작과 끝
◇	예 / 아니오 질문
▱	알고리즘의 결과, 또는 자료 입력
▤	· 큰네모 : 알고리즘의 대상 · 작은 네모 : 조건 완료시까지 반복

이 도형들을 사용하는 순서는 관계없으나, 한 번 이상은 반드시 사용하여 알고리즘을 구성해야 한다. 면접 방식도 이해하기 힘든데 주제는 대체 어떤 내용이 나올까?

2019년 상반기 기출 문항을 살펴보자.

> - 문화상품권 5만원, 온누리 상품권 5만원을 구입하려던 고객에게 온누리 상품권 10만원을 지급하여 고객이 화가 난 상황이다. 어떻게 해결할 것인가?
> - 기업은행 비이자 수익 증대 방안
> - 기업은행이 시중 은행과 경쟁하여, 우수 인재를 데려올 수 있는 온오프라인 채널별 홍보 마케팅 전략은?
> - 기업은행과 Health Care을 접목한 복합적 item을 구성하라.
> - 중소기업 사장님은 실대면 거래를 선호하지만, 기업은행은 점포 수를 줄이는 추세이다. 점포 운영비용을 최소화하면서 고객 니즈도 충족할 수 있는 방안은?

이렇듯 팀 PT와 비슷하게 '해결 방안', 및 '증대 방안', '아이디어 구성' 등의 주제로 면접이 이뤄진다. '팀 PT 면접'은 팀원과 토의하며 해결책을 발굴하고, 그 과정만 보여주는 면접이었다면 '알고리즘 면접'은 그 결과물이 나오는 과정을 도식화하는 과정이라고 생각하면 된다.

그렇다면, 실제 합격한 선배가 '기업은행 비이자 수익 증대 방안'에 대해 작성한 알고리즘을 살펴보자.

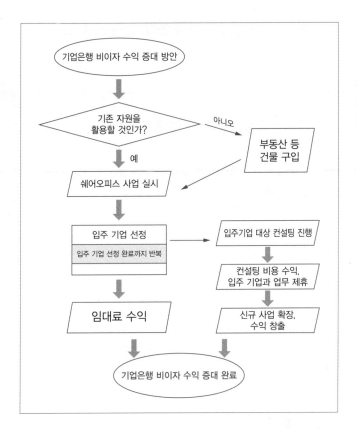

앞선 도형과 함께 본다면 조금 이해가 될 것이다. 기업은행 비이자 수익 증대 방안 중 하나를 택하여, 그 아이디어를 구체적으로 어떻게 진행할 것인지 작성하는 과정이다. 이 과정을 팀원과 논의하여 도형 하나하나를 이어가며 전지에 해당 내용을 작성해야 한다.

추후, 연극과 같은 콩트 형식으로 전지 내용을 발표하면 알고리즘 면접은 정리된다. 여기서 여러분이 주의해야 할 점은 알고리즘 구성 방식도, 발표 방식도 아닌 90분간의 토의 과정이다. 90분간 아무 말도 하지 않는 지원자가 아닌 내용이 어렵더라도 보탬이 될 수 있는 아이디어라도 제시하거나, 알고리즘을 구성하거나, 그 어떤 역할이라도 수행할 수 있어야 한다.

이제, 직접 알고리즘 면접을 연습해보자.

IBK 기업은행 알고리즘 면접, 실전 트레이닝!

알고리즘 면접 연습 방법

• 스터디용 : 90분간 다섯 명 정도의 팀원이 모여 주제에 맞춰 알고리즘을 완성하고 발표를 기획해 봅니다.
• 혼자 연습용 : 40분간 해당 내용을 작성해보고, 발표 방법을 생각해 봅니다.

※ 앞의 19년 상반기 기출 문항을 주제로 아래 알고리즘을 완성해봅니다.

19년 상반기 알고리즘 면접 기출

• 문화상품권 5만원, 온누리 상품권 5만원을 구입하려던 고객에게 온누리 상품권 10만원을 지급하여 고객이 화가 난 상황이다. 어떻게 해결할 것인가?
• 기업은행 비이자 수익 증대 방안
• 기업은행이 시중 은행과 경쟁하여, 우수 인재를 데려올 수 있는 온오프라인 채널별 홍보 마케팅 전략은?
• 기업은행과 Health Care을 접목한 복합적 item을 구성하라
• 중소기업 사장님은 실대면 거래를 선호하지만, 기업은행은 점포 수를 줄이는 추세이다.

점포 운영비용을 최소화하면서 고객 니즈도 충족할 수 있는 방안은?

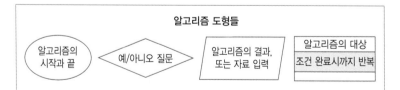

〈알고리즘 완성해 보기〉

CHAPTER 2

IBK 기업은행 협상 면접

영상트레이닝

IBK 기업은행 협상 면접, 출제 방향

협상 면접은 앞선 KEB 하나은행 면접에서도 연습해 볼 수 있었다. 하지만 이번 IBK 기업은행 면접은 KEB 하나은행 협상 면접과 같지만 다른 모습을 보이고 있다. KEB 하나은행처럼 빼곡한 자료가 주어지지도 않고 항목별 점수도 주어지지 않는다. 다만 각 팀별로 반드시 가져와야 하는 항목들이 있어, 그 내용을 어떻게 조율하는지가 여기에서 중요한 포인트다.

또, 이전과 달리 항목별 점수를 공개하지 않아 지금 타협하는 항목이 몇 점인지, 우리 팀이 이겼는지 졌는지를 모두 가늠할 수 없다. 이기고 지고보다는 협상하고 설득하는 과정에 더욱 초점을 둔다고 볼 수 있다. 더불어, 여기서도 마찬가지로 '행원'의 자세로 설득을 진행하는 것이 좋다. 종종 협상을 토론으로 생각하여 과도한 조건을 내세우거나 싸우는 사람들이 생긴다. 하지만 협상은 협상이다. 누가 옳고 그른지를 판단하는 면접이 아닌, '서로를 설득하여 원하는 조건을 얻어오는' 면접이기 때문에, 행원이 고객에게 상품에 대해 설명하듯 혜택 설명에 초점 맞춰 협상을 진행하면 된다. 이러한 협상 면접은 어떻게 진행될까?

팀 PT 면접과 마찬가지로 꽤 오래 면접 유형으로 남아있던 협상 면접, 여러분은 얼마나 준비 되었는지 같이 살펴보자.

IBK 기업은행 협상 면접 실전 트레이닝

- 준비물 : 녹음기, 필기도구
- 진행방법
  - 아래 상황에 대해 5분간 분석 시간을 갖는다.
  - 항목 당 5분씩 조건을 얻기 위한 발언을 해본다.
  - 이 과정을 녹음한 후, 확인 체크 LIST에서 몇 개나 해당되는지 확인해본다.

※ 아래 문제는 실제 문제와 다를 수 있습니다.

상황 - 차음료 회사 측

여러분은 해외 할리우드 스타와 미국 영부인이 마신 건강 보조 차음료를 최초로 분말로 개발한 기능성 차음료 회사 A의 협상 TF 입니다. 이번에 국내 시장 진입을 위해, 유명 브랜드인 ㄱ H&B 매장에 입점하고자 협상 테이블에 앉게 되었습니다. '건강 보조 차음료'는 해외 시장에는 이미 진출하였으나, 국내 시장에는 첫 진출이라 계약 기간을 최대한 늘려 장기적인 유통망을 확보해야 합니다. 현재 협상 테이블에 앉은 ㄱ H&B 매장은 할인 프로모션마다, 입점 브랜드에 도매가격의 40% 낮은 가격으로 물건을 구입하려고 합니다. 이미 인지도는 어느 정도 있는 상품이니, 계약 기간 내 할인 프로모션 횟수가 최대 3회를 넘지 않도록 해야 합니다.

- 상품가격(도매) : H&B 매장에 판매하는 가격. 현 온라인 매장 판매 가격 6,000원(상자당) / 위약금 : 차음료 문제 발생 시 H&B 매장에 지불해야 하는 금액 / 차음료 브랜드 자체 제작 전용 진열대 입점 매장 수

계약 기간	상품 가격 (도매)	전용 진열대 입점 매장 수	할인 프로모션 진행 횟수	문제 발생 시 위약금
1개월	4,000원	200개	1회	2배
3개월	4,500원	300개	2회	3배
6개월	5,000원	400개	3회	5배
9개월	6,000원	500개	4회	7배
1년	7,000원	600개	5회	10배

〈내 발언 적기〉

확인 체크 LIST ☑

1. 현재 협상의 위치와 상황을 정확히 이해하였다. ☐
2. 항목마다 고객이 얻을 수 있는 혜택에 초점을 맞춰 설명하였다. ☐
3. 제시된 조건 안에서 협상을 진행하고자 했다. ☐
4. 항목별로 상대측에서 어떤 발언을 할지 예상이 가능하다. ☐
5. 항목별 우선순위를 어렵지 않게 정할 수 있었다. ☐

4개 이상 협상 면접의 상황을 이해하고 적절히 대응 가능한 상황입니다.

2~3개 상황은 이해하였으나, 즉각 대응이 어려운 상황입니다.

1~2개 상황 이해와 즉각 대응이 어려워, 협상이 어려운 상황입니다.

KEB 하나은행 협상 면접처럼 '상대팀은 어느 조건을 원할지' 파악하기 쉽지 않다. 게다가 문제의 상황도 항목별 점수도 제시되지 않아, 조건별로 점수를 얼마나 가져올 수 있을지, 이길 수 있을지 가늠하기 쉽지 않다.

그렇기에 더더욱 설득과 협상 과정에 초점 맞춰야 한다. '이겨야 한다.'보다는 '이 조건을 얻어오고자 노력해보자'에 초점을 맞춰, 차근차근 설득에 임해보자.

IBK 기업은행 협상 면접, 진행 방법

IBK 기업은행 협상 면접 준비 방법은 KEB 하나은행 협상 면접 준비 방법과 크게 다르지 않다. 앞서 KEB 하나은행에서 연구해 보았듯 사전 준비 시간에 정하고 준비해야 할 사항, 협상 과정에서 지켜야 할 사항과 설득 방법 등에 대해 자세히 알아보자.

1 사전 준비 시간

협상 면접 시작 전, 팀별로 협상의 진행 방향과 역할 분담 등을 나눠 진행해야 협상 면접을 원활하게 진행할 수 있다. 협상 면접 사전 준비 시간에 여러분이 팀원들과 해야 할 일부터 차근히 알아보자.

조건의 제한선 정하기

점수가 공개되는 KEB 하나은행 협상 면접과 다르게 IBK 기업은행의 경우 협상 면접이 공개되지 않아, '양보할 조건과 그렇지 않은 조건'을 나누기보다는 조건의 제한선을 결정하는 편이 낫다. 여러분에게 제시 된 조건 중 분명 한 조건 이상은 상대 팀도 바라는 조건일 것이다. 어차피 협상의 승패가 합/불에 영향을 크게 미치지도 않고, 점수도 알지 못하니 혹시 원하는 조건이 겹쳤을 때 싸우지 않고 원하는 적정선을 얻을 수 있도록 미리 정해두는 것이 좋다.

예를 들어, 할인 프로모션 진행 횟수에서 최대 3회라고 명시해두었지만 혹여 이 부분이 겹치더라도 3회를 고수하기 위해 싸우기보다는 최대 몇 회까지는 양보가 가능한지 팀원끼리 미리 정해두는 것이 좋다.

조건별 설득 담당자 나누기

여러분은 지금 협상 TF로 협상 테이블에 앉게 된다. 또한, 단체로 면접이 진행되기 때문에 혼자 전 항목을 다루지 않고, 한 항목 당 두 명 정도가 담당할 수 있도록 해야 한다. 이를 위해 준비 시간에 팀별로 항목별 담당자를 정한 후, 담당자끼리 전략을 구성하고 따로 다 같이 전략을 공유할 수 있는 시간을 갖도록 하는 것이 좋다.

이렇듯 담당자를 나누게 되면 서로 말하려는 욕심에 타 지원자의 발언권을 뺏는 경우가 줄어들게 되며 조직 내 융화력을 보여줄 수 있게 된다. 여기에서 더 나아가 마케팅 담당자님, 계약 담당자님 등 직함을 정한다면 협상을 보다 수월하게 진행할 수도 있다.

중간 전략 회의 시그널 정하기

기존과 다르게 팀 회의를 자유롭게 결정해야 하기 때문에 일정 신호를 정해두고 어려움에 봉착했을 때 팀 회의를 진행하는 것이 좋다. 상대 팀에서 먼저 전략 회의 시간을 제안할 수 있지만 우리 쪽에서 전략 회의를 진행해야 할 수도 있으니 어느 타이밍에 어떤 멘트로 전략 회의 시간을 제안할지는 미리 정해두는 것이 좋다.

2 협상 진행하기

앞서 계속 언급했듯이, IBK 기업은행의 협상 면접은 '이기기 위한 협상'이 아니다. 종종 일부 지원자가 주어진 조건 외의 조건을 언급하며 거기서부터 조건 값을 천천히 내리며 '강압적인 협상'을 진행하기도 한다. 하지만 협상 면접의 목적은 '주어진 조건 안에서 효과적으로 설득하는 사람'을 찾는 데에 있어 극한 값을 제안하며 협상을 진행하는 유형은 높은 점수를 받지 못하게 된다.

그렇다면, 효과적으로 설득하면서도 성과와 점수를 모두 얻을 수 있는 방법은 무엇일까? 협상 스피치 유형부터 알아보자.

맞습니다. But,

OO 신용카드 어떠신가요?
- 신용카드는 조금 그렇네요. 아무래도 빚 같아서.
아네, 맞습니다. 그렇게 느끼실 수도 있습니다. 하지만~

은행에서 상담을 받아 본 사람이라면, 상담 받는 내용을 듣기라도 했던 지원자라면 저런 대화 패턴을 한번쯤은 들어봤을 것이다. 먼저 고객이 하는 말과 우려에 대해 충분히 공감한 후 그 우려를 이길 수 있는 혜택을 설명하거나 다른 제안을 하는 것이다. 협상 면접도 이와 같다. 먼저 상대측에서 보여주는 우려 및 의견에 대해 어느 정도 공감한 후, 그 이상의 혜택 혹은 다른 제안을 해주는 것이다.

여러분은 H&B 브랜드의 다음과 같은 말에 어떻게 대답할 것인가? 같이 기재해보자.

• ㄱ H&B 브랜드 : 저희 브랜드에 한 번 이라도 입점했던 모든 물건들은 지금 모두 온오프라인 시장에서 큰 성과를 거두고 있습니다. 그럴 수 있었던 가장 큰 비결은 아무래도 저렴한 가격에 프로모션을 수차례 진행하여 좋은 상품을 더 많은 사람에게 알릴 수 있었기 때문이라도 생각합니다. 현재 기능성 차음료도 처음 진입하시는 만큼 그 규모를 넓혀가야 한다고 생각합니다. 계약 기간 동안 할인 프로모션 횟수를 1회라도 높이셔서 더 많은 소비자에게 접근하는 것은 어떨까요?

• 내 답변

....

....

....

....

....

....

....

여러분은 어떻게 기재하였는가? 같이 '맞습니다. But'을 활용하여 답변을 기재해 보자.

▼ 예시 답변 1

네, 말씀하신 대로 ㄱ H&B를 통해 정말 많은 기업이 성장하는 모습을 보며, ㄱ H&B 브랜드의 힘을 다시 한번 느낄 수 있었습니다. 하지만, 저희는 이미 할리우드 스타들도 애용하고 있어 국내 SNS에서도 선호도가 높은 상황입니다. 오히려 ㄱ H&B에서 저희 차 입점을 통해, 해외 유명 브랜드까지 입점시키는 H&B의 이미지를 갖고 가실 수 있다고 생각하기 때문에 프로모션 횟수를 낮추고 계약 기간을 늘리시는 것도 검토하시면 좋을 듯 싶습니다.

혹은,

▼ 예시 답변 2

네, 말씀하신 대로 ㄱ H&B를 통해 정말 많은 기업이 성장하는 모습을 보며, ㄱ H&B 브랜드의 힘을 다시 한번 느낄 수 있었습니다. 하지만, 저희 차는 이미 SNS를 통해 유명한 상태이니, 이러한 내용을 담은 저희 전용 진열대의 입점 매장 수를 확대하여 기능성 차음료 A의 입점을 시각적으로 알리는 것은 어떨까요?

이처럼 추가 혜택이나 다른 제안을 건넨다면, 자연스럽게 협상을 이어갈 수 있을 것이다. 이 외에도, 상대의 우려를 혜택처럼 들리게 하는 혜택 스피치방법도 이어서 살펴보자.

헤택 스피치

금융 기관을 포함한 대다수의 영업 기관에서 '잘 파는 사람'들은 '상품에 대한 단순한 설명'보다 '상품으로 고객이 얻을 수 있는 혜택'에 초점을 맞춰 고객 가입을 유도하는 경우가 많다. 우리도 상대로부터 조건을 얻어와야 하기 때문에 협상 면접에서도 마찬가지로 이 조건대로 계약을 체결함으로써 상대 팀이 얻을 수 있는 혜택을 설명해야 한다. 그렇다면 상대팀이 조건의 혜택을 직접 느낄 수 있도록 하는 혜택 스피치는 어떻게 구성할 수 있을까? 상대방이 '이 조건을 선택하는 것이 혜택'이라고 느낄 수 있도록 각 조건별 제한선부터 정한 후 '이 제한선을 택해야 상대측에서는 이런 혜택을 얻을 수 있습니다.'라는 혜택 포인트를 잡아주는 것이다. 위의 예시를 활용하여 살펴보자.

▼ 예시 답변 1

> 네, 말씀하신 대로 ㄱ H&B를 통해 정말 많은 기업이 성장하는 모습을 보며, ㄱ H&B 브랜드의 힘을 다시 한번 느낄 수 있었습니다. 하지만, 저희는 이미 할리우드 스타들도 애용하고 있어 국내 SNS에서도 선호도가 높은 상황입니다. 오히려 ㄱ H&B에서 저희 차 입점을 통해, 해외 유명 브랜드까지 입점시키는 H&B의 이미지를 갖고 가실 수 있다고 생각하기 때문에, 프로모션 횟수를 낮추고 계약 기간을 늘리시는 것도 검토하시면 좋을 듯싶습니다.

위의 예시 답변을 살펴보면 '오히려 ㄱ H&B에서 저희 차 입점을 통해 해외 유명 브랜드까지 입점시키는 H&B의 이미지를 갖고 가실 수 있다고 생각하기 때문에'라며, 계약 기간 연장을 통해 얻을 수 있는 H&B 브랜드의 혜택을 언급하고 있다.

이렇듯, 단순히 '우리는 이 조건을 원해요.' 식의 설득보다는 '이 조건에 계약하신다면, 어떠한 혜택을 얻으실 수 있습니다.'의 화법으로 접근해야 상대를 이해시킬 수 있다. 그렇다면, 아래 H&B 브랜드의 협상 제안에 여러분은 어떻게 답변할지 기재해보자. 이 문제에 정답은 없다. 다만 '혜택성 발언이 들어가 있는지'를 중점적으로 확인하여 정리하는 것만으로도, 여러분의 '협상 스피치'에 도움이 될 것이다.

- ㄱ H&B 브랜드 : 먼저 국내 시장 첫 진입을 축하드립니다. 차음료의 국내 시장 첫 진입을 함께 하게 되어 영광입니다. 원활한 협상을 통해 저희 ㄱ H&B 브랜드가 차음료 국내 시장 성장의 발판이 되었으면 합니다.

  아무래도 국내 시장 첫 진입이신만큼 국내 시장 반응이 가장 궁금하실 것 같습니다. 저희랑 일단 3개월간 계약 진행하시면서 시장의 반응이나 구매평 등을 지켜보시는 건 어떠실까요? 저희가 브랜드별 판매 리포트를 제공해드리니 일단 3개월 계약해보시고, 추후 시장 반응에 따라 더 좋은 조건에 재계약 했으면 합니다.

- 내 답변

  ....

  ....

  ....

  ....

- ㄱ H&B 브랜드 : 네, 그렇다면 판매 가격은 어느 정도 생각하고 계신가요? 아시는 것처럼 저희는 영업점 수가 많아 한번 구매 시 다량 구매를 하게 되겠지만 사실 국내 시장성이 아직 확인되기 전이라 판매 가격이 높으면 입점 초반에는 소량만 입점시키게 될 것 같습니다. 일단 많은 소비자에게 기능성 차음료를 경험하게 하는 편이 중요하니 일단 낮은 가격으로 시장 테스트부터 해주시고, 계약 기간 짧게 잡으셔서 다음 계약에 판매가 조정하시는 건 어떠실까요?

- 내 답변

  ....

  ....

  ....

  ....

이제 협상 면접의 예시 질문을 살펴볼 예정이다. 위에서 배운 내용을 활용하여, 스터디 등 단체에서 협상 면접을 연습해보자.

IBK 기업은행 협상 면접, 실전 협상 트레이닝!

협상 트레이닝 활용 방법

- 스터디 진행 시 : 10분 개인 분석+20분 팀 회의+1시간 협상 진행을 비디오로 촬영, 자신의 자세와 말투 중점으로 피드백
- 혼자 진행 시 : 한 측의 표만 확인하여 각 항목별 어떻게 협상을 진행할지 멘트 녹음하기

▌협상 1 여행사와 고등학교

상황 – 여행사 측

여러분은 지역 내 여행사의 직원으로, 교육기관 수련회 및 수학여행 상품을 주로 취급하고 있습니다. 이번에 지역 내 한 고등학교의 수학여행 입찰 협상을 진행하고 있습니다. 국내 유명 여행지로 수학여행을 진행할 예정이기 때문에, 수학여행 비용 60,000원으로 계산했을 때, 최소 3박 4일의 기간은 확보해야 수익을 창출할 수 있습니다. 또한, 기념품 구입처 방문이 많을수록 수익이 높아지기 때문에, 최소 4회 이상은 방문해야 직원들의 인센티브 확보가 가능합니다.

이러한 내용을 바탕으로 고등학교와 협상을 진행하시오.

수학여행 비용	수학여행 기간	교사 할인율	사고 시 배상액	기념품 구입처 방문
55,000원	1박 2일	0%	2배	1회
60,000원	2박 3일	10%	3배	2회
65,000원	3박 4일	15%	5배	3회
70,000원	4박 5일	20%	7배	4회
75,000원	5박 6일	30%	10배	5회

상황 - 고등학교 측

여러분은 지역 내 고등학교 수학여행 담당자로서, 아이들의 투표에 따라 국내 유명 여행지로 수학여행을 기획하고 있습니다. 고3을 앞두고 여행을 가는 만큼, 기념품 구입처는 최대 2회로 조정하여, 기념품 구입처보다는 여행지를 더 많이 방문하길 바라고 있습니다. 또한, 최근 수학여행 사고가 다수 발생하여, 사고 시 배상액은 최소 5배는 확보함으로써 여행사가 안전에 더 신경쓰도록 계약으로서 조건을 마련하고자 합니다. 이러한 내용을 바탕으로 지역 내 여행사와 협상을 진행하시오.

수학여행 비용	수학여행 기간	교사 할인율	사고 시 배상액	기념품 구입처 방문
55,000원	1박 2일	0%	2배	1회
60,000원	2박 3일	10%	3배	2회
65,000원	3박 4일	15%	5배	3회
70,000원	4박 5일	20%	7배	4회
75,000원	5박 6일	30%	10배	5회

▌협상 2 카페와 대학교

상황 - 카페 측

여러분은 A 대학교 졸업생으로, 세계 1위 바리스타 등극 후 '더치커피' 브랜드를 운영 중입니다. 카페 브랜드 확장을 위해 A 대학교 교내 카페 입점을 위해 협상 진행 중입니다. 사용하는 최고급 원두와 더치 원액의 가격은 1,000원 정도이기 때문에 커피 가격은 인건비, 관리비 등을 고려했을 때 최소 2,000원은 확보해야 합니다. 또한, A 대학교는 지역 내 캠퍼스가 가장 큰 학교로 밤에 운동하고자 방문하는 지역민이 많아 운영시간을 최소 21시까지는 확보해야 브랜드 홍보 및 수익 창출이 가능합니다.

이러한 상황을 파악하고, A 대학교와 입점 협상을 진행하시오.

커피가격	운영시간 (마감 시간)	계약 기간	월 임대료	재학생 할인율
1,000원	18시	1년	100만원	0%
1,200원	19시	2년	150만원	5%
1,500원	20시	3년	200만원	10%
2,000원	21시	5년	250만원	15%
2,500원	22시	7년	300만원	20%

상황 – 대학교 측

여러분은 A 대학교 카페 입점 담당 직원입니다. 이번에 교내 카페 브랜드를 변경하고자, '더치커피' 브랜드와 협상을 진행하게 되었습니다. 이전 브랜드의 월 임대료는 200만원가량이었으나, 최근 새로운 사업으로 인해 추가 수입원을 확보해야 해서 월 임대료는 최소 250만원은 확보해야 합니다. 무엇보다, 저녁 시간에 지역 주민들이 운동하러 캠퍼스에 들어와 종종 재학생에게 사고가 발생하는 경우가 생겨, 캠퍼스를 20시까지만 운영할 생각입니다. 재학생 사고 방지를 위해 운영시간이 20시간을 넘지 않도록 하는 것이 중요합니다. 이러한 상황을 파악하고, 더치커피 브랜드와 입점 협상을 진행하세요.

커피가격	운영시간 (마감 시간)	계약 기간	월 임대료	재학생 할인율
1,000원	18시	1년	100만원	0%
1,200원	19시	2년	150만원	5%
1,500원	20시	3년	200만원	10%
2,000원	21시	5년	250만원	15%
2,500원	22시	7년	300만원	20%

IBK 기업은행 세일즈 면접

IBK 기업은행 세일즈 면접, 어떤 면접일까?

한동안 사라졌던 IBK 기업은행의 세일즈 면접이 부활했다. IBK 기업은행의 세일즈 면접은 다른 은행의 면접과 달리 1. 세 가지 상품 선택지가 있고, 2. 고객과 소통해야 하는 면접이기 때문에 준비 시간에 최대한 빨리 많은 내용을 보고 이해하기 쉽게 전달해야 하는 면접이다.

이는 어떻게 보면 은행 창구 상황과 동일하다. 셀 수 없이 다양한 상품들에 대해 미리 파악하고, 고객이 오면 고객 상황에 맞춰 고객이 원하는 상품을 권해야 하는 은행 창구를 옮겨놓은 면접이라고 볼 수 있다.

이러한 세일즈 면접, 어떻게 진행되는지부터 살펴보자.

◎ 면접 시간 : 9분 준비 3분 발표
◎ 면접 진행 방법
- 9분간 상품들을 살펴본 후, 어떻게 세일즈 할지 준비한다.
- 서포터즈(지난 신입행원)가 고객으로, 실제 상황처럼 3분간 세일즈를 진행한다.
- 2분이 지나면 면접관이 '1분 남았음'을 알려준다.

복도에서 발표 주제에 대해 정리하고, 들어와서 3분간 서포터즈와 실제 상담을 진행한다. 구입을 해주는 서포터즈도 있지만, 대부분의 서포터즈는 구입하지 않을 것이다. 판매를 하지 못했고 우울해 할 필요는 없다.

다른 은행의 면접처럼 판매 자체에 초점을 맞추는 면접이 아닌, '고객을 응대하는 자세'를 보기 위한 면접이기 때문에, 판매를 하지 못했다고 할지라도 고객을 대하는 자세가 진심어린 자세였다면 좋은 점수를 받을 수 있을 것이다.

강압적으로, 혹은 일방적으로 상품의 좋은 점만 강조하는 세일즈가 아닌, 고객의 상황을 이해하고 공감하며 맞춤형 상품을 '권하는' 자세가 가장 좋은 자세라고 볼 수 있다.

그렇다면, 여러분은 상품을 어떻게 판매하면 되는지, 지금부터 차근히 살펴보도록 하자.

IBK 기업은행 세일즈 면접, 9분간 준비 방법은?

약 세 명의 지원자가 세일즈 면접을 보는 시간, 즉 약 9분간 여러분은 세일즈를 준비하게 된다. 상품의 그림이나 이름만 명시해주는 다른 은행과 달리, 하나의 상품군 안에 세 가지의 상품 선택지가 주어지고, 그 상품들의 특성을 분석해서 판매해야 하기 때문에 결코 쉬운 면접이라고 볼 수 없다.

그렇다면 본격적으로 세일즈 면접을 시작하기 전, 여러분은 어느 정도의 세일즈 수준을 갖고 있는지부터 파악해보자.

IBK 기업은행 세일즈 면접 사전 테스트

사전 테스트 방법

- 준비물 : 핸드폰, 필기구, 타이머, 고객 역할을 해 줄 친구
- 방법 : 해당 상품들을 보고 9분간 준비하고, 3분간 세일즈를 진행해보세요.

해당 내용을 촬영하여, 본인의 고객 응대 자세를 피드백 해보세요.

파리 여행 호텔 세일즈(2인 기준 가격)

구 분	A 호텔	B 호텔	C 호텔
가격(1박)	250,000원	300,000원	220,000원
위치 (교통편)	지하철역 도보 1분	관광지 중심 위치	호텔 내 버스 정류장 有
인원 추가 비용 (1인)	50,000원	70,000원	40,000원
조식 제공	O	O	X

조식 비용(1인)	30,000원	45,000원	35,000원
공항 셔틀 제공	O	X	O
할인 혜택	IBK 카드 이용 시 10% 할인	IBK 카드 이용 시 15% 할인	IBK 카드 이용 시 조식 무료(2인)
호텔 성급	4성급	5성급	4성급

확인 체크 LIST ☑

1. 고객과의 충분한 대화를 통해 고객의 니즈를 파악하였다. ☐
2. 고객에게 이 '조건'이 왜 필요한지 고객의 입장에서 설명했다. ☐
3. 고객이 상품을 선택할 수 있도록 '소통하는 세일즈'를 진행했다. ☐
4. 상품의 특성을 설명하기 전에 고객과 친해지는 과정을 가졌다 ☐
5. 항상 웃는 얼굴로 고객의 이야기를 경청했다. ☐

4개 이상   세일즈 면접에 대한 이해와 고객 응대 자세가 갖춰져있습니다.

2~3개   세일즈 역량은 준비되어 있으나, 고객 응대 자세가 준비되지 않았습니다.

1~2개   세일즈와 고객 응대 자세가 모두 준비되어 있지 않습니다.

직접 대상을 정해 세일즈를 진행해보니 어떠했는가? 9분의 시작이 부족하지는 않았는가? 고객과 충분한 '대화'가 이루어졌는가? 아래 확인 체크 LIST에 '판매에 성공했는가?'라는 질문은 제외하고, '웃는 얼굴, 고객의 입장, 고객의 니즈'라는 단어를 주로 배치하였다.

왜냐하면, 앞에서도 여러 번 언급했듯, IBK 기업은행의 세일즈 면접은 판매가 중요한 것이 아닌 고객 응대 자세가 가장 중요하기 때문이다. 실제 면접 컨설팅을 진행하다 보면, 정말 쇼호스트 혹은 뛰어난 영업가처럼 현혹되는 세일즈를 진행하는 지원자들이 있다. 하지만, 이 지원자들은 주로 고객의 이야기를 듣기보다는 고객이 필요할 것이라고 생각하는 특징을 설명하기에 바쁘다.

IBK 기업은행의 세일즈는 실제 고객이 무엇을 필요로 하는지 직접 대화를 통해 확인하고, 이에 맞춰 상품 특성을 이해하기 쉽게 설명하고 권하는 과정이 더욱 중요하다.

그렇기에, 9분간 여러분은 주어진 조건을 어떻게 활용할지 고민해보아야 한다. 위에서 연습한 세일즈 문제를 계속 살펴보자.

파리 여행 호텔 세일즈(2인 기준 가격)

구 분	A 호텔	B 호텔	C 호텔
가격(1박)	250,000원	300,000원	220,000원
위치 (교통편)	지하철역 도보 1분	관광지 중심 위치	호텔 내 버스 정류장 有
인원 추가 비용(1인)	50,000원	70,000원	40,000원
조식 제공	O	O	X
조식 비용(1인)	30,000원	45,000원	35,000원
공항 셔틀 제공	O	X	O
할인 혜택	IBK 카드 이용 시 10% 할인	IBK 카드 이용 시 15% 할인	IBK 카드 이용 시 조식 무료(2인)
호텔 성급	4성급	5성급	4성급

1 고객 니즈 세분화하기(순위 매기기)

어떤 상품을 메인으로 판매할지 정해도 좋지만, '정해둔 상품'에 얽매이기 보다는, 상품 특성에 따라 '어떤 고객에게 이 상품을 판매할지' 세분화해두는 것도 좋다. 하나의 상품만을 구체적으로 준비하기보다는, 이렇게 고객 니즈를 미리 세분화해둬야 나중에 고객이 어떤 이야기를 하든지 이에 맞춰 상품을 권할 수 있다.

앞에서 연습한 세일즈 문제를 먼저 살펴보자.
주어진 조건이 굉장히 많기 때문에, 각 조건에 순위를 매겨두는 것도 좋은 방법이 될 수 있다. 예를 들어, 고객이 '저는 여행 숙박 예약 시, 가장 중요시하는 조건은 가격이에요.'라고 이야기할 시, 해당 고객의 선호도 순위는 가장 저렴한 C 호텔이 1순위, 그 다음 저렴한 A 호텔이 2순위, 가장 가격이 높은 B 호텔이 3순위가 될 것이다.

하지만 반대로, '호텔 성급이 가장 중요한 고객이라면', 5성급인 B호 텔이 1순위, 그 다음 높은 A, C 호텔이 공동 2순위가 될 것이다. 이렇게 기준마다 선호도 순위를 매겨놓는다면, 고객이 어떤 요소를 중요시하든, 이에 맞춰 상품을 융통성 있게 권할 수 있을 것이다.

또한, 조건마다 어떤 점이 좋은지도 세일즈 멘트로 정리해두는 것이 좋다. 예를 들어, 지하철역 도보 1분의 경우, '파리에서는 주로 지하철로 이동하기 때문에, 도보 1분 거리의 호텔이라면 여행길 피로를 금방 풀어줄 수 있을 것이다.'로 승화하여 정리할 수 있을 것이다.

그렇다면, '관광지 중심 위치 호텔'의 좋은 점은 어떻게 설명할 수 있을까? 직접 답변을 기재해보자.

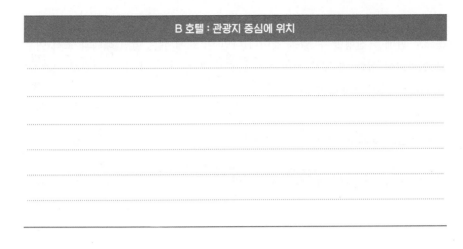

B 호텔 : 관광지 중심에 위치

이런 경우, '관광지 중심에 위치했으니 방에서도 관광지를 즐길 수 있고, 호텔을 중심으로 다양한 관광지를 돌아다닐 수 있다.'라는 강점을 내세울 수 있을 것이다.

이처럼 '상품의 강점을 세일즈 멘트'로 끌어낼 수 있고, 상품 선택지마다 내용이 다른 조건을 세분화하고 1순위 기준으로 선택한다면, 그 뒤에 세일즈가 보다 수월히 진행될 것이다.

이제 1순위 기준은 무엇인지 알아보자.

2 조건 순서 정하기

이처럼 고객 니즈를 세분화했다면, 이다음은 어떤 순서대로 세일즈를 진행할지 '조건을 순위화'해야 한다. 앞서 언급한 1순위 기준처럼, 어떤 조건을 어떤 순서대로 판매할지 어느 정도 정해두어야, 세일즈를 막힘없이 진행할 수 있다.

예를 들어, 가격 → 위치 → 성급 → 조식 제공 / 조식 비용 → 할인 혜택 → 공항 셔틀 → 인원 추가 비용(해당 시) 순으로 순위를 정했다고 가정하자.
이 때, 고객이 중시하는 요소가 할인 혜택이라면, 할인 혜택 순위 중 가장 높은 순위의 상품(해당 표에서는 C / 단가는 70,000원으로 B보다 높지만, 조식 여부에 따라 B가 될 수 있음)부터 권하고, 가격 → 위치 → 성급 → 조식 제공 등의 순으로 판매를 진행할 수 있을 것이다(다만 이 표에서는, 할인 혜택과 조식 여부와 연관되어 있다. 뒤에서 설명할 세일즈 단계 중 '니즈 파악' 단계에서 고객 기본 사항은 미리 파악해 두는 것이 좋다).

해당 세일즈 표에서, 여러분은 어떤 순서로 상품을 판매하고 싶은지 정리해보자.

세일즈 조건 순위 정하기

이정도로 상품과 조건을 분석했다면, 상품마다 세일즈 포인트를 정리해보자.

3 세일즈 포인트 정리하기

IBK 기업은행의 세일즈 면접은 '고객의 답변'에 따라 세일즈의 상황이 변하기 때문에, 특정 상품의 세일즈 포인트만 정해두고 면접에 임한다면, 예상치 못한 어려움에 처할 수 있다.그렇기 때문에, 앞의 1,2번처럼 조건을 세분화했다면 'A, B, C' 세 상품 선택지마다 세일즈 포인트를 정리해두어야 한다. 조건마다 '좋고, 나쁨'이 구분이 있기 때문에, 다른 선택지에 비해 부족한 조건에 대해 어떻게 고객에게 설명해야 할지 등을 구성해야 한다.

앞의 표도 조건의 좋고 나쁨이 존재한다. C 호텔의 경우 4성급임에도 다른 호텔 보다 저렴한 가격이지만, 조식이 제공되지 않는다. 이 경우, 고객이 조식을 선호 하지 않는다는 점을 파악했다면 '네, 고객님처럼 여행에서 호텔 조식보다는 현지 식당을 이용하시는 현명한 여행객분들이 많아, C 호텔은 조식을 제외하고 숙박 비용을 낮추었습니다.'처럼 조식이 제공되지 않는다는 디메리트를 고객이 나쁘 다고 느끼지 않게 설명할 수 있어야 한다.

이처럼, 고객이 우려할 내용을 미리 방어하도록 상품의 부족한 점을 파악하고, 조건의 강점을 분석하여 적합한 세일즈 포인트를 구성해야 하는 것이다. 그렇다 면, A, B, C 각 상품의 세일즈 포인트를 구성해보자.

상 품	구 분	세일즈 포인트
예 B 호텔	1. 약점 2. 강점 자랑	1. 가장 비싸지만 관광지 중심에 있어 방 에서도 파리를 즐길 수 있다. 2. 5성급 호텔에 조식 포함을 300,000원 에 즐길 수 있다. 다른 호텔의 조식 비 용 및 호텔 성급을 계산한다면 합리적 가격에 5성급 호텔을 이용할 수 있다.
A 호텔		
B 호텔		
C 호텔		

4 (유동적 세일즈가 어려운 경우) 상품 순위 정해두기

이처럼 고객과 소통해야 하는 세일즈는 '고객의 우선 순위에 맞춰' 상품을 권해야 하지만, 유동적으로 세일즈가 어려운 지원자는 9분 내에 해당 내용을 모두 준비하기란 쉽지 않다.

이런 경우, 상품 세 가지를 모두 분석한 후 '가장 중간값'인 상품을 골라 1순위로 결정하는 것이 좋다. 해당 표에서 'B 호텔처럼 숙박 비용이 가장 비싼 경우'나 'C 호텔처럼 숙박 비용이 가장 낮은 경우' 등 극단값을 조건을 1순위로 결정한다면, 만약 고객이 '저는 가격이 가장 중요해요. 비싼 호텔은 이용할 생각이 없습니다.' 라고 할 경우 세일즈를 이어나가기가 어렵기 때문이다.

그렇기 때문에, 세일즈를 융통성 있게 이어나가기 어려운 경우, 중간값을 1순위로 정한 후, 이 상품이 좋은 이유에 대해 차례대로 정리해나가는 것이 좋다.

IBK 기업은행 세일즈 면접, 3분 세일즈는 어떻게?

9분간 다각도로 분석한 상품 선택지를 3분간 어떻게 판매해야 할까? 계속 이야기하듯이 고객의 대답에 따라 세일즈 상황이 달라지기 때문에, 틀이 정해진 멘트보다는 세일즈 순서에 대해 설명하고자 한다.

세일즈 면접을 보는 챕터마다 적용될 'F.E.N' 방식에 대해 알아보자.

F	**Friendly** (친근하게)	= Opening 인사+아이스 브레이킹+니즈 파악+니즈 요약
E	**Explain** (설명하다)	= Believe 상품 권유+상품 설명
N	**Now** (지금)	= Move 정리+기회 설명(촉진제)+마무리 인사

이 공식에서 여러분이 가장 염두해야 할 내용은, 바로 '순서'이다. 3분 세일즈를 어떻게 시작하고 어떻게 마무리해야 할지 해당 순서에 맞춰 세일즈를 준비하면 되는 것이다.

각 단계에서 구성해야 할 내용을 아래 표로 살펴보도록 하자.

차례	내용
	인사+아이스 브레이킹+니즈 파악+니즈 요약
F	**인사** • 안녕하세요, 고객님!(일어서서) 기은 여행사의 OOO입니다. 오시느라 힘들지는 않으셨나요? 찾아주셔서 감사합니다. 등 **아이스 브레이킹** • 우와, 가장 날씨 좋을 때 파리 여행 가시네요. • 파리를 가신다니, 정말 부럽습니다. 자녀분이 정말 효자시네요. 등

	니즈 파악-상품 조건에 맞춰 • 주로 호텔 선택하실 때, 어떤 점을 중요시 여기시나요? • 어떤 옵션 원하시는지 말씀해주시면 선택 도와드리겠습니다. • 몇분이서 가시나요? • 조식은 선호하는 편이신가요? **니즈 요약** • 네, 그럼 성급이 높고 조식이 포함된 호텔로 추천 도와드리겠습니다.
	상품 권유+상품 설명
E	**니즈 요약 + 상품 권유** • 제가 추천드리고 싶은 호텔은 B 호텔입니다. 고객님이 높은 성급의 호텔을 원하시기도 하고, 마침 합리적인 가격에 나와서 이 호텔을 권해드리려고요. **상품 설명-고객 니즈에 맞춰** • 1인당 45,000원의 조식이 2인 무료로 제공되고 있습니다. 아무래도 아침부터 나가서 현지 음식점 찾기 힘드실 텐데, B 호텔에서는 높은 퀄리티의 조식을 편하게 즐기실 수 있습니다. **고객이 질문할 경우** • 고객이 공항 셔틀에 대해 물을 경우 : 네, 아쉽게도 공항 셔틀은 운영되고 있지 않습니다. 하지만, 관광지 중심에 있어 여행기간에는 별도의 교통비 없이 편하게 여행을 즐기실 수 있습니다. 혹시 공항 셔틀이 걱정이시면 조식과 공항 셔틀이 제공되는 A 호텔을 소개해드려도 괜찮으실까요?
	정리+기회 설명(촉진제)+마무리 인사
N	**정리** • 네, 현재 고객님이 원하시는 성급과 조식 제공 옵션이 들어간 B 호텔이 30만원이라는 저렴한 가격에 제공되고 있습니다. **기회 설명/촉진제** • 게다가 IBK 기업은행 카드 이용시 15% 할인도 가능하셔서, 더욱 저렴한 가격에 5성급 호텔을 이용하실 수 있으십니다. **마무리 인사** • 이렇게 찾아주셔서 감사합니다(명함 드리고). 궁금하신 점은 여기로 언제든 연락주세요. 감사합니다.

이처럼 초반 단계에서는 고객의 니즈를 파악할 수 있는 질문과 친해지기 단계를, 중반에서는 고객의 대답에 맞는 상품 특성 설명을 진행할 수 있어야 한다. 3분이라는 시간이 길지 않아 마지막 단계까지 세일즈가 진행되지 않을 가능성이 높으나, 진행된다면, 일어서서 인사하고 실제처럼 명함도 드리는 제스쳐를 취해준다면 더욱 좋을 것이다.

이제, 이러한 연습 내용을 바탕으로 다음의 문항을 활용하여 실전처럼 연습해보자.

영상트레이닝

실전 세일즈 면접 트레이닝

- 준비물 : 핸드폰, 필기구, 타이머, 고객 역할을 해 줄 친구
- 방법 :
  - 해당 상품들을 보고 9분간 준비하고, 3분간 세일즈를 진행해보세요.
  - 해당 모습을 녹화하여, 자신이 행원의 자세를 갖추고 있는지 확인해보세요.

1. 공연 세일즈하기

구 분	지킬 앤 하이드	드라큘라	김종욱 찾기
가격(VIP석)	140,000원	140,000원	80,000원
출연진	오리지널팀 내한 공연	유명 아이돌	유명 연극배우
장 소	대극장	대극장	소극장
장 르	코미디	스릴러	로맨스
주말 상영 시간	오후 3시	오후 5시	오후 7시
할인 혜택	2명 등록 시 1명 무료	2번 이상 관람객 50% 할인	대학생 20% 할인
교통편	서울역 도보 3분	남부터미널 도보 10분	대학로역 도보 1분
별 점	9.9/10	7/10	8.5/10

2. 토익학원 수업 수강 유도하기

구 분	A 수업	B 수업	C 수업
수강료(한달)	220,000	250,000	180,000

수업 내용	LC 특화 수업	LC+RC 수업	RC 특화 수업
강사	경력 5년차, LC 전문 강사	경력 10년차 문제 적중률 높음	경력 1년차, 유학파 강사
수업 횟수	주 1회(화)	주 2회(월, 수)	주 2회(주말 이틀)
수업 시간(/1회)	150분	90분	100분
할인 혜택	친구 동반 등록시 10% 할인	사원증, 학생증 제 시시 20% 할인	재수강 등록시 15% 할인
교재 제공	O	X (별도구매, 30000원)	X (별도구매, 20000원)
수강생 평균 점수	790점	900점	860점

3. 공유오피스 임대하기

구 분	A 공유오피스	B 공유오피스	C 공유오피스
월 세	350,000원	300,000원	420,000원
크 기	3평	2평	6평
위 치	역 도보 2분	버스정류장 도보 1분	번화가 중심 위치
보안 서비스	X	O	O
보증금	두 달 월세	한 달 월세	1,000,000원
할인 혜택	1년 계약 시 월세 10% 할인	6개월 계약 시 월세 5% 할인	1년 계약 시 보증금 50% 할인
부대 시설	스튜디오, 회의실 제공	스튜디오, 회의실, 물류창고 제공	물류창고, 회의실, 휴게실 제공
입주 시 혜택	배송비 건당 1700원 (다른 업체 2,500원)	무료 경영 컨설팅 제공	홈페이지 1년 운영비 제공 (30만원 가량, 1년 계약 한정)

MEMO

좋은 책을 만드는 길
독자님과 함께하겠습니다.

도서나 동영상에 궁금한 점, 아쉬운 점, 만족스러운 점이
있으시다면 어떤 의견이라도 말씀해 주세요.
시대고시기획은 독자님의 의견을 모아 더 좋은 책으로 보답하겠습니다.

www.sidaegosi.co.kr

영상으로 일대일 트레이닝 받는 6대 은행 실전 면접

개정1판1쇄 발행	2020년 03월 05일 (인쇄 2020년 01월 23일)
초 판 발 행	2019년 10월 04일 (인쇄 2019년 08월 23일)
발 행 인	박영일
책 임 편 집	이해욱
저 자	서미연
편 집 진 행	김준일 · 김은영 · 이경민
표 지 디 자 인	손가인
편 집 디 자 인	임아람 · 장성복
발 행 처	(주)시대고시기획
출 판 등 록	제 10-1521호
주 소	서울시 마포구 큰우물로 75 [도화동 538 성지 B/D] 9F
전 화	1600-3600
팩 스	02-701-8823
홈 페 이 지	www.sidaegosi.co.kr
I S B N	979-11-254-6761-8 (13320)
정 가	16,000원